2., aktualisierte und erweiterte Auflage

Digitales Malen für Einsteiger

Vom Hardware-Kauf bis zur digitalen Illustration

newart medien & design

Digitales Malen für Einsteiger

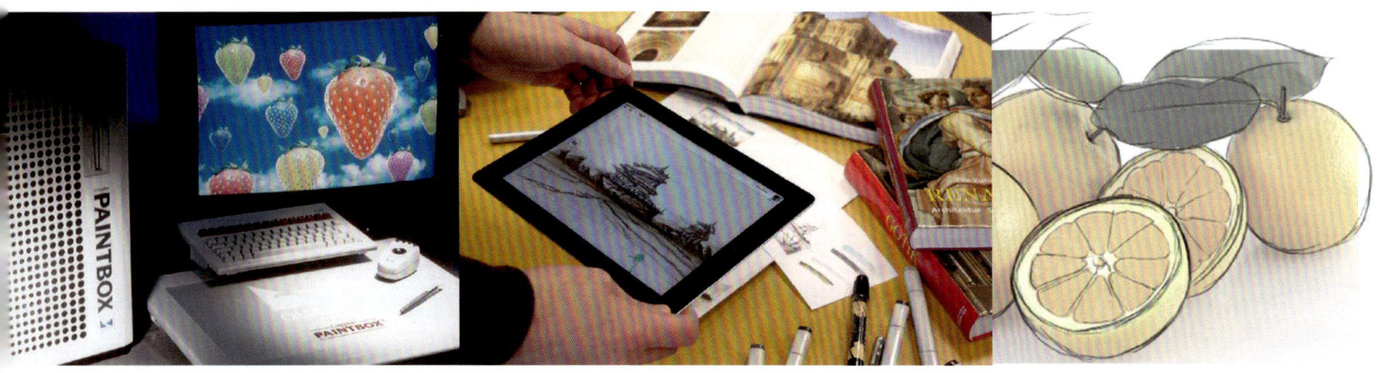

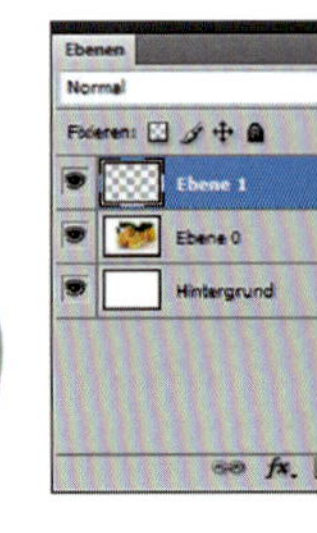

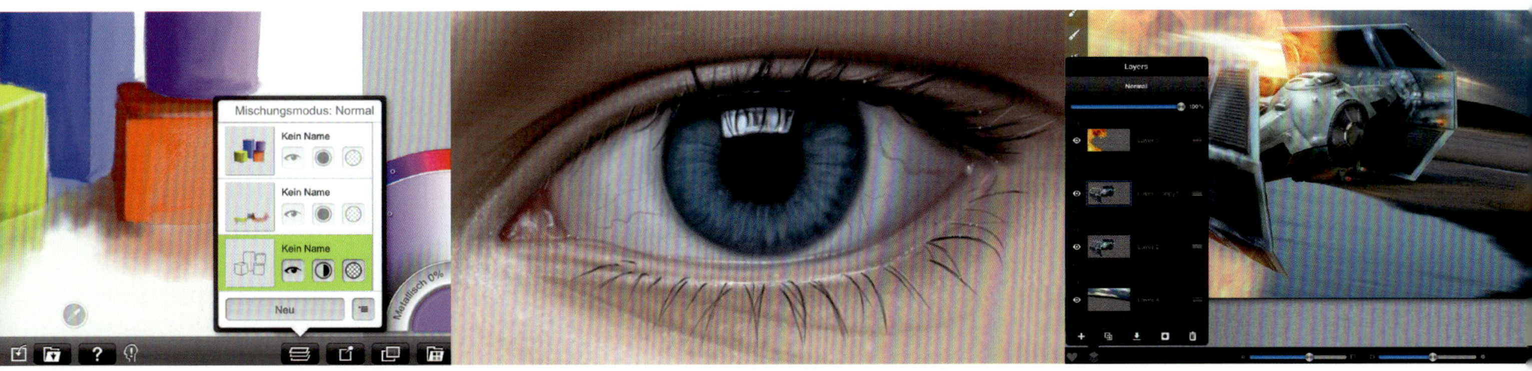
Mischungsmodus: Normal
Kein Name
Kein Name
Kein Name
Neu

Schon als ich in den 80er Jahren angefangen habe, mit Heimcomputern wie Commodore C116, C64 und C128 zu arbeiten, war die Darstellung von Bildern mein Hauptinteresse. Vor allem Computerspielgrafiken faszinierten mich. Keine Rede von Computermaus oder Grafiktablett - das Erzeugen von Bildern verlief zunächst nur über ASCII-Sonderzeichen in Schwarz-Weiß.

Kurz darauf brach dann das Zeitalter der stark grafisch orientierten Homecomputer an: Atari ST und Commodore AMIGA. Mit ihnen tauchten auch die ersten semiprofessionellen Mal- und Grafikprogramme auf, die Computermaus wurde zum wichtigsten Eingabeinstrument. Buchstäblich wurde Pixel an Pixel gereiht, um „Kunstwerke" in der höchsten Auflösung von 640 x 512 Bildpunkten bei 16 Farben (!) zu gestalten. Mit großer Begeisterung konnte ich so damals meine Ideen erstmals visualisieren. Das Wort „Digital Painting" oder „digitales Malen" gab es noch nicht. Dennoch wollte ich meine Begeisterung „dafür" weitergeben und veröffentlichte zahlreiche Artikel und Bilder in Computermagazinen, Public Domain Disks und Büchern.

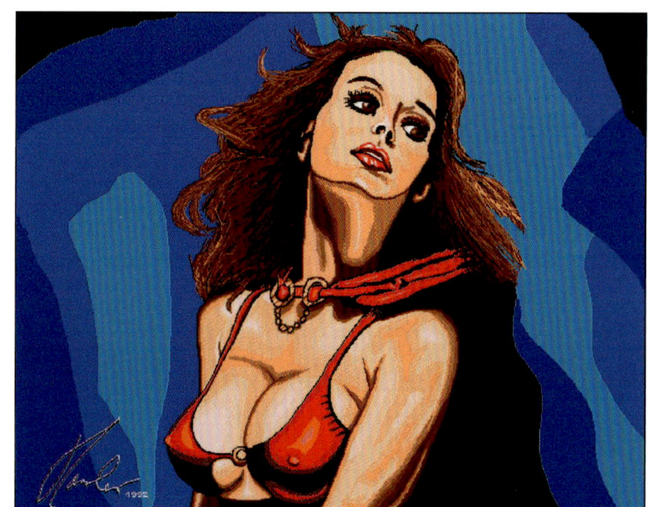

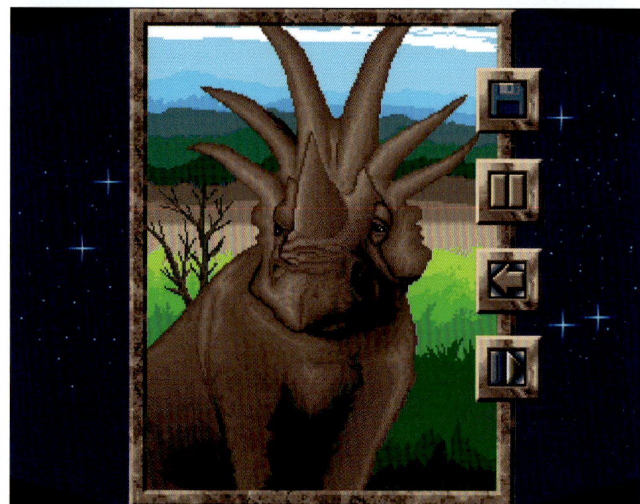

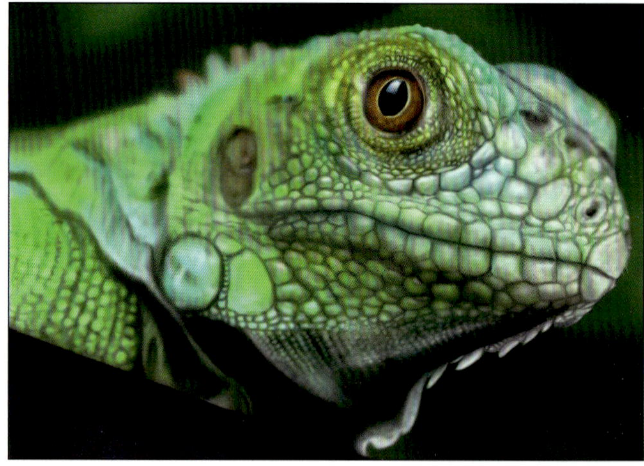

Im Gegensatz zu vielen klassischen Illustratoren, die mit dem Aufkommen der Computergrafik den Haarpinsel beiseite legten und sich mit der neuen Technik vertraut machen mussten, ging ich den umgekehrten Weg: Die „Pixelschubserei" brachte mich zu den klassischen Maltechniken wie Aquarell, Pastellkreide und Öl bis hin zur Airbrush. Erst bei einem Praktikum in einer Werbeagentur und später im Design-Studium an der Fachhochschule Hannover stieß ich auf professionelle Hard- und Software, die das Thema (im weitesten Sinne) in Form der digitalen Bildverarbeitung für mich wieder etwas mehr in den Vordergrund rückte. Auch das Grafiktablett – jetzt schon ohne kabelgebundenen Stift! – setzte ich jetzt regelmäßig zum Weiterbearbeiten von Fotos und Designs ein. Doch erst eine weitere „Begegnung" sollte meine grafische Welt verändern: Bei einer Adobe Creative Suite Vorführung im Jahr 2006 sah ich das Wacom Cintiq 21UX Pen Display und verliebte mich Hals über Kopf. Bei diesem Gerät hatte ich die Möglichkeit, neben der sehr realistischen Eingabeumsetzung auch noch zu sehen, wo ich male. Mit der passenden Software wie Photoshop und Corel Painter war ich nun in der Lage, meine Ideen schnell und kreativ umzusetzen - in der Maltechnik und Darstellungsweise, die ich bevorzuge. 2010 folgte schließlich noch die Erfindung des iPads – bis hin zur bisherigen Krönung der mobilen Digital Painting Evolution: dem iPad pro mit druck- und neigungssensitivem Apple Pencil. Es lebe das 21. Jahrhundert!

In den USA und England hat das digitale Malen sowohl bei den Profis der Illustrations- und Filmindustrie als auch bei kreativen Hobby-Künstlern bereits seinen Platz gefunden. Davon zeugen Hunderte Bildbände, Anleitungsbücher, CG-Webseiten, Zeitschriften und Videos in englischer Sprache. In Deutschland steckt dieses Thema noch in den Kinderschuhen. Dies betrifft vor allem die deutschsprachige Fachliteratur und Video-Anleitungen, aber z.B. auch Seminarangebote, die es zu diesem Thema kaum gibt. Die wenigen Digital-Künstler, die es heute in Deutschland gibt, entstammen meist den Grafik-Design- und Illustrationsschulen oder der amerikanisch beeinflussten Filmindustrie.

Die Akzeptanz dieser Kunst steht wiederum auf einem anderen Blatt: Können Sie sich vorstellen, was passiert, wenn Sie in einem Aktzeichnen-Seminar an der Volkshochschule mit Ihrem Tablet-PC aufkreuzen, die Staffelei zur

Seite stellen und nach einer Steckdose fragen? Ich hab's probiert und nach drei Abenden gingen mir die abfälligen Blicke, blöden Fragen und unqualifizierten Kommentare so sehr auf die Nerven, dass ich den Kurs abgebrochen habe. Nein, das Bild malt sich auch mit einem Hochleistungs-Prozessor nicht von alleine… Und auch, wenn ich inzwischen mit meinem iPad Pro auf dem Schoß in der U-Bahn sitze (womit ich ja längst nicht alleine bin) und mit dem Apple Pencil darauf herum male (an dieser Stelle wird's für die Leute exotisch), muss ich auf neugierige Blicke über die Schulter und sogar interessierte Nachfragen nicht lange warten.

Als ich 2010 den Vorläufer dieses Buches, das „Digital Painting Workbook", schrieb, war mir dies aus den genannten Gründen ein regelrechtes Bedürfnis. Ich hoffte, damit zumindest eine der vielen Lücken rund um das Digital Painting in Deutschland schließen zu können. Der Erfolg des Buches und die vielen Fragen zu Grafiktabletts, Pen Displays, Programmen und Apps, die mich aufgrund dessen immer wieder erreichten, gaben mir Recht. Inzwischen hat sich vor allem auf dem mobilen Sektor vieles verändert, dem ich in dieser neuen Ausgabe Rechnung tragen möchte. Neue Ziel- und Anwendergruppen wurden erschlossen. So sind es inzwischen nicht mehr nur die klassischen Künstler und Hobby-Maler, die ich zum Blick über den herkömmlichen Farbpalettenrand hinaus ermutigen möchte, und nicht nur all die „Photoshop-Freaks", die – beruflich oder privat – den Schritt über die Bildbearbeitung hinaus noch nicht gewagt haben.

Für die meisten, vor allem jungen Menschen ist der Umgang mit Computer, Smartphone oder Tablet ganz selbstverständlich. Doch wenn es um das Thema Malen geht, greifen die meisten immer noch zu Papier und Bleistift. Bestes Beispiel dafür sind die aktuellen Ausmal-, „Doodle"- und Manga-Trends. Malen ist derzeit so angesagt wie zuletzt vor der Erfindung der Fotografie! Warum gehen wir also nicht auch in der Malerei mit der Zeit, so wie wir es in anderen Bereichen auch tun? Warum nutzen wir unseren Computer oder Tablet – neben Internetsurfen, E-Mails schreiben, Filme gucken, Fotografieren etc. – nicht auch dafür?

Ich möchte mich an dieser Stelle bei den vielen Facebook- und Youtube-Followern bedanken, die mich immer wieder mit neuen Fragen zum digitalen Malen bombardieren und so zur Entstehung dieses Buches beigetragen haben. Und ich danke den vielen Hard- und Software-Herstellern für das Vertrauen, dass ich regelmäßig ihre neuesten Produkte testen, fotografieren und filmen darf.

Und nun wünsche ich Ihnen viel Spaß und Kreativität beim Lesen dieses Buches und beim Entdecken des digitalen Malens!

Roger Hassler
Hamburg, Februar 2019

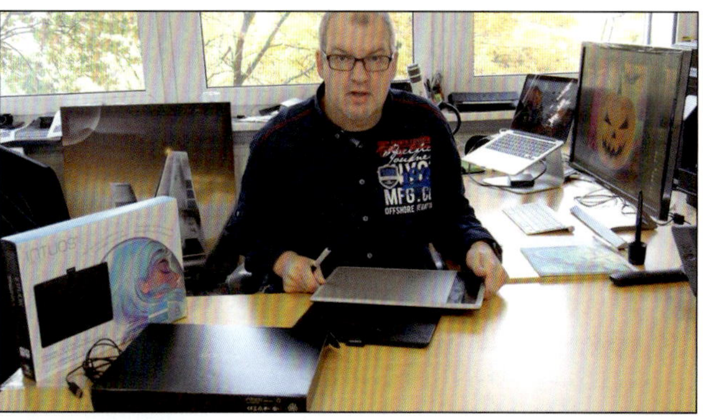

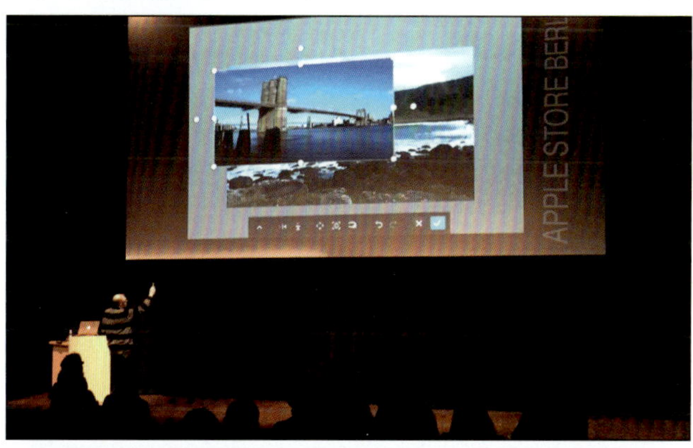

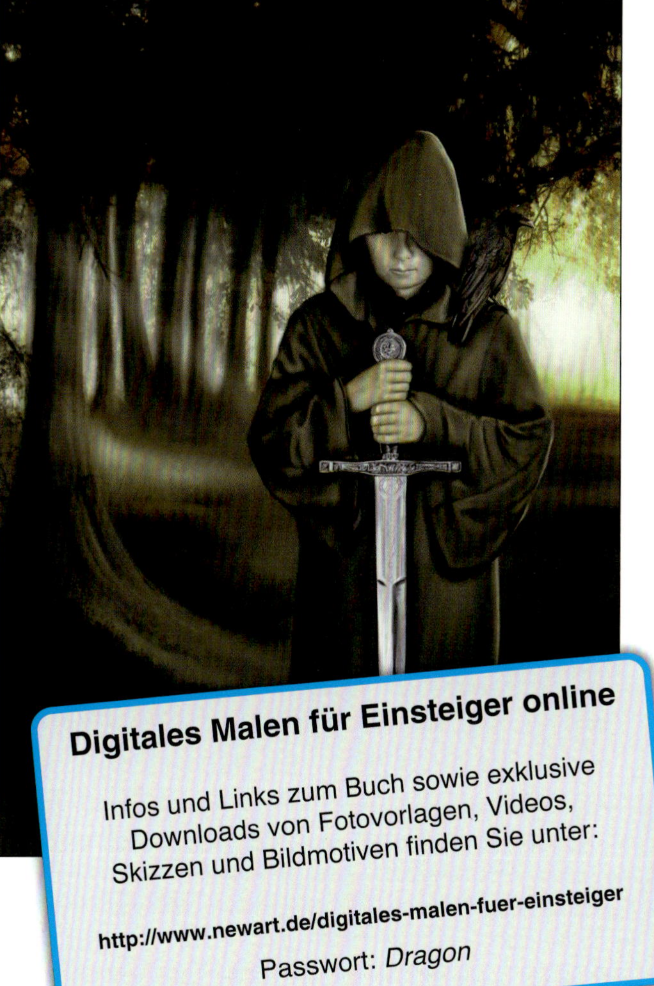

Digitales Malen für Einsteiger online

Infos und Links zum Buch sowie exklusive Downloads von Fotovorlagen, Videos, Skizzen und Bildmotiven finden Sie unter:

http://www.newart.de/digitales-malen-fuer-einsteiger

Passwort: *Dragon*

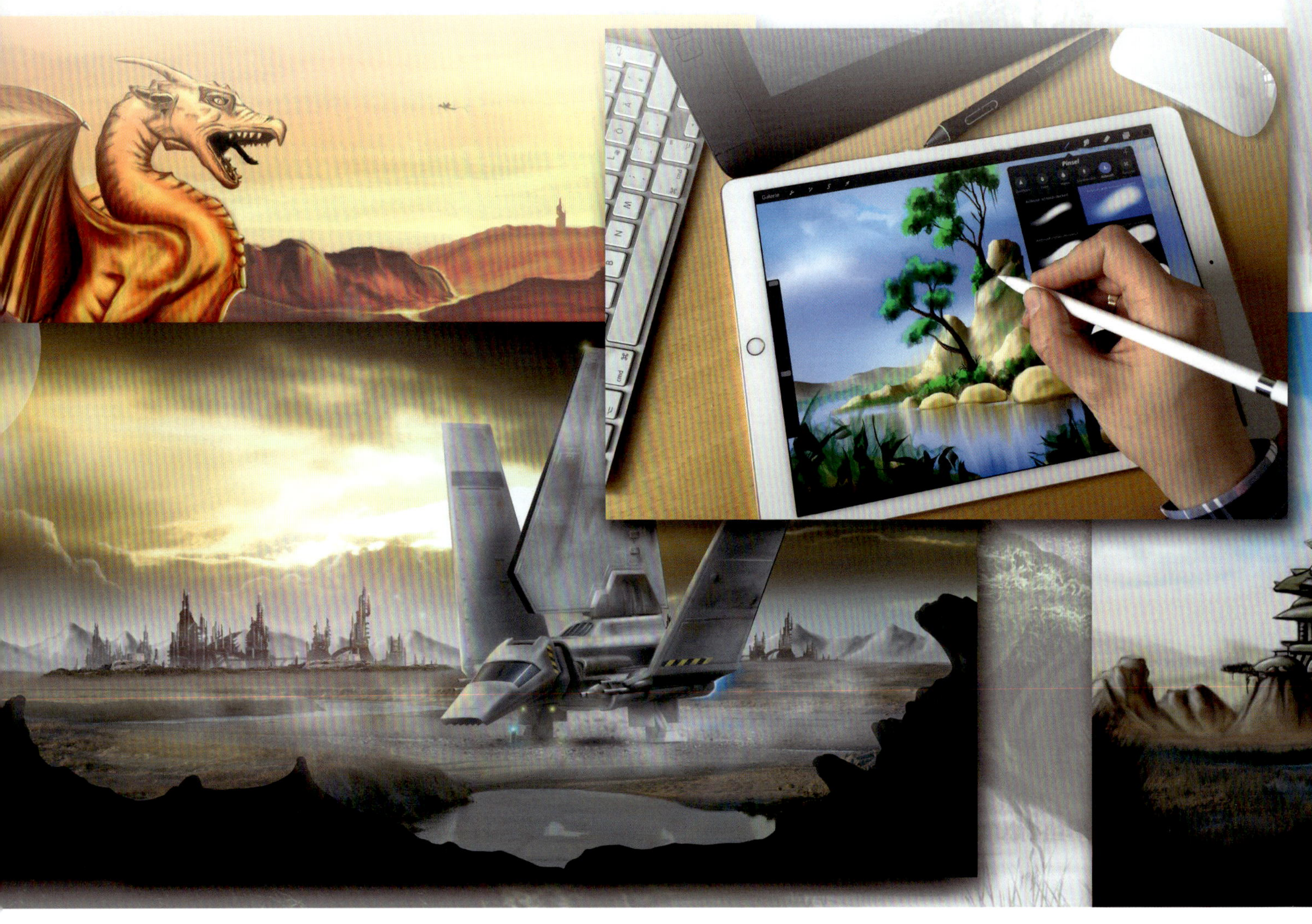

Was ist digitales Malen?

Digitales Malen – schon in dem Begriff stoßen zwei Welten aufeinander, die sich – nach landläufiger Meinung – nicht miteinander vertragen: Technik und Kunst. Noch dazu scheint es, als würden beide Welten ihre ganz eigenen Probleme und Vorurteile mitbringen: Neuen Techniken und „Automatisierung" steht man in der Regel erstmal misstrauisch gegenüber. Außerdem herrscht das Vorurteil, Technik sei teuer, kompliziert und nur in seltensten Fällen wirklich sinnvoll. In der Kunst dagegen gibt es schon seit Jahrhunderten immer wieder Vorurteile gegenüber neuen Strömungen, Stilen und Maltechniken.

Gestaltungstechnik für Profis

In der Praxis, vor allem der professionellen Anwender wie Illustratoren, Konzept-Designern und Filmschaffenden, hat das digitale Malen jedoch überzeugende Vorteile:

• Umgebungs- und materialunabhängiges Arbeiten: Es ist kein umfangreiches Werkzeug- und Farbsortiment, keine Atelierräume, Staffeleien etc. notwendig.

• Formatunabhängige Gestaltung: Digitale Werke werden auf kleiner Bildschirmfläche gestaltet und können in jeder Größe und in/auf jedem Medium reproduziert werden.

• Schnelle Korrekturmöglichkeiten: Fehler und Prozesse können jederzeit rückgängig gemacht werden, Zwischenschritte bleiben erhalten.

• Einfache Variationsmöglichkeiten: Stile, Materialien und Formen sowie Farb- und Lichtverhältnisse lassen sich „auf Knopfdruck" beliebig variieren.

• Anwendung von Mischtechniken: Alle Maltechniken, Stile und Funktionen lassen sich miteinander kombinieren (Fotomontage, Farb- und Pinselsorten, Maskierungstechniken, Filter etc.), keine Einschränkungen durch Materialeigenschaften.

• Flexible Ausgabe- und Reproduktionsmöglichkeiten: Im Zeitalter der digitalen Reproduktionstechniken und Einsatzbereiche (Computer-to-Plate-Druckverarbeitung, Videobearbeitung) liegen die Werke immer im passenden Format vor – ohne aufwändige Scan- oder Digitalisierungsprozesse.

Digital Malen wird heutzutage für Buch- und Werbeillustrationen jeglicher Art eingesetzt. Alles, was man nicht fotografieren oder filmen kann, wird digital erschaffen. Aus diesem Grund liegt ein besonderer Schwerpunkt der digitalen Kunst auch bei Fantasy- und Science-Fiction-Motiven. Hier knüpft die Computerspiel- und Filmindustrie an: So genannte „Concept Designer" oder „Concept Artists" erschaffen Kreaturen, Kleidung, futuristische Fahrzeuge, Raumschiffe, Fantasie-Städte und -Landschaften für Spiele und Kinofilme. Diese Konzeptzeichnungen sind das visuelle Grundkonzept. Sie dienen u.a. auch als Grundlage für die gezeichneten Storyboards, die das Aussehen und die Abfolge der späteren Filmszenen definieren. Vor allem aber werden daraus die so genannten „Matte Paintings" entwickelt, die fantastischen Hintergrundlandschaften, Skylines und Raumgestaltungen. Erst die Matte Paintings lassen es realistisch erscheinen, dass sich Frodo in „Der Herr der Ringe" durch „die tiefsten Tiefen Morias" kämpft und der Rat der Jedi in „Star Wars" auf dem Planeten Coruscant über das Schicksal der Galaxie berät.

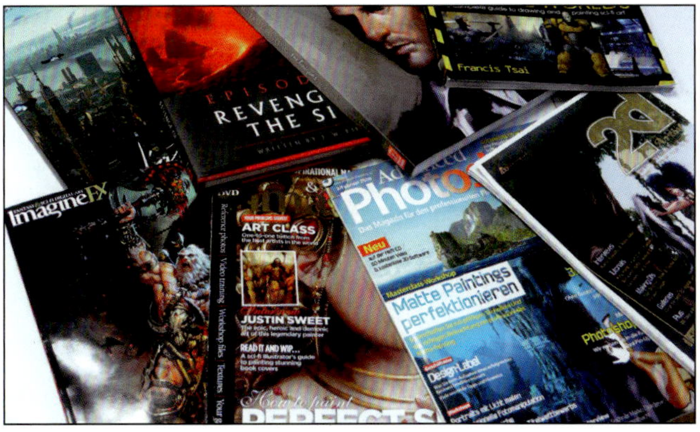

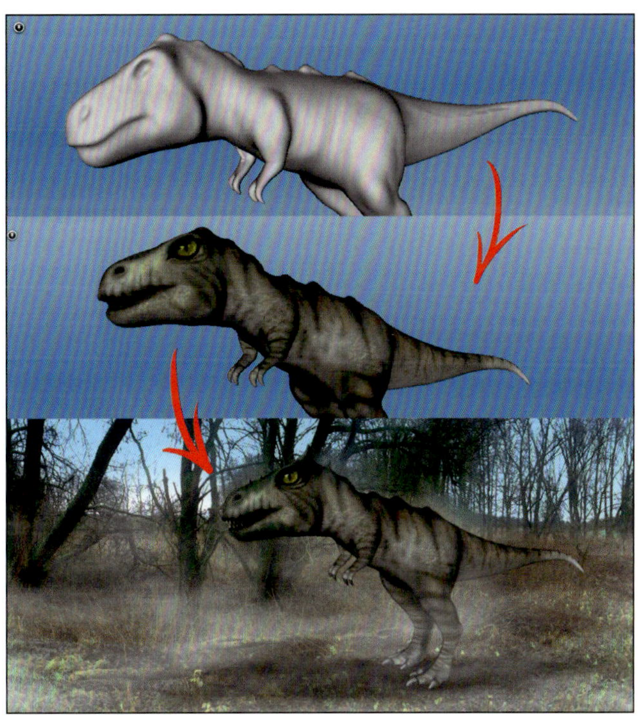

Kreative Spielräume für Künstler

Für Hobby- und freie Künstler spielen die professionellen Vorteile des digitalen Malens wie Schnelligkeit, flexible Formate und Änderungsmöglichkeiten freilich eine untergeordnete Rolle. Hier stehen vor allem der Spaß und die erweiterten kreativen Möglichkeiten im Mittelpunkt. Im Digital Painting sind die Grenzen zwischen dem traditionellen Malen und Zeichnen und der digitalen Verarbeitung fließend: Handgemachte Skizzen oder gemalte Bilder lassen sich einscannen und digital weiterbearbeiten. Digitale Werke lassen sich ausdrucken und mit traditionellen Techniken veredeln. Im Englischen hat sich für diese Kombinationstechnik schon der Begriff „tradigital" etabliert – traditionell und digital. Ein weiterer Reiz der Technik ist die Verbindung von Realität und Fantasie: So lassen sich Fotos von realen Dingen mit eigenen Kreationen ergänzen und verändern. Wer noch einen Schritt weitergehen mag, der macht sich 3D-Programm zunutze und kreiert damit eigene Objekte und Landschaften. Beim digitalen Malen ist einfach alles erlaubt.

Einstieg ins digitale Malen

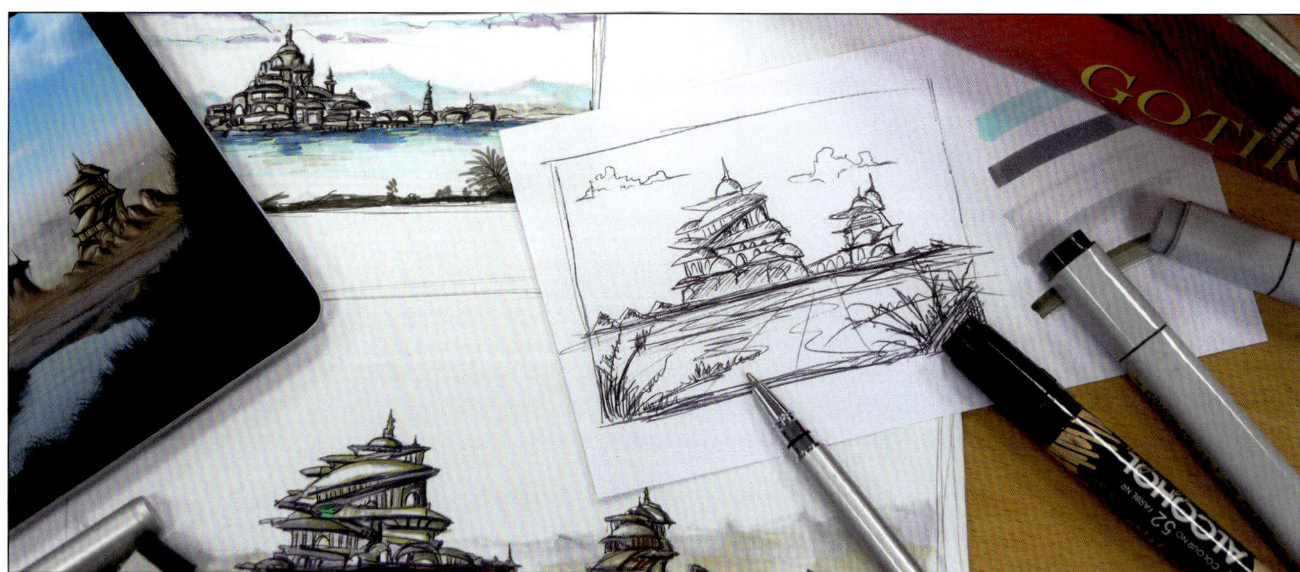

Der aktuelle Stand der Technik macht digitales Malen inzwischen für jedermann möglich. Nicht nur PC-Hard- und Software sind erschwinglich, sondern auch Tablets und Smartphones laden zum digitalen Malen ein. Sie sind für manchen sogar schneller erreichbar als Papier und Bleistift. Im Desktop-Bereich ist Adobe Photoshop führend. Schon deshalb kann es in diesem Buch nicht außen vor gelassen werden. Aber deshalb ist es – wie von vielen bislang geglaubt – noch lange kein Muss für die digitale Kunst. Wie das Kapitel „Die Software" zeigen wird, gibt es jedoch noch viele andere Programme und Werkzeuge. Und nicht zuletzt haben die mobilen Mal- und Zeichen-Apps jüngst ein ganz neues Kapitel – gerade für den Hobby-Künstler – aufgeschlagen. Vor allem Digital-Painting-Anfängern kommt zugute, dass die grundlegenden Funktionen in allen Programmen und Apps sehr ähnlich sind. Der Transfer von den in diesem Buch gezeigten Anwendungen auf das eine oder andere Malprogramm sollte also nicht für allzu große Probleme sorgen.

Angesichts der vielen technischen Möglichkeiten wird eines jedoch oft unterschätzt: Malen muss man immer noch selber – egal auf welchem Gerät und mit welcher Software. In diesem Punkt unterscheidet sich das digitale Malen in keiner Weise vom herkömmlichen Malen. Je besser die künstlerischen Fähigkeiten, desto besser die Ergebnisse. Das eigenständige Malen schafft die Abgrenzung des Digital Paintings gegenüber der digitalen Bildbearbeitung, bei der z.B. Filter und Berechnungsfunktionen eingesetzt werden können, um ein Foto per Mausklick wie ein Ölgemälde aussehen zu lassen. Das ist kein Digital Painting! Natürlich kann man sich auf seinem kreativen Weg auch solche Bildbearbeitungstechniken zunutze machen. Entscheidend dabei ist jedoch die Umsetzung der eigenen Ideen und Motive.

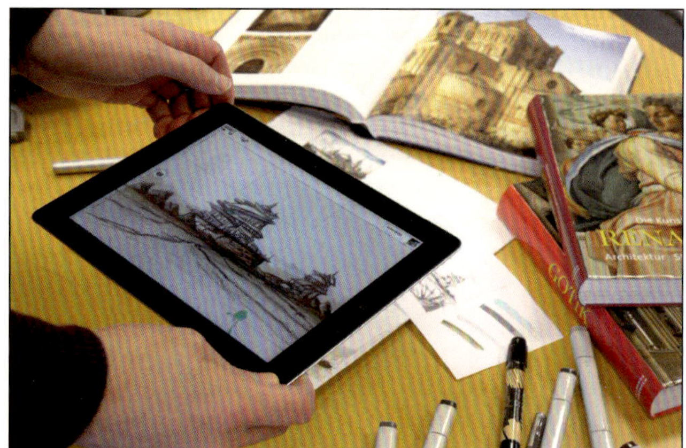

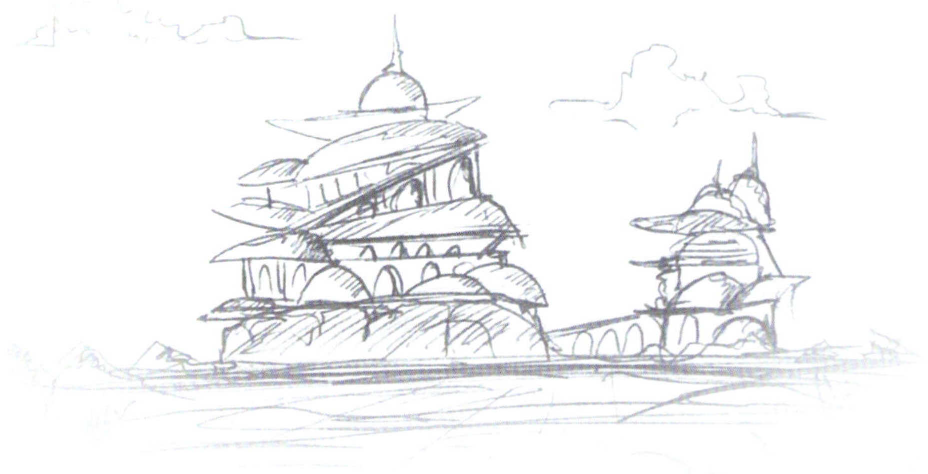

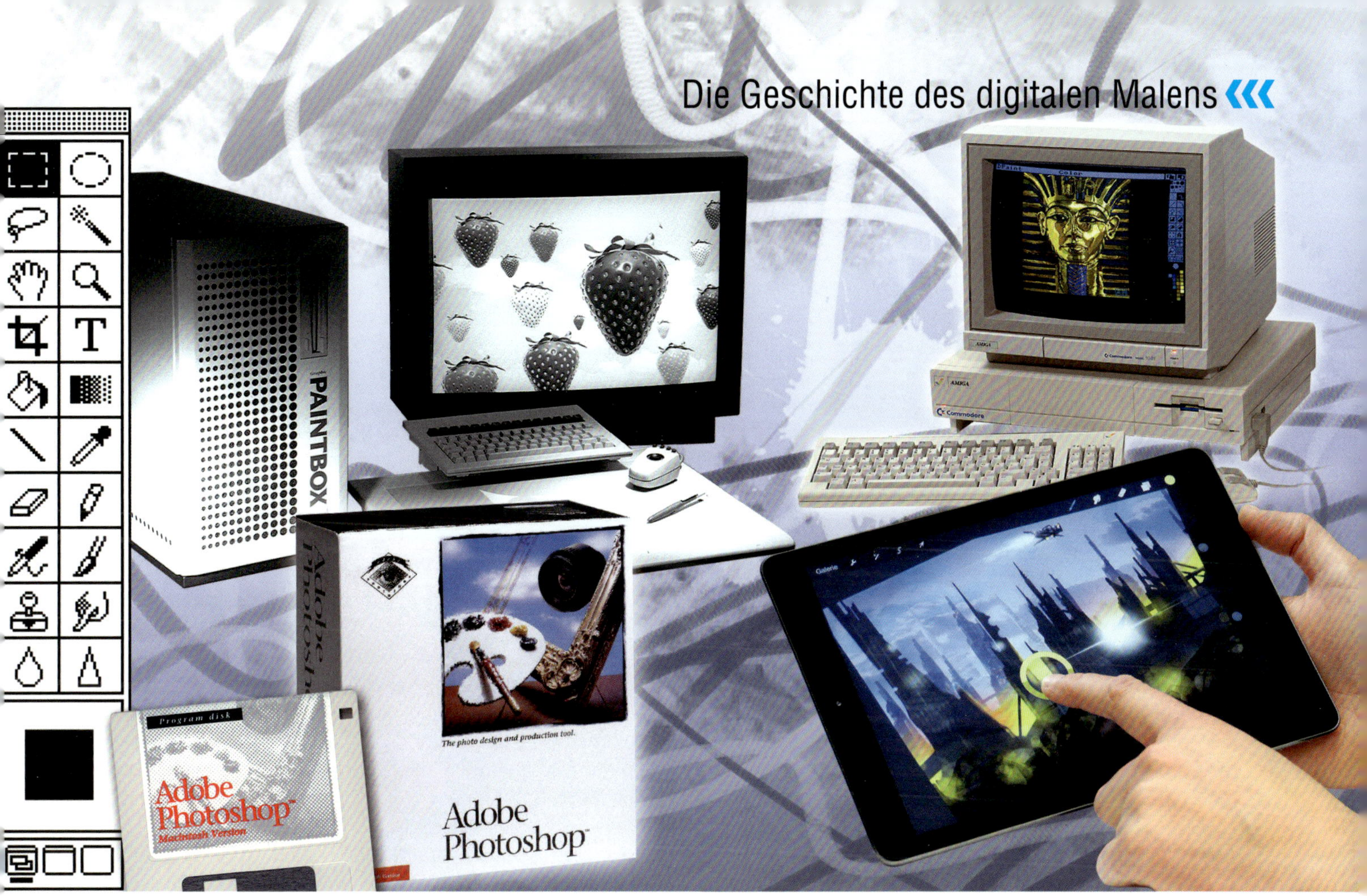

Die Geschichte des digitalen Malens

Der heutigen Generation der computerambitionierten Mitt-Dreißiger bis Mitt-Vierziger dürften die vermeintlichen Anfänge des Digital Paintings noch in Erinnerung sein: Ende der 80er Jahre brachte der Commodore Amiga Homecomputer Grafikanwendungen erstmals in heimische Wohnzimmer. Doch weitgefehlt: Zu diesem Zeitpunkt war die Geschichte des Digitalen Malens genau genommen schon fast 20 Jahre alt. Denn schon Ende der sechziger Jahre begannen Computerexperten in den USA, Malanwendungen basierend auf 8 Farben zu entwickeln.

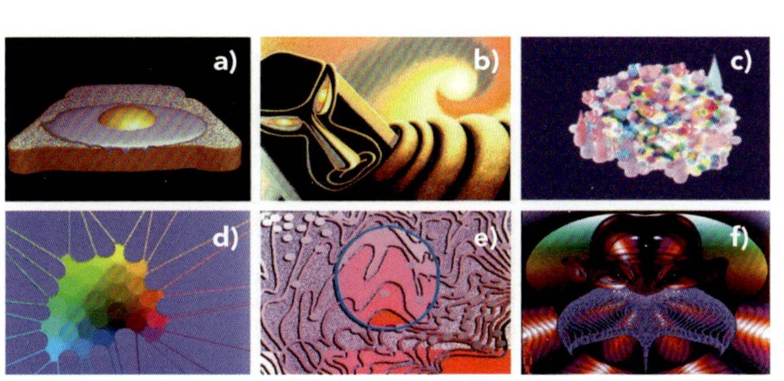

Grafiken des „Paint"-Erfinders Alvy Ray Smith:

a) egg.on.toast war die erste mit Paint erstellte, hochauflösende Grafik am NYIT.

b) darth.vader, 1978

c) Der bunte Klecks war das erste Testmuster von Paint3 aus dem Jahr 1977 und Vorläufer des colorweb (d).

e) bleu.drop wurde aus einem 1975 kreierten Bild erstellt, indem im 24-bit-Farbraum ein Schlagschatten unter die Pinselstriche gelegt wurde.

f) Mandarin.tut basiert auf einem 8-bit-Bild von Paul Xander, das mit Paint3 in einem 24-bit-Farbraum durch einen Schnurrbart ergänzt wurde.

Von der Pixelgrafik zum Kinofilm

Das erste, durchaus mit heute gebräuchlichen Technologien vergleichbare digitale Mal-System wurde 1973 von dem Ingenieur Dick Shoup vom Xerox Palo Alto Research Center in Kalifornien vorgestellt: Das System namens „SuperPaint" arbeitete bereits mit 256 von 16,7 Millionen Farben und verfügte über eine Farbpalette, eine Farbtabelle, Videoein- und -ausgänge, ein Grafiktablett mit Stift zur Eingabe sowie Bilddatenein- und -ausgabemöglichkeiten. Darüber hinaus bot es eine Auswahl an verschiedenen Pinselgrößen, Animations- und Videoanwendungen sowie Funktionen zur Anpassung des Farbtons, der Sättigung und des Farbwertes, Polygone und Linien sowie automatische Flächenfüllung. „SuperPaint" wurde in den 70er Jahren zur Herstellung von Fernsehgrafiken und Animationen der NASA eingesetzt. Da Dick Shoups Erfindung in den folgenden Jahren vor allem große Auswirkungen auf die Filmindustrie haben sollte, wurde er 1983 zusammen mit anderen Digital Painting-Pionieren mit dem Emmy Award und 1998 mit dem Academy Award („Oscar") ausgezeichnet.

Auf der Basis von „SuperPaint" und anderen Technologieansätzen entwickelte Alvy Ray Smith, späterer Grafik-Entwickler bei Microsoft und Mitbegründer der Pixar Animation Studios, ab 1975 am New York Institute of Technology (NYIT) die Systeme „Paint" und „Paint 3". Wie auch bei „SuperPaint" handelte es sich dabei nicht um ein einzelnes Programm wie im heutigen Sinne, sondern um ein vollständiges System aus spezieller Hard- und Software – schon damals mit 24-bit und 16,7 Millionen Farben. Diese Technologie ermöglichte erstmals die Gestaltung von übereinander gelagerten Grafiken sowie von digitalen „Airbrush"-Pinseln, die aus einem deckenden Mittelpunkt und bislang nicht darstellbaren transparenten Randbereichen bestehen. Darüber hinaus konnten eigene Pinselgrößen und -formen kreiert werden und Farben aus jedem Bereich des Bildschirms entnommen werden. Anfang der 80er Jahre wurde „Paint" u.a. von George Lucas' Special Effect-Schmiede „Industrial Light and Magic" für die spezielle Anwendung in Kinofilmen weiterentwickelt. 1982 kam schließlich die „Paint"-Version von Tom Porter erstmals zur Erstellung von Matte Paintings in dem Film „Star Trek II: Der Zorn des Khan" zum Einsatz.

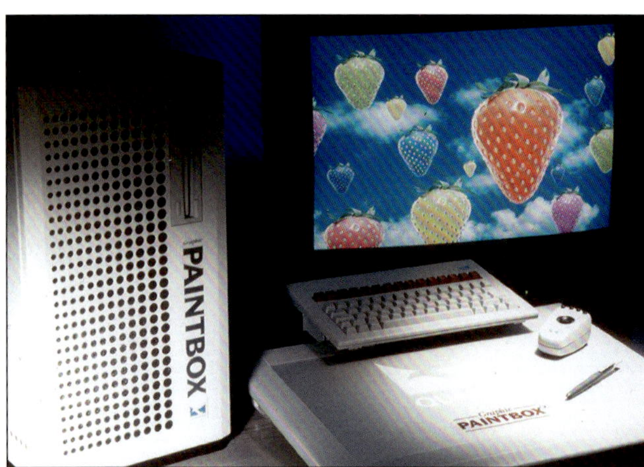

Quantel Graphic Paintbox 2

Parallel dazu brachte der englische Hersteller Quantel 1981 den Grafikcomputer „Paintbox" auf den Markt, der vor allem für die Gestaltung von Fernsehgrafiken eingesetzt wurde. Er bestand aus spezieller Hardware, darunter eine Mehrtastenmaus, „Ratte" genannt, ein Grafiktablett und ein High-End-Monitor. Ein großer Arbeitsspeicher und eine benutzerfreundliche Spezial-Software ermöglichte professionelle Bildbearbeitung, Composing, das Morphen und Verzerren sowie das Übereinanderlagern von Bildern. Die Paintbox verfügte darüber hinaus über eine optimierte Arbeitsgeschwindigkeit, da auf eine Multitasking-Umgebung verzichtet wurde. Bis in die 90er Jahre hinein definierte die Paintbox weltweit den Look der Fernseh- und Werbeindustrie. Ein prominentes Beispiel einer Paintbox-Anwendung sind z.B. die verschmolzenen Gesichter der britischen Band „Queen" auf dem Album-Cover „The Miracle" aus dem Jahr 1989.

Digitales Malen zuhause

1982 folgte mit dem Commodore C64 schließlich einer der ersten Heimcomputer. 1985 startete mit riesigem Marketing-Aufwand der Siegeszug des beliebten Commodore Amiga. Sein Schöpfer Jay Miner hatte bis 1981 bei Atari an der Entwicklung von Spielkonsolen mitgewirkt, was wohl auch den hohen Stellenwert der grafischen Oberfläche und Anwendungen des Amiga erklärt. Im Unterschied zu seinen Konkurrenten und Vorgängern verfügte der Amiga über eine farbige grafische Oberfläche, präemptives Mul-

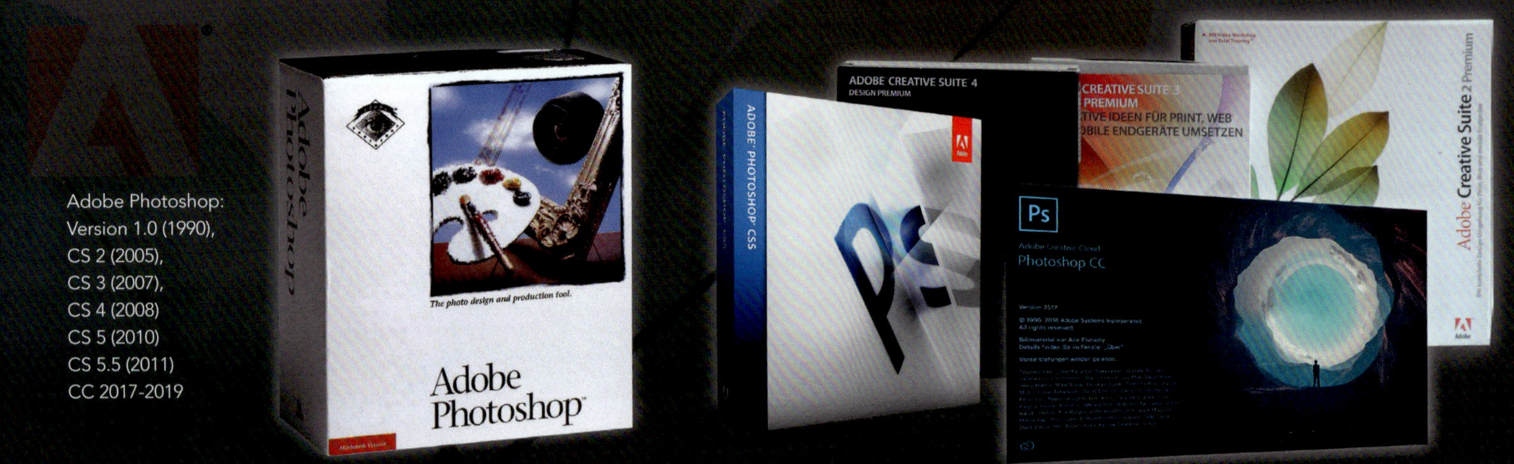

Adobe Photoshop:
Version 1.0 (1990),
CS 2 (2005),
CS 3 (2007),
CS 4 (2008)
CS 5 (2010)
CS 5.5 (2011)
CC 2017-2019

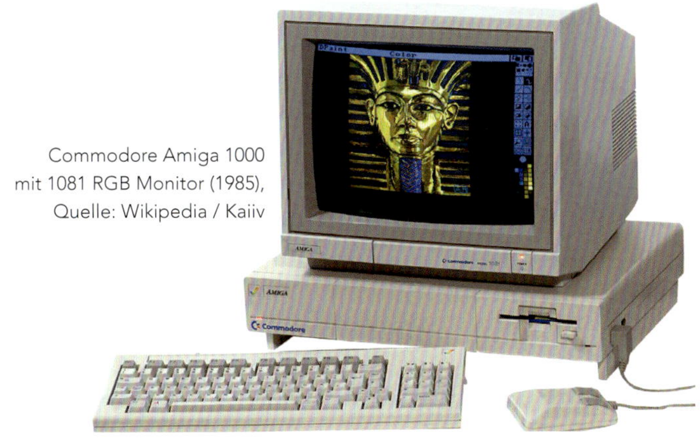

Commodore Amiga 1000 mit 1081 RGB Monitor (1985), Quelle: Wikipedia / Kaiiv

titasking, Vierkanal-Sound und Hardware-Unterstützung für Grafik-Animationen (Blitter). Zeitgleich entwickelte die Firma Electronic Arts (EA) ihre firmeninterne Grafikanwendung „Prism" zur Amiga-Anwendung weiter und stellte die Bitmap-Grafik-Software „DeluxePaint" (DPaint) vor. Das Programm wurde zur Erstellung von Spielegrafiken, Animationen und Demos ausschließlich für den Amiga genutzt. Eines der bekanntesten, mit „DPaint" erstellten Computerspiele ist „Monkey Island". Erstmals ermöglichte das Programm auch Privatanwendern, selber Computergrafiken zu erstellen.

DeluxePaint V („DPaint")
war die letzte Version des Amiga-Malprogramms, erschienen 1994.

Das Corel- und Adobe-Zeitalter

Eines der heute bei Profi- und Hobby-Anwendern beliebtesten Grafik-Programme „Adobe Photoshop" hat seine Wurzeln wiederum bei den Kino-Spezialisten von „Industrial Light and Magic": Seit 1986 arbeitete John Knoll als CGI-Spezialist und war dabei u.a. auch an legendären

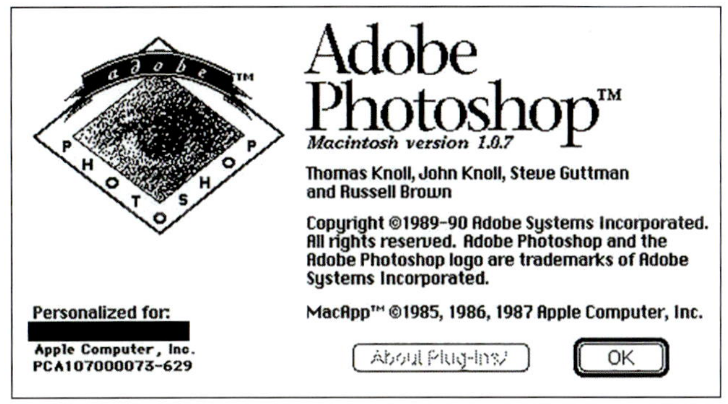

Produktionen wie „Abyss – Abgrund des Todes" (1989) beteiligt. Ab 1987 begann er zusammen mit seinem Bruder Thomas an dem Photoshop-Vorläufer „Display" zu arbeiten. Die Software war hauptsächlich für die Bearbeitung eingescannter Fotos gedacht. Die ersten 200 Kopien des Programms wurden dementsprechend unter dem Namen „ImagePro" zusammen mit den Scannern der Firma Barneyscan XP ausgeliefert. 1988 entdeckte der Adobe Art Director Russel Brown das Werk der beiden Knoll-Brüder und schloss mit ihnen einen Kooperationsvertrag. Im Februar 1990 schließlich erschien die erste Version „Photoshop S1.0" von Adobe exklusiv für den Apple Macintosh. Von 1990 bis 1997 prozessierte der Paintbox-Hersteller Quantel gegen Adobe um die Patentrechte bei Grafikanwendungen. Nachdem Grafik-Pioniere wie Alvy Ray Smith und Dick Shoup belegen konnten, dass jeweilige Funktionen schon vor Quantel's Paintbox existierten, gewann Adobe den Rechtsstreit. Mit dem Aufkommen des Internets Anfang der neunziger Jahre und dem steigenden Bedarf an digitalen Bilder entwi-

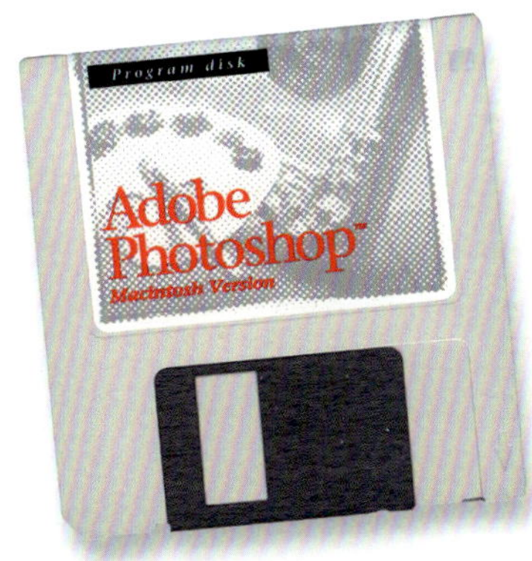

Damals passte Photoshop noch auf eine Diskette.

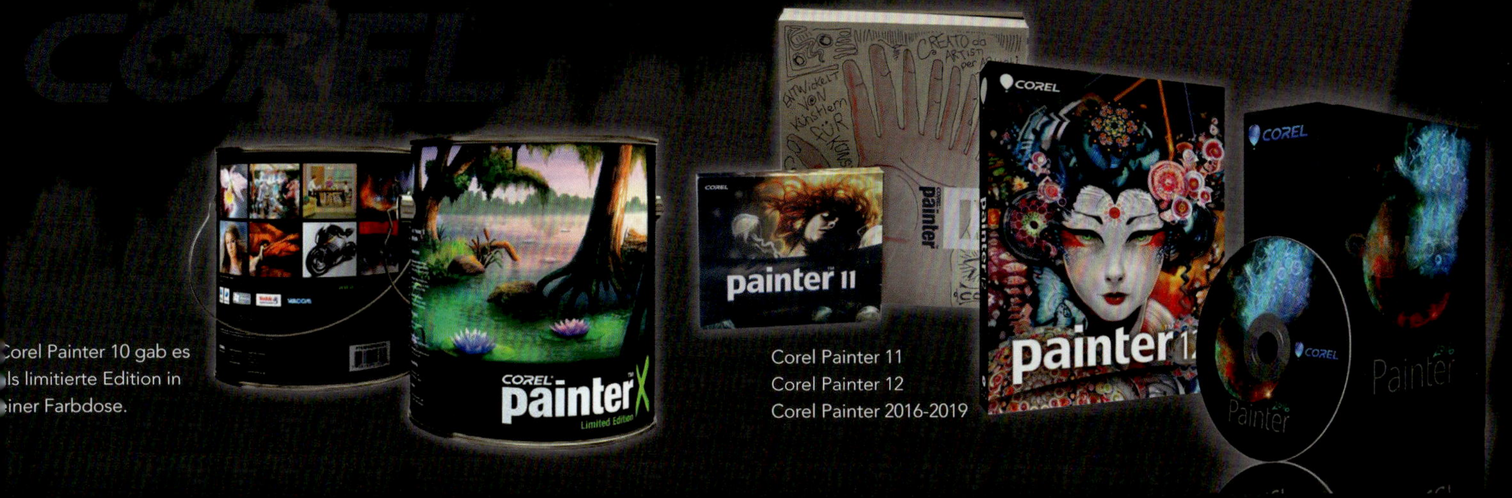

:orel Painter 10 gab es ls limitierte Edition in iner Farbdose.

Corel Painter 11
Corel Painter 12
Corel Painter 2016-2019

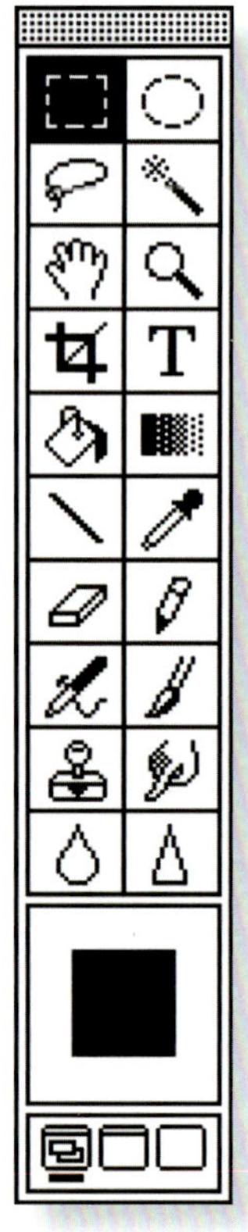

ckelte sich Photoshop zum Marktführer im Bereich der digitalen Bildbearbeitung.

Ebenfalls als Macintosh-Anwendung startete auch das Programm „Painter", das von den Gründern der Fractal Design Corporation, Mark Zimmer und Tom Hedges, entwickelt wurde. Beide hatten zuvor auch Bildbearbeitungsprogramme wie „ColorStudio" und „ImageStudio" für die Firma Letraset entwickelt. Nach Zusammenschlüssen und Umfirmierungen (MetaTools, MetaCreations) und weiteren Entwicklungen wie der 3D-Software „Bryce" oder „Kai's Power Tools" zog sich das Unternehmen 1999 aus dem Bereich der Grafik-Anwendungen zurück. „Painter" wurde an die Firma Corel verkauft, die bereits seit Mitte der 80er Jahre erfolgreich DTP-Programme wie „Corel Draw" und „Word Perfect" vermarktet hatte. 2001 erschien „Painter" bei Corel kurzfristig unter dem Namen „Procreate Painter" und fügte sich ab 2003 als „Corel Painter" in die „Corel Graphic Suite". Die Entwicklungen von Corel Painter und Adobe Photoshop verliefen weitgehend parallel, beeinflussten sich gegenseitig mit Innovationen und vor allem „Painter" passte seine Funktionalitäten zunehmend den „Photoshop"-Standards an, um eine höhere Kompatibilität und Benutzerfreundlichkeit vor allem für den professionellen Einsatz im Concept Design, Illustration und Matte Painting zu erreichen.

Vom Desktop zum Tablet

Eine neue Dimension des digitalen Malens eröffnete sich schließlich am 27. Januar 2010 mit der Markteinführung des iPads. Eine neue Spezies von universell und mobil einsetzbaren Tablets war geboren, die sich schnell in unterschiedliche Modelle und Betriebssysteme verzweigte. Schon im September 2010 folgte mit dem Samsung Galaxy Tab das erste Android-Tablet. Für viele ist das Tablet

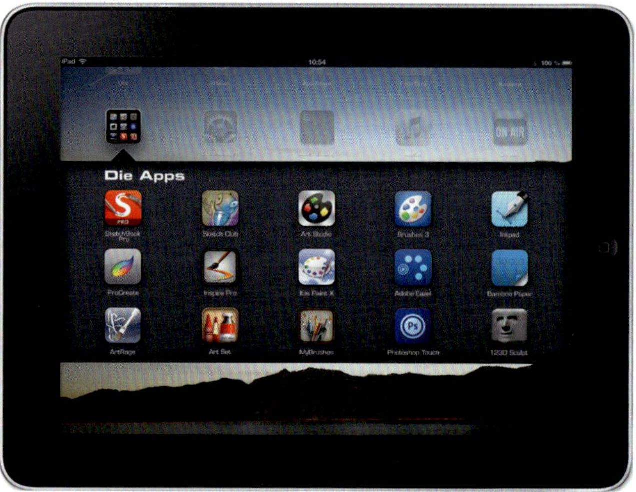

heute aus dem Alltag nicht mehr wegzudenken. 2015 wurden allein in Deutschland rund 7,5 Millionen Tablets verkauft. Die Zahl der Benutzer beläuft sich auf 31 Millionen. Bis zum Jahr 2020 soll es jeder zweite Deutsche sein. Die mobilen Geräte sind kleiner und leichter als ein Laptop, jedoch genauso schnell und bieten auch ansonsten fast die gleichen Funktionen: im Internet surfen, E-Books lesen, Videos anschauen, Musik hören, spielen – oder eben malen. Die natürliche Bedienung per Touch oder Stift bringt den Anwender – im Gegensatz zu PC-Monitor und Maus

Landschaftsgemälde mit Photoshop, bestehend aus gemalten und fotografierten Elementen.

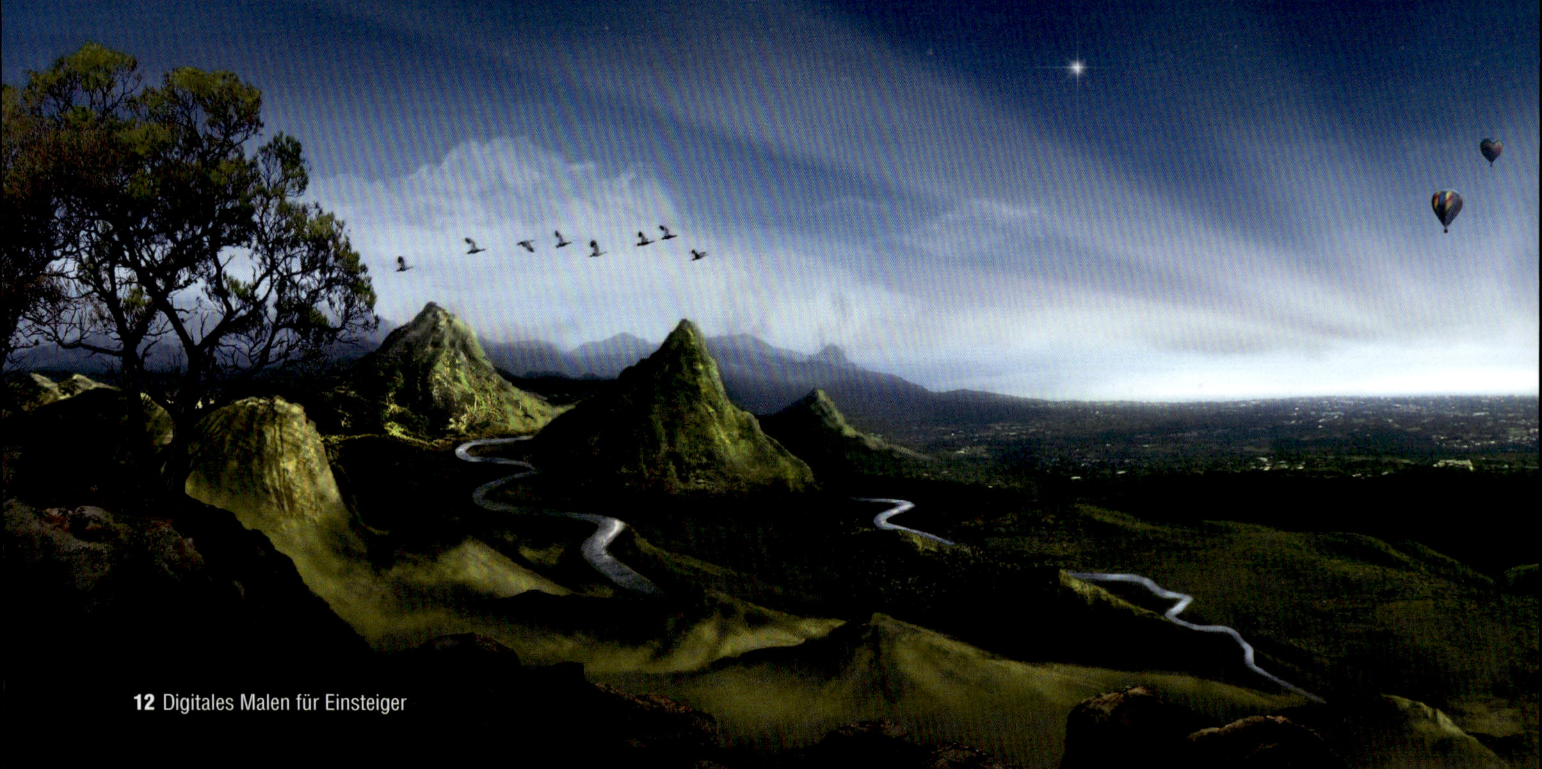

– sogar wieder ein Stückchen näher an traditionelle Handgriffe heran. Die notwendige Software – „Apps" – gibt es nun auf Knopfdruck bequem im geräteeigenen App-Store, für ein paar Euros oder z.T. sogar kostenlos.

In Funktion und Bedienbarkeit orientieren sich die mobilen Mal-Programme an den „großen Vorbildern" wie „Painter" oder „Photoshop". Ab 2019 wird auch Adobe ein spezielle Photoshop für das iOS anbieten, so kann man nahtlos mobil und am Desktop arbeiten. Die Desktop-Programme „Artrage" und „SketchbookPro" konnten ebenfalls im mobilen Markt Fuß fassen. Ansonsten geben reine Mobile-Apps wie mehrfach prämierte „Procreate" oder „Sketch Club" den Ton an. Obwohl die Verbreitung von Android-Tablets größer ist als die von iOS-Geräten, ist das Angebot von qualifizierten Mal-Apps für iOS Systeme weitaus umfangreicher und professioneller. Dies mag u.a. an dem historisch bedingten Schwerpunkt auf Grafik-Verarbeitung bei Apple liegen. Die Hersteller der iOS-App „ProCreate" beantworten dagegen die Frage, wann es die App auch für Android geben wird, auf ihrer Webseite wie folgt: „Wir würden uns wünschen, dass jeder in den Genuss von Procreate kommt, aber die Fragmentierung des Android Marktes ist ein komplizierter Faktor." Das Argument zielt auf die Vielzahl der Geräte, Hersteller sowie unlizenzierten Android-Versionen ab, die sich in Folge der kostenlosen Bereitstellung des Betriebssystems gebildet haben. Sie erschweren Programmierern die Erstellung von Geräte-übergreifend nutzbaren Anwendungen.

Digitales Malen ist also inzwischen eine Anwendung für jedermann geworden – jederzeit verfügbar und nahezu unabhängig von Raum, Beruf oder Geld. Software, die noch vor wenigen Jahren mehrere Tausend Euro kostete, gibt es heute für wenig Geld oder sogar kostenlos. Hardware, die einst ganze Räume füllte, passt jetzt in die Hosentasche. Die Kluft zwischen „Profi-Equipment" und „Anfänger-Ausstattung" ist überwunden: Programme, Grafiktabletts, Tablets und grafikfähige Endgeräte sind für alle nahezu gleich. Ein weiterer Technologiefortschritt ist eigentlich nur noch in Nuancen vorstellbar. Also liegt es jetzt nur noch am Künstler selbst, was er daraus macht.

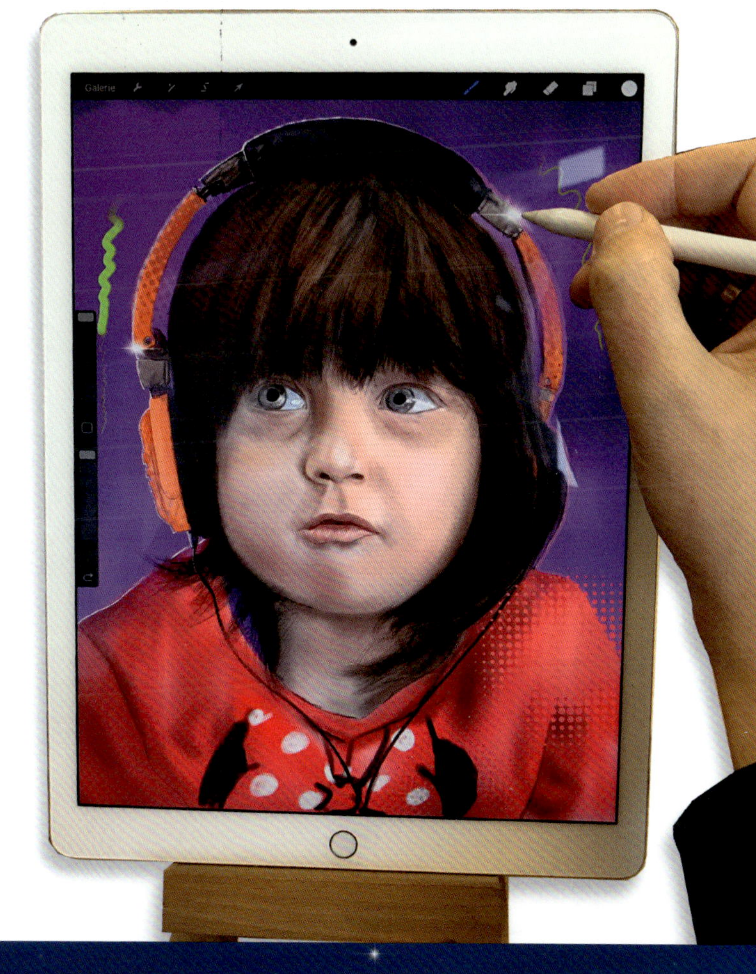

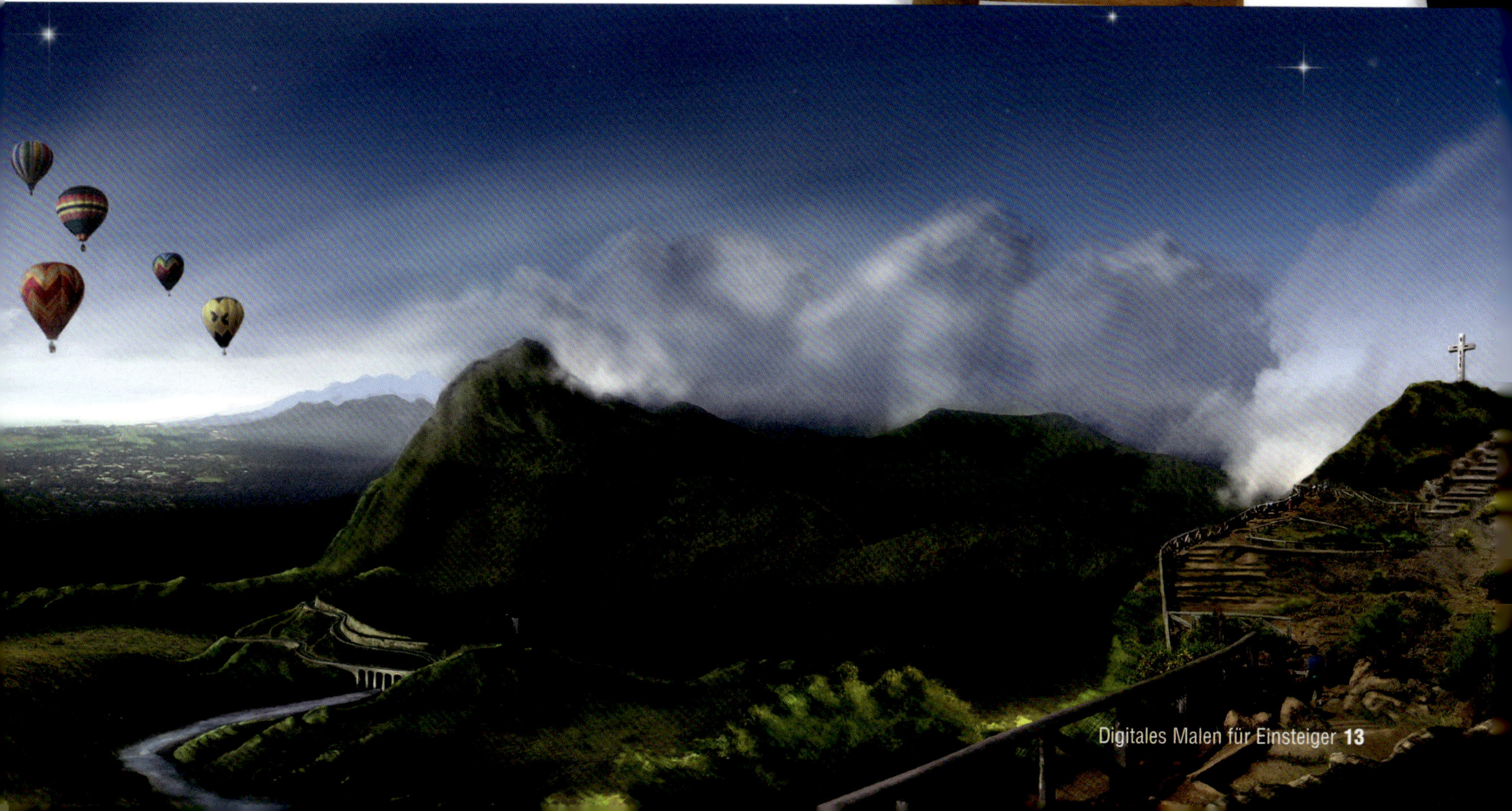

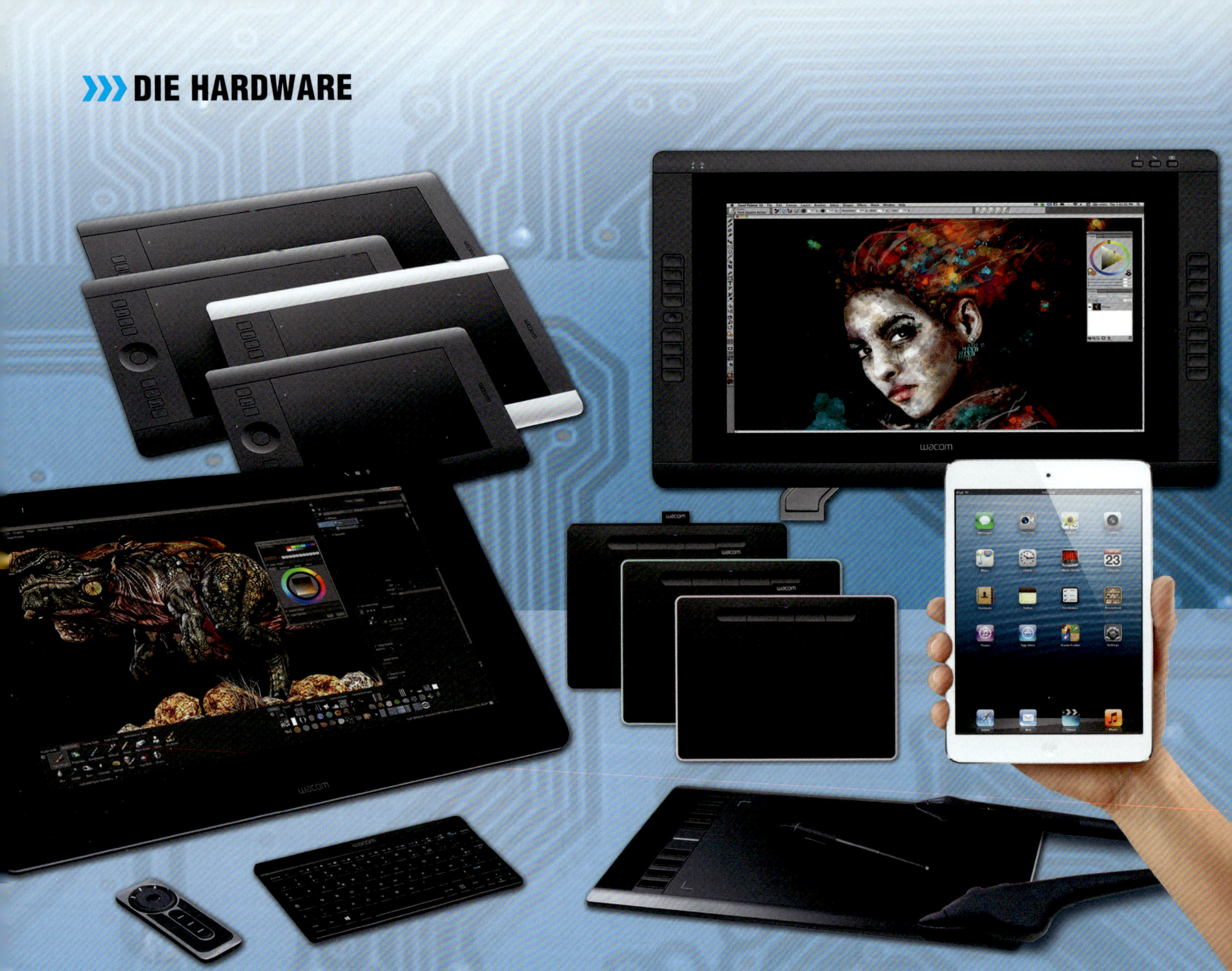

Die Hardware

Die Zeiten, in denen Spezialrechner und Investitionen von mehreren Hunderttausend Euro notwendig waren, um ansehnliche Computergrafiken zu erstellen, sind schon lange vorbei. Jeder, der zum Beispiel einen spieletauglichen Computer zu Hause hat, kann auch digital malen. Egal ob Desktop, Notebook, Laptop oder Tablet PC – 8 GB Arbeitsspeicher, 500 Gigabyte Festplatte und eine Prozessorleistung von 3 bis 4 Gigahertz sind heute Standard. Maus und Monitor gehören sowieso dazu. Tablets mit Android oder iOS sind ebenfalls State of the Art und ermöglichen das Malen mit der eingebauten Hardware allemal. Die notwendige Leistungsstärke des Computers hängt im Wesentlichen von der Software ab, die für das Digital Painting eingesetzt wird. Ein Blick auf die Systemanforderungen des jeweiligen Computerprogramms ist also empfehlenswert. Doch zunächst soll es um die Hardwarekomponenten gehen, die für das digitale Malen eine Rolle spielen.

Der Monitor: Je größer, desto besser

Prinzipiell ist es für das digitale Malen egal, welcher Monitor verwendet wird. Doch ähnlich wie bei einem Bogen Papier oder Leinwand gilt: Je größer, desto besser. Je größer der Monitor, desto höher kann auch die Auflösung eingestellt werden. Eine hohe Auflösung bedeutet, dass das Monitorbild aus sehr vielen kleinen Punkten (Pixel) zusammengesetzt und dadurch feiner ist. Erfahrungsgemäß sollte der Desktop-Monitor möglichst nicht kleiner als 22 Zoll sein. Zu empfehlen sind 22- bis 28-Zoll-Monitore. 27-Zoll-TFT-Monitore sind heute schon ab rund 250 € erhältlich. Selbst 4K-28-Zoll-Panels starten mit erschwinglichen 275 Euro.

Ein Monitor ab 22 Zoll sollte eine Auflösung von mindestens 1920 x 1080 Pixel haben. Bei dieser Einstellung hat man genug Platz, um eine ausreichend große Arbeitsfläche zu verwenden und die verschiedenen Menüs des Mal- oder Bildbearbeitungsprogramms verwalten zu können. Viele professionelle Anwender arbeiten sogar mit zwei und mehr Monitoren: Oft eignet sich z. B. ein alter, kleiner Monitor, um die Programm-Menüs auszulagern. Der größere Monitor ist dann frei für das eigentliche Bild. Bei Windows- und Mac-Betriebssystemen ist es schon lange möglich, zwei Monitore gleichzeitig zu bedienen. Aktuelle Grafikkarten verfügen außerdem meist standardmäßig über zwei Monitoranschlüsse.

Möchte man – wie von Apple gewohnt – Retina-Displays bzw. UHD-Bildschirme verwenden, die im aktuellen Fachjargon auch 4K- Monitore genannt werden, sind leistungsstarke Grafikkarten nötig, um diese am DisplayPort, HDMI 2.0 oder USB-C Schnittstelle zu betreiben. Dafür sind die Motive mit 3840 x 2160 Pixel gestochen scharf.

Meist gilt beim Monitorkauf: Je teurer, umso besser und naturgetreuer das Farbspektrum. Hier spielt es auch eine Rolle, ob das angezeigte Monitorbild von dem Farbumfang und -treue her mit dem späteren Druckbild auf Tintenstrahler oder Offsetdruck übereinstimmt. Denn häufig erstrahlt das gemalte Bild am Monitor schon recht bunt und farbig aufgrund der zu Grunde liegenden RGB-Technik und der ggf. zu stark eingestellten Kontraste. Druckt man dann anschließend das Bild aus, kann es aber flau wirken.

Möchte man dem vorbeugen, kann man optional mit sogenannten Kalibrierungsgeräten (ab ca. 120 Euro) die Darstellung optimieren. Dies wird in der Regel eher von professionellen Designern und Digital Künstlern bevorzugt.

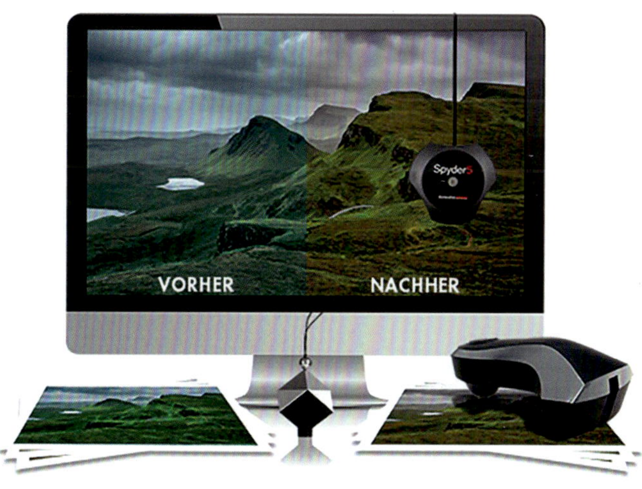

Wer Grafiken für den Druck herstellt, sollte regelmäßig seinen Monitor kalibrieren.

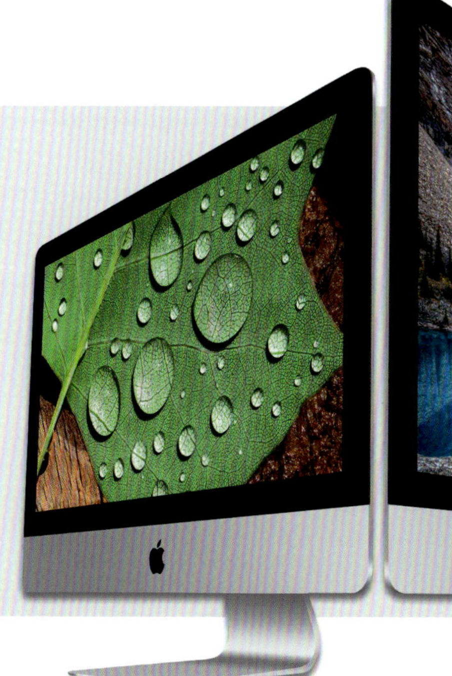

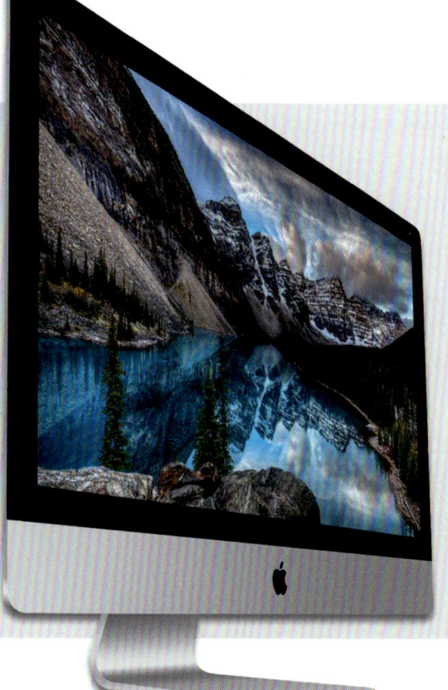

Gängige Monitorauflösungen

17 Zoll	1280 x 1024 Pixel
19 Zoll	1440 x 900 Pixel
20/21 Zoll	1600 x 1200 Pixel
22 Zoll	1920 x 1080 Pixel
24 Zoll	1920 x 1200 Pixel
30 Zoll	2560 x 1600 Pixel
21,5-28 Zoll (FullHD)	1920 x 1080 Pixel
24-32 Zoll (4K)	3840 x 2160 Pixel
5K	5120 x 2880 Pixel

Das Grafiktablett: Ein echtes „Malgefühl“

Mit der Maus zu malen, ist zwar möglich, aber nicht besonders angenehm. Der Mauszeiger bewegt sich zu ungenau und lässt kein wirkliches „Malgefühl“ aufkommen. Das liegt zum einen an der Handhaltung, zum anderen aber auch an dem sogenannten Druckpunkt der Maus, den man nicht regulieren kann. Das bedeutet, ähnlich wie bei einer Sprühdose kommt immer „die gleiche Menge Farbe“, wenn man auf die Taste drückt.

Aus diesem Grund gibt es bereits seit vielen Jahren so genannte Grafiktabletts, die sich wie Papier und Pinsel benutzen lassen. Das Grafiktablett besteht aus einem flachen Tablett, das entweder per Kabel oder auch kabellos über eine Bluetooth-Verbindung mit dem Computer verbunden wird. Dazu gehört außerdem ein elektronischer Stift. Dieser Stift sendet Daten über die Druckstärke, Bewegung und gegebenenfalls am Stift gedrückte Tasten an das Tablett, das sie an den Computer weiterleitet. Mit bis zu 8192 Druckstufen bei aktuellen Modellen sind die Grafiktabletts feinfühlig genug, um jeglichen Andruckunterschied für Deckkraft oder Duktus umzusetzen. Auf dem Grafiktablett kann also absolut echt gemalt und gezeichnet werden – mit dem einzigen Unterschied, dass das Ergebnis nur auf dem Monitor angezeigt wird. Hier liegen dann auch die größten Anfangsschwierigkeiten: Die Hand bewegt sich auf dem Tablett, während die Augen die Strichführung auf dem Monitor verfolgen müssen. Das ist eine Höchstleistung für das menschliche Gehirn, die sehr gewöhnungsbedürftig ist. Doch auch hierbei macht Übung den Meister.

Grafiktabletts gibt es in verschiedenen Größen zwischen DIN A6 (Postkartenformat) und DIN A3 (Zeichenblockgröße). Für das digitale Malen sind die größeren Formate zu empfehlen. Die Auflösung der Geräte liegt zwischen 1.000 und 5.000 Pixel. Auch hier gilt: Je höher die Auflösung, desto besser. Manchmal gibt es vom Hersteller oder vom Händler auch Bundles, in denen neben dem Grafiktablett auch schon ein Bildbearbeitungs- oder Malprogramm enthalten ist. Hier einfach recherchieren und vergleichen, da sich dieses wöchentlich ändern kann.

Die Wahl des „richtigen“ Grafiktabletts hängt von unterschiedlichen Faktoren ab. Der Hauptfaktor ist sicherlich der Geldbeutel, dann der Platzbedarf sowie Komfort und Zubehör. Möchte man nicht nur Bilder bearbeiten, sondern malen und zeichnen, ist es sicherlich keine gute Lösung, ein A6-Tablett im Zusammenhang mit einem 24“-Monitor zu verwenden. Bei der Umsetzung von Auge zu Hand ist dies nicht genau genug und man muss häufig ins Bild zoomen, um mit der möglichen Strichlänge klar zu kommen. Mit einer aktiven Malfläche, die A5 entspricht, ist es wesentlich angenehmer. Da stimmt auch das Preis-Leistungsverhältnis. Nimmt man ein Grafiktablett mit zusätzlicher Touch-Eingabe, hat man die Möglichkeit, sich einen schnellen Workflow im Malprozess aufzubauen, d. h. mit dem Stift malen und mit den Gesten z. B. ins Motiv hineinzoomen. Die Funktionstasten am Grafiktablett sind ebenfalls dafür da, möglichst wenig die Tastatur und die Werkzeugleiste der Programme zu verwenden. Unterschiedliche Hersteller bieten

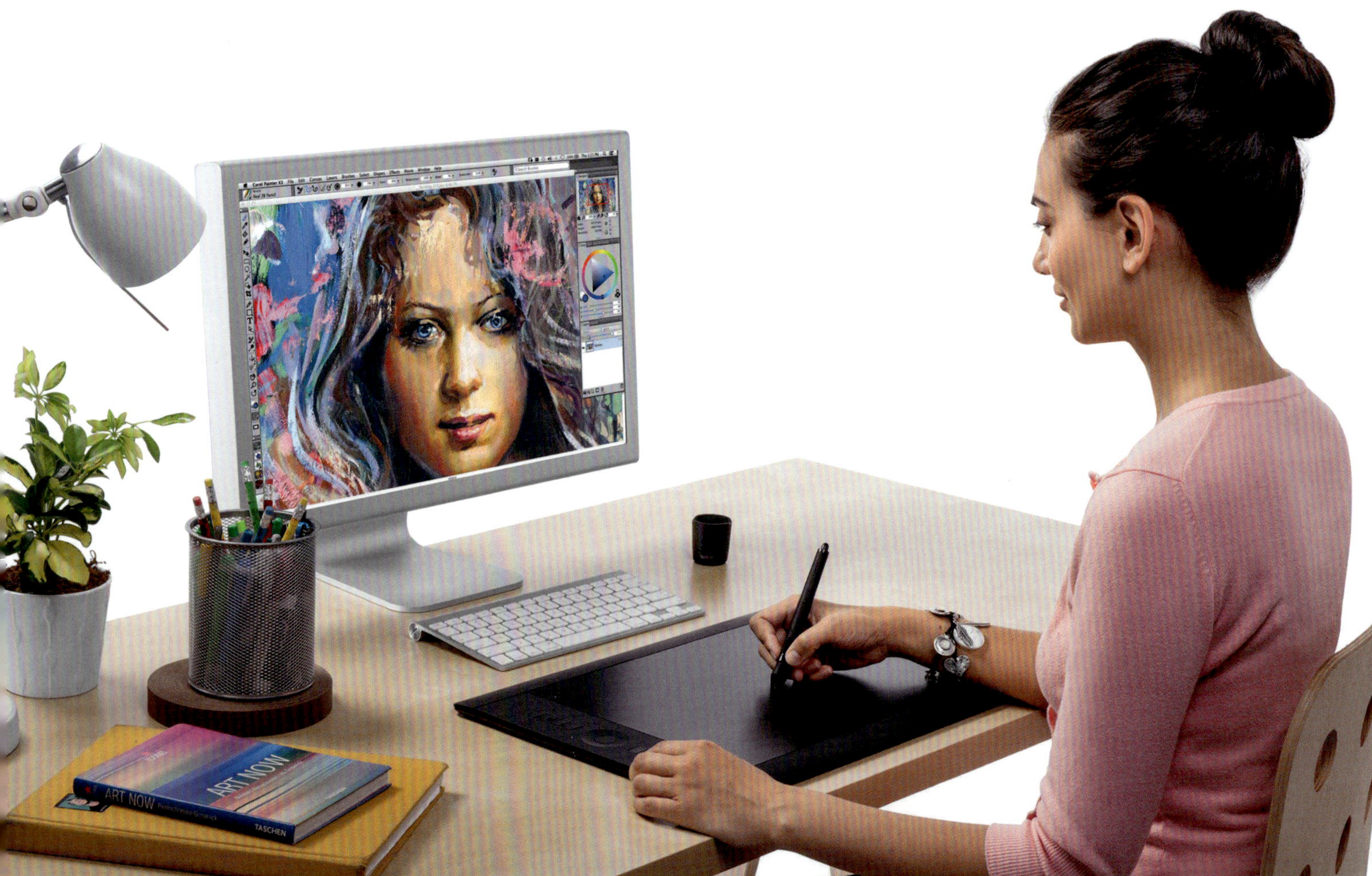

››› GRAFIKTABLETTS – Modelle und Preise

WACOM INTUOS (vorher Bamboo)	
Version S	152 x 95 mm | ca. 55 €
Version S mit Bluetooth	152 x 95 mm | ca. 77 €
Version M mit Bluetooth	152 x 95 mm | ca. 155 €
WACOM INTUOS 4	
XL	487,7 x 304,8 mm | ca. 700 €
WACOM INTUOS PRO	
Version S	158 x 98 mm | ca. 169 €
Version M	224 x 148 mm | ca. 335 €
Version L	311 x 216 mm | ca. 469 €
Paper Edition M	224 x 148 mm | ca. 356 €
Paper Edition L	311 x 216 mm | ca. 525 €
www.wacom.de	
GAOMON	
S56K	152 x 127 mm | ca. 32 €
M106K	254 x 158 mm | ca. 51 €
M10K 2018	255 x 160 mm | ca. 107 €
www.gaomon.net	
XP-PEN	
Deco 01	254 x 158 mm | ca. 60 €
Deco 02	254 x 168 mm | ca. 80 €
Star 05	203 x 127 mm | ca. 80 €
Star 06	254 x 152 mm | ca. 90 €
www.xp-pen.com	
UGEE	
M708	254 x 152 mm | ca. 50 €
G3	228 x 152 mm | ca. 44 €
www.ugee.net	
HUION	
1060 Plus	10 x 6,25" | ca. 85 €
H610	10 x 6" | ca. 68 €
H640P	6,3 x 3,9" | ca. 54 €
www.huiontablet.com	

hier einzeln zu belegende Funktionstasten in unterschiedlichem Umfang. Möchte man zusätzliche Stifte wie Airbrush oder Art-Pen verwenden, sollte man eher zu den professionelleren Modellen greifen. Der übliche Anwender kommt aber schon mit einer A5-Größe, mit wenigen Funktionstasten, dem Standard-Stylus und 1024 Druckstufen zu hervorragenden Ergebnissen.

In der Regel wird ein Grafiktablett online bestellt, denn nicht in jedem Elektronikmarkt gibt es eine Auswahl oder gar eine Testmöglichkeit. Es gibt viele Marken und Modelle, die nur online kaufbar sind und erst gar nicht in die regulären Ladengeschäften kommen. Über die Jahre ist auch zu beobachten, dass Anbieter plötzlich am Markt auftauchen und nach wenigen Jahren – sicherlich wirtschaftlich und technologisch bedingt – wieder verschwinden. Die Auswahl ist oft unübersichtlich, da es eine große Auswahl an Modellen gibt. Für Verwirrung sorgt häufig auch die Größen-Angabe, bei der die Abmessung des Gerätes nicht mit der tatsächlich aktiven Fläche für den Stift verwechselt werden sollte. Zudem gibt es unterschiedliche Technologien, z. B. mit und ohne Batterien im Stylus. Treiber gibt es in der Regel sowohl für Windows als auch für Mac OS. Unabhängig davon ist es wichtig, nach dem Kauf mit entsprechenden Übungen (siehe Kapitel „Erste Übungen") zu prüfen, ob das Gerät die gewünschte Drucksensitivität und Komfort liefert, um digitale Gemälde zu erstellen.

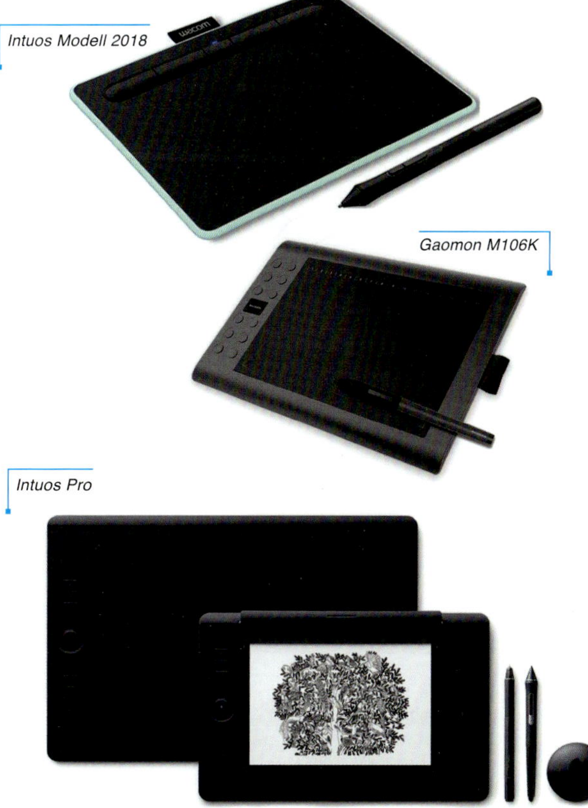

Intuos Modell 2018

Gaomon M106K

Intuos Pro

Die Übersicht entspricht dem Stand vom Januar 2019 und ist nicht vollständig. Alle Maßangaben entsprechen der aktiven Fläche. Änderungen können durch Marktverschiebungen und Modellüberarbeitungen auftreten. Aktuelle Testberichte zu Grafiktabletts in meinem Youtube-Podcast: Roger Hassler

Entscheidungshilfe: Grafiktablett

Häufig entscheidet der Geldbeutel und der Anwendungszweck über die Auswahl eines Grafiktabletts. In dieser Übersicht finden Sie aktuelle Geräte nach Größe und Ausstattungsmerkmalen sortiert, um Ihnen eine Entscheidungshilfe zu liefern. Einsteiger wählen häufig kleinere und mittlere Größen, Profis nutzen größere Modelle mit mehr Funktions-

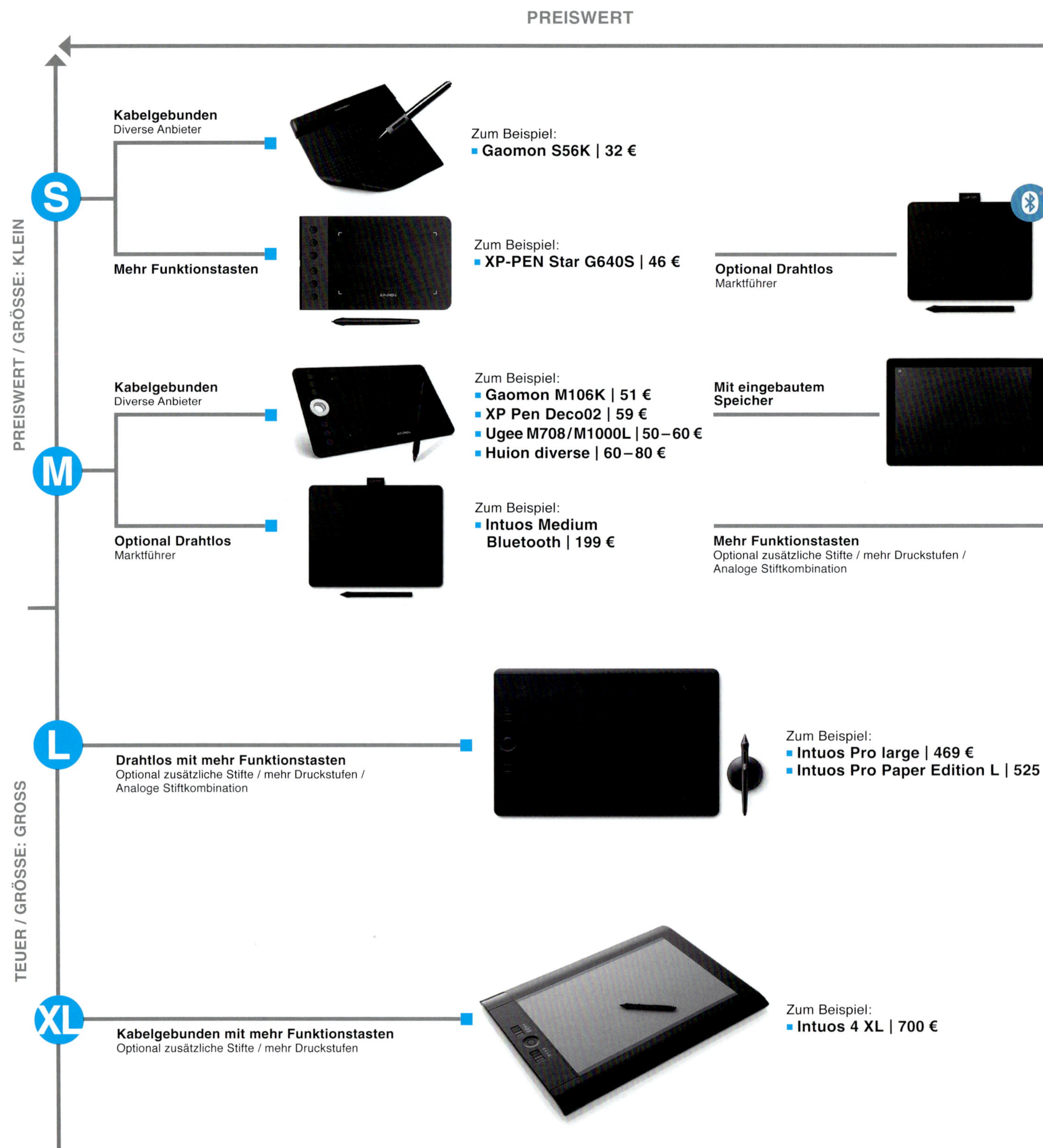

tasten und optionalem Zubehör. Außerdem ist der Platzbedarf auf dem Schreibtisch sowie die Übertragungsart kabelgebunden oder drahtlos zu überlegen. Beachten Sie auch die unterschiedlichen Mal- und Bildbearbeitungsprogramme, die häufig den Geräten beiliegen bzw. heruntergeladen werden können.

TEUER

Zum Beispiel:
- **Intuos S Bluetooth | 69 €**

Zusätzlich Touch
Optional zusätzliche Stifte

Zum Beispiel:
- **Intuos Pro small | 169 €**

Zum Beispiel:
- **Ugee G5 | 118 €**

Zum Beispiel:
- **Intuos Pro M | 335 €**
- **Intuos Pro Paper Edition M | 356 €**

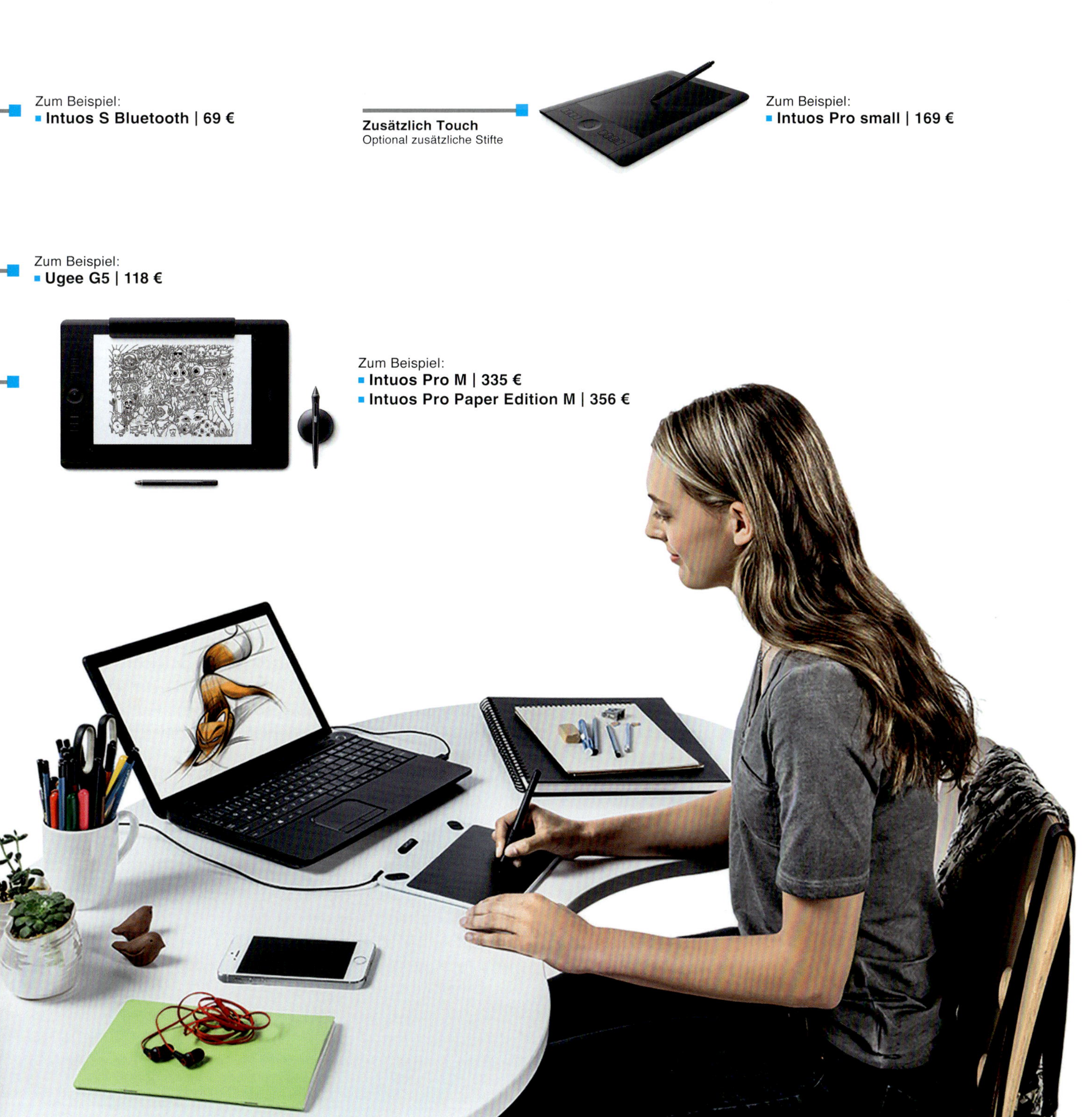

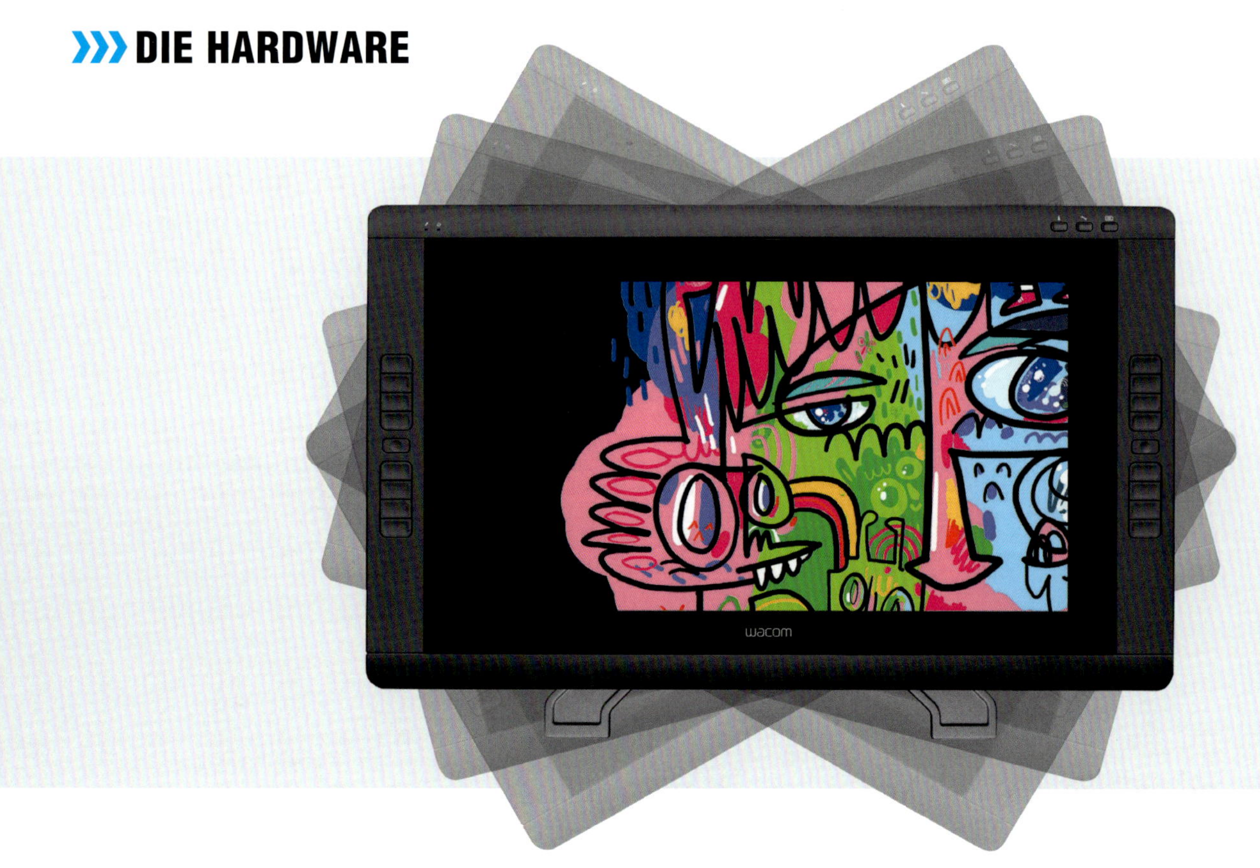

Das Pen Display: Monitor und Tablett in einem

Das große Problem des digitalen Malens liegt – wie schon eingangs erwähnt – darin, dass sich Hand und Augen auf unterschiedlichen Flächen bewegen müssen. Auch dieses Problem hat die Industrie mittlerweile gelöst: Es gibt so genannte Pen Displays. Das sind Monitore, die gleichzeitig Grafiktabletts sind.

Das Prinzip ist ganz einfach: Die Geräte lassen sich als ganz normaler TFT-Monitor senkrecht benutzen oder zum Malen oder Zeichnen einfach flach auf den Tisch legen. Mit dem dazugehörigen Stift kann man dann direkt auf dem Monitor malen – wie auf Papier. Die Übersetzung vom Stift auf den Monitor ist nahezu punktgenau und ermöglicht sehr präzises Arbeiten. Beim Marktführer Wacom stehen verschiedene Cintiq- und Cintiq-Pro-Modelle zur Auswahl: angefangen mit dem günstigen Cintiq in 16" für 599 Euro bis hin zum 32 Zoll großen Flagschiff des Herstellers, dem Cintiq Pro 32" mit 4K-Panel zum Preis von 3550 Euro. Der Einsatz der größeren Modelle lohnt sich also wirklich nur für ambitionierte oder professionelle Anwender wie Grafik Designer, Architekten oder Illustratoren.

Die Geräte vom Marktführer Wacom haben je nach Modellwahl eine zusätzliche Touch-Funktion, bei der mit bekannten Fingergesten Aktionen wie Bild drehen oder Zoomen ausgelöst werden können. Zudem verfügen die Geräte über ausgereifte Treiber, eine matte Oberfläche und bieten die Möglichkeit, zusätzliche Spezialstifte wie „Art-Pen" und „Airbrush" zu betreiben. Je nach Modell gibt es bei Wacom unterschiedliche Aufstelloptionen. Das 22HD ist zum Beispiel auf einem Drehteller fixiert, was dem Künstler die Möglichkeit bietet, den Screen wie beim Arbeiten auf einem Zeichenkarton zu rotieren. Die größeren Modelle wie Cintiq 27QHD, Wacom Cintiq Pro 24"/32" kommen optional mit einem Standfußsystem, damit sich das Pen-Display wie ein Zeichentisch verhält und über die Tischkante hinaus kippen und rotieren lässt.

Alternativen zu den Wacom-Geräten gibt es natürlich ebenso wie bei den Grafiktabletts. Dabei wird man diese Produkte in keinem Ladengeschäft finden und muss in der Regel online bestellen und aus dem Ausland liefern lassen. Auch hier tauchen immer mal wieder Firmen und Modelle auf, die nach wenigen Jahre nicht mehr erhältlich sind. Häufig sehen sich die Modelle ziemlich ähnlich. Preislich gesehen starten diese Pen Displays bei 199 Euro (z.B. XP-PEN Artist 12). Ab 450 bis 800 Euro für 16"-22"-Modelle von Gaomon, Ugee, Huion oder XP-PEN liegen sogar die größeren Modelle auch für Hobbyanwender in einem bezahlbaren Rahmen. In der Regel haben diese Pen Displays – anders als der Marktführer – Batterien im Stift, was auf eine etwas andere Eingabetechnologie hinweist. Vom Gewicht her fällt das aber nicht auf und stört beim Gestalten nicht. Einige Modelle haben keine belegbaren Funktionstasten am Monitorgehäuse und in der Regel ist die Monitoroberfläche spiegelnd, was brillante Farben liefert, aber je nach Deckenbeleuchtung nerven kann. Auch vom Aufstellen her sind die meisten Modelle gleich: Auf der Rückseite befindet sich eine Schiene zum Einrasten, bei der zahlreiche Winkeleinstellungen möglich sind.

Eine neue Gattung Geräte kommt mit dem Surface Studio von Microsoft oder dem Wacom Cintiq Pro 32" auf den Markt. Bei diesen ab 4000 Euro teuren Gerät ist ein Hochleistungsrechner schon mit eingebaut oder als Komponente optional hinzuzufügen.

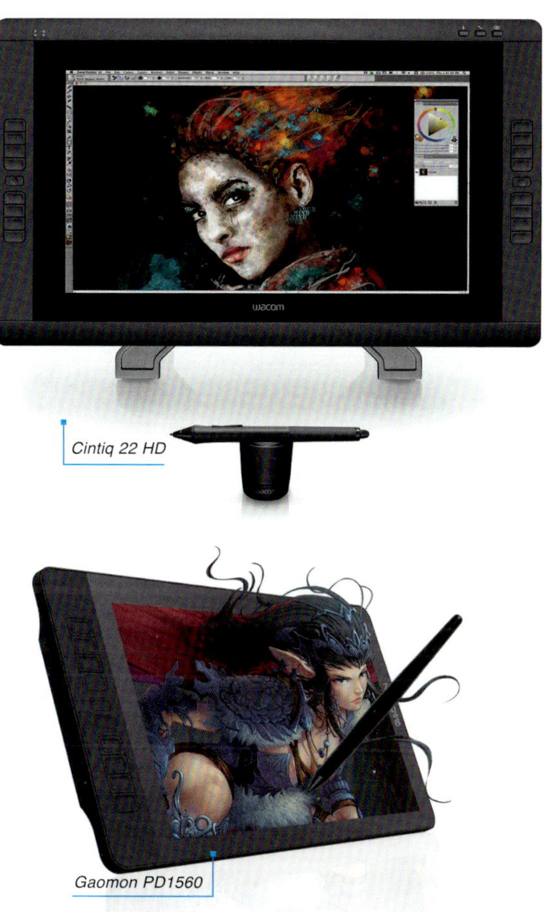

Cintiq 22 HD

Gaomon PD1560

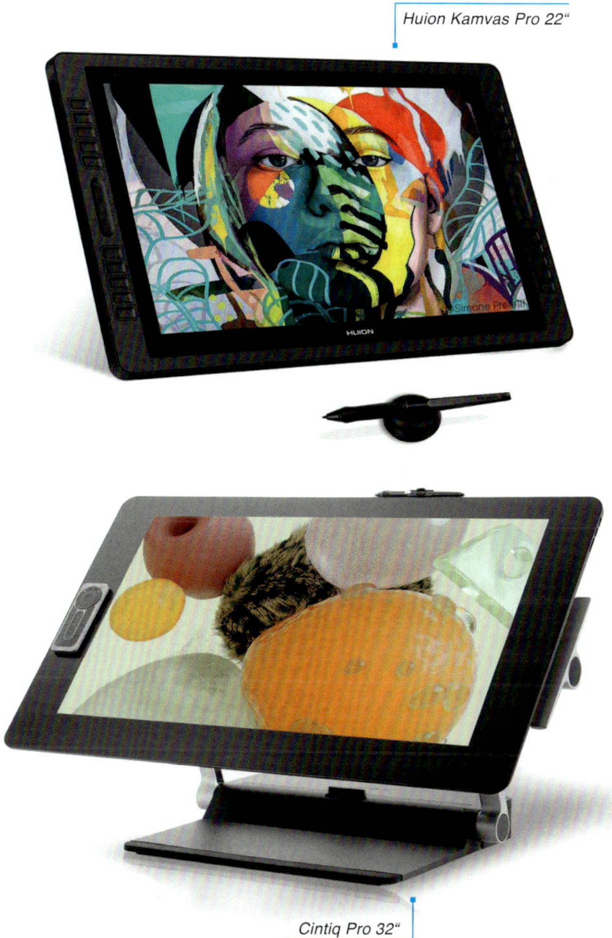

Huion Kamvas Pro 22“

Cintiq Pro 32“

Die Übersicht entspricht dem Stand vom Januar 2019 und ist nicht vollständig. Änderungen können durch Marktverschiebungen und Modellüberarbeitungen auftreten. Aktuelle Testberichte zu Pen Displays unter Youtube: Roger Hassler

❯❯❯ PEN DISPLAYS – Modelle und Preise

WACOM CINTIQ
15,6 Zoll | 1920 x 1080 Pixel | 599 €

WACOM CINTIQ PRO 16
15,6 Zoll | 3840 x 2160 Pixel | 1599,90 €

WACOM CINTIQ 22 HD
22 Zoll | 1920 x 1080 Pixel | ab 1799,90 €

WACOM CINTIQ Pro 24
24 Zoll | 3840 x 2160Pixel | ab 2699,90 €

WACOM CINTIQ Pro 32
32 Zoll | 3840 x 2160Pixel | ab 3549,90 €

MICROSOFT SURFACE STUDIO 2
28 Zoll | 4500 x 3000 Pixel | ab 4000 €

XP-PEN Artist 12
12 Zoll | 1920 x 1080 Pixel | 199 €

XP-PEN Artist 16
15,6 Zoll / 1920 x 1080 Pixel | 450 €

GAOMON PD1560
15,6 Zoll / 1920 x 1080 Pixel | 315 €

UGEE 22“ IPS
21,5 Zoll | 1920 x 1080 Pixel | 400 €

HUION KAMVAS PRO 13
13,3 Zoll | 1920 x 1080 Pixel | 360 €

HUION GT-220 V2
21,5 Zoll | 1920 x 1080 Pixel | 540 €

Entscheidungshilfe: Pen Display & Tablet PC

Digitales Malen ist noch einfacher mit einem Pen Display oder Tablet PC. Denn bei dieser Technologie sieht man, wo man malt. Das ist auch beim Einstieg deutlich einfacher und schneller. Der Anwender entscheidet hier nach Geldbeutel, Größe und Mobilität. Aufgrund des integrierten Displays ist in dieser Produktkategorie der Preis im Ge-

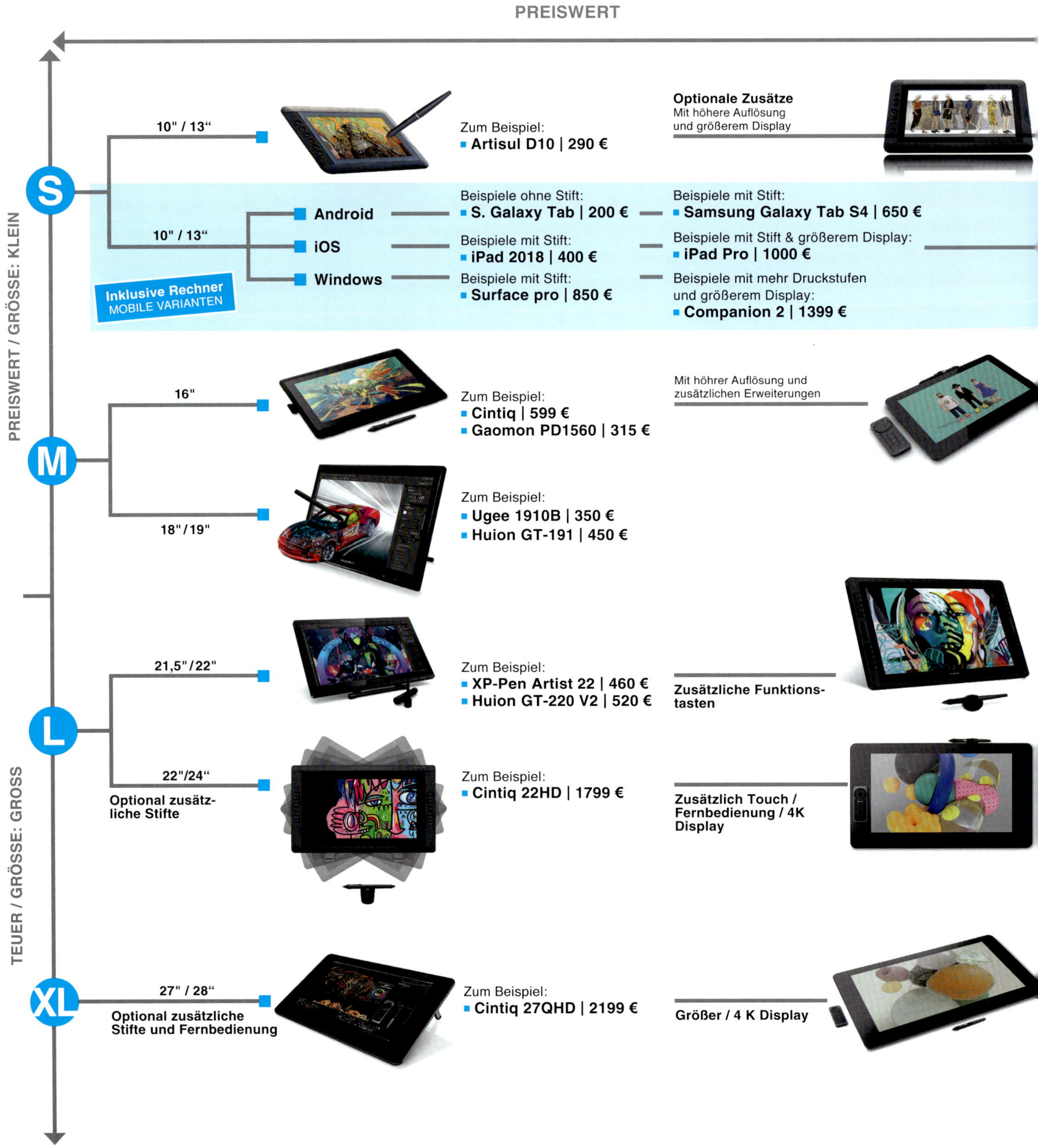

PREISWERT

PREISWERT / GRÖSSE: KLEIN

TEUER / GRÖSSE: GROSS

S

10" / 13"

Zum Beispiel:
- **Artisul D10 | 290 €**

Optionale Zusätze
Mit höhere Auflösung und größerem Display

10" / 13"

Inklusive Rechner
MOBILE VARIANTEN

Android
Beispiele ohne Stift:
- **S. Galaxy Tab | 200 €**

Beispiele mit Stift:
- **Samsung Galaxy Tab S4 | 650 €**

iOS
Beispiele mit Stift:
- **iPad 2018 | 400 €**

Beispiele mit Stift & größerem Display:
- **iPad Pro | 1000 €**

Windows
Beispiele mit Stift:
- **Surface pro | 850 €**

Beispiele mit mehr Druckstufen und größerem Display:
- **Companion 2 | 1399 €**

M

16"

Zum Beispiel:
- **Cintiq | 599 €**
- **Gaomon PD1560 | 315 €**

Mit höhrer Auflösung und zusätzlichen Erweiterungen

18"/19"

Zum Beispiel:
- **Ugee 1910B | 350 €**
- **Huion GT-191 | 450 €**

L

21,5"/22"

Zum Beispiel:
- **XP-Pen Artist 22 | 460 €**
- **Huion GT-220 V2 | 520 €**

Zusätzliche Funktionstasten

22"/24"
Optional zusätzliche Stifte

Zum Beispiel:
- **Cintiq 22HD | 1799 €**

Zusätzlich Touch / Fernbedienung / 4K Display

XL

27" / 28"
Optional zusätzliche Stifte und Fernbedienung

Zum Beispiel:
- **Cintiq 27QHD | 2199 €**

Größer / 4 K Display

gensatz zum normalen Grafiktablett deutlich höher. Wählt man eine mobile Variante, entscheidet der Anwender noch nach dem bevorzugtem Betriebssystem, da zusätzlich ein Rechner verbaut ist. Je nach Größe spielt auch noch die Aufstellungsvariante sowie die Anzahl der Funktionstasten, erweiterbare Zusatzstifte und Displayauflösung eine Rolle.

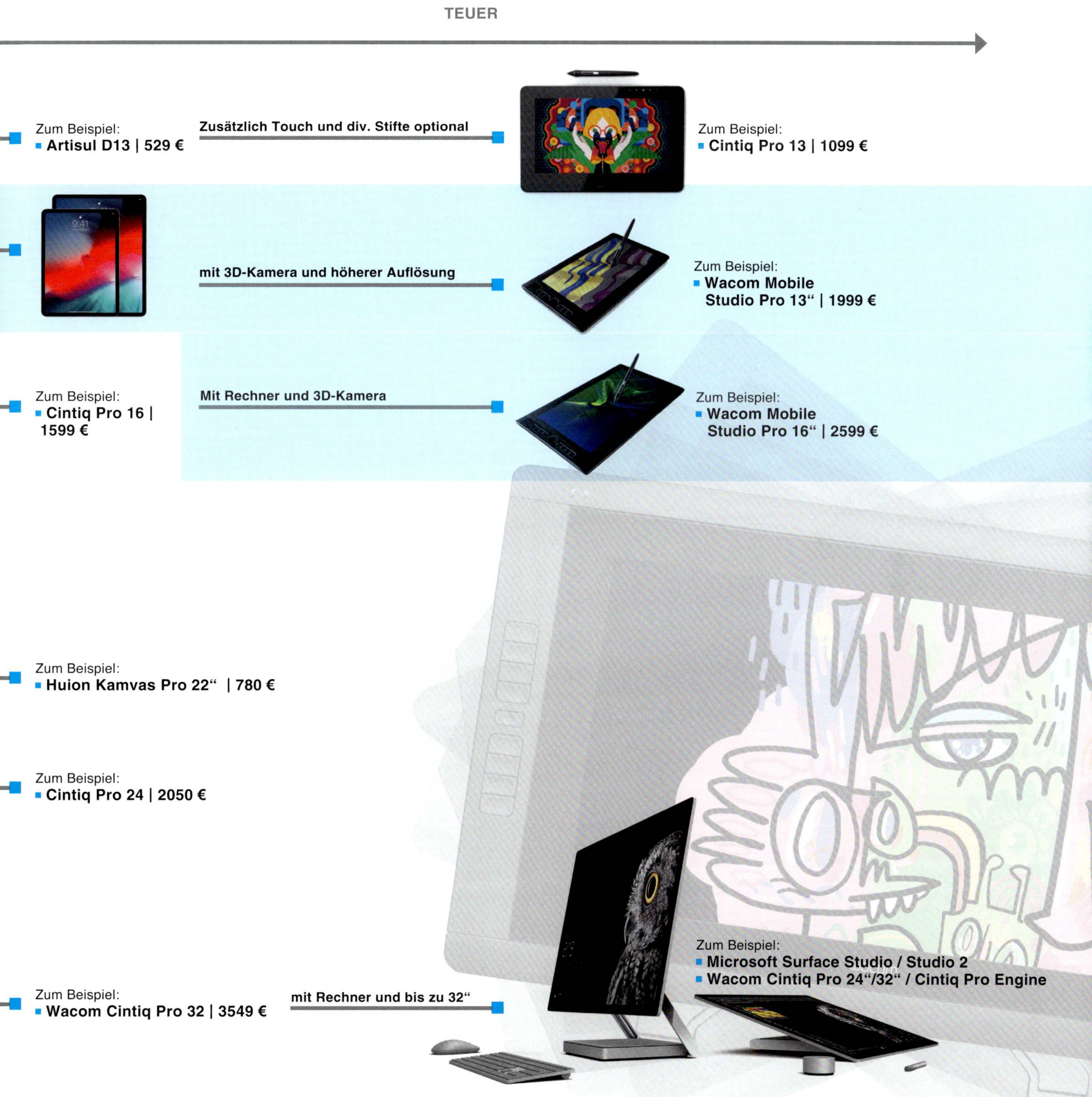

Tablets & Tablet PCs: für unterwegs

Die seltene Spezies der Tablet PCs, die auch Convertibles genannt werden, ist generell für Anwender geeignet, die ihren tragbaren Computer intuitiv mit einem Stift bedienen wollen. Neben der Text- und Notizeingabe direkt auf dem Bildschirm erlaubt so ein Gerät aber auch das digitale Malen. Zwar hat so ein Tablet PC nicht immer so viele Druckstufen wie z.B. ein Cintiq Pro 24, die Technologie stammt aber meist ebenfalls von Wacom. Man hat so die Möglichkeit, das Gerät auf den Schoß zu nehmen, und ist unabhängig vom Stromanschluss – jedenfalls für einige Stunden Malvergnügen.

Mittlerweile gibt es unterschiedliche Bauweisen und Technologien. Die sogenannten Slate-Tablets werden ohne Hardware-Tastatur gebaut. Die Eingabe mit dem Stift steht im Vordergrund. Geräte mit Windows Betriebssystem wie z. B. das Surface von Microsoft bieten die Möglichkeit, Standardsoftware wie Photoshop und Corel Painter zu nutzen. Das gilt auch für das Wacom Mobile Studio, welches ebenfalls ein eigenständiges Betriebssystem integriert hat, aber auch zusätzlich als Pen Display an einen Rechner angeschlossen werden kann. Achten Sie beim Kauf eines Tablet PCs darauf, dass Ihre verwendete Malsoftware die jeweilige Technologie für die Stifteingabe auch unterstützt. Nicht alle Geräte verfügen über eine Technik, die von allen Malprogrammen ausgeführt werden kann.

Im Gegensatz zum Tablet PC sind mobile Tablets inzwischen in jedem vierten Haushalt in Deutschland zu finden. Die klassischen und zur Zeit geläufigsten darunter sind Geräte auf Android und iOS-Basis. Die Auswahl ist endlos, wobei die meisten Modelle nur auf Toucheingabe und nicht wie reguläre Grafiktabletts drucksensitiv reagieren. Über spezielle Bluetooth-Stifte kann das in einigen Fällen aber nachgerüstet werden. Dies funktioniert ganz gut, ist aber nicht so präzise wie ein reguläres Pen Display. Erst mit dem iPad Pro von Apple kommt ein speziell entwickelter Stift, der „Apple Pencil", hinzu, der in diesem System ein präzises Malen und Zeichnen ermöglicht. Sowohl für iOS- als auch Android-Systeme gibt es inzwischen zahlreiche Apps für das Skizzieren, Malen und sogar für 3D-Design. Photoshop für iOS ist für 2019 angekündigt.

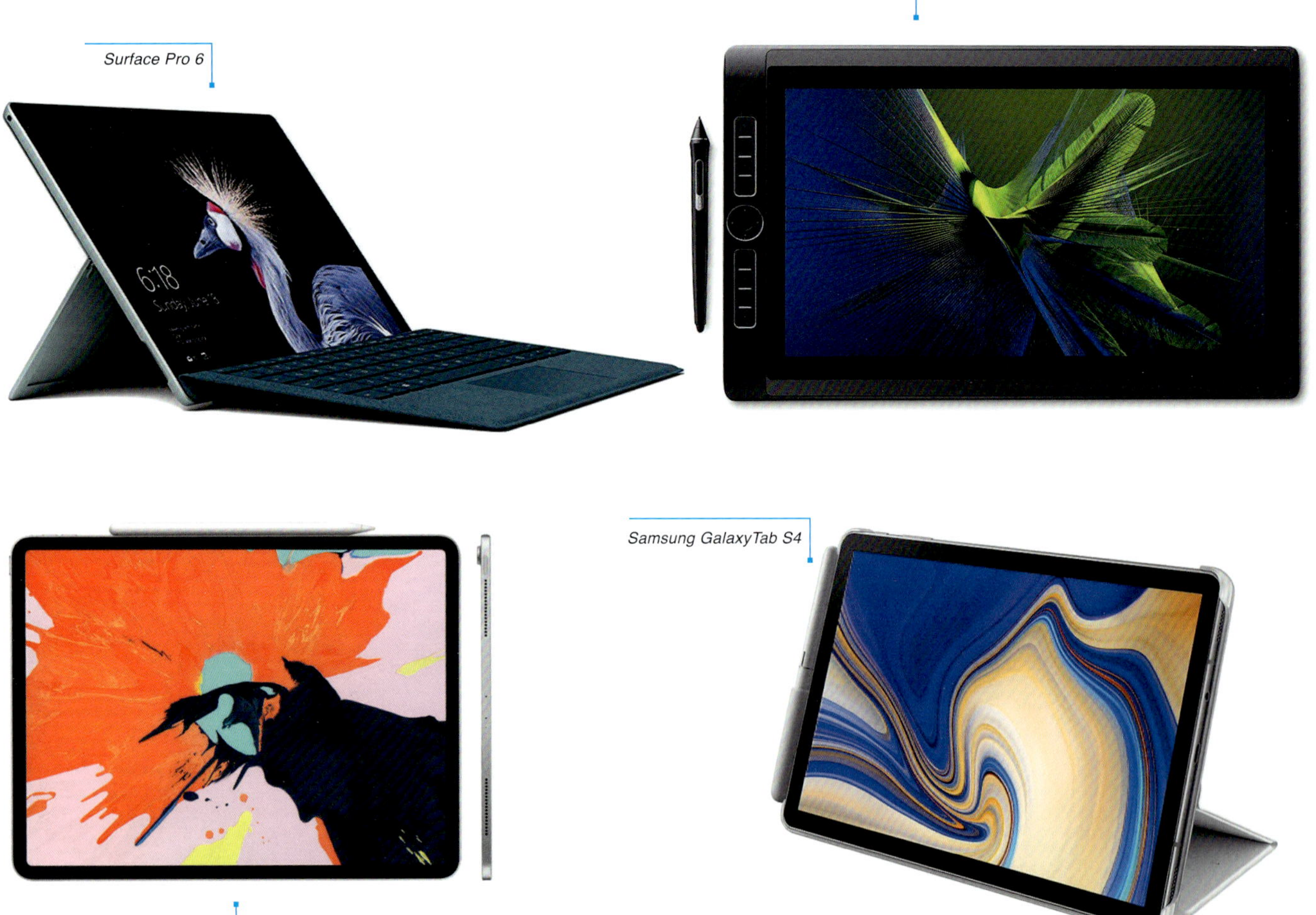

Mobile Studio Pro

Surface Pro 6

Samsung GalaxyTab S4

iPad Pro von Apple

Der Stift: Vom Bleistift bis zur Airbrush

Jeder Künstler weiß: Stift ist nicht gleich Stift, Pinsel nicht gleich Pinsel – und erst recht keine Airbrush. Das haben auch die Hersteller der Grafiktabletts begriffen. Die Firma Wacom bietet deshalb als einer der wenigen Hersteller verschiedene Stifte für ihre Grafiktabletts an. Darüber hinaus sind die Wacom Stifte alle batterielos, was die Stiftführung im Gegensatz zu anderen Herstellern erheblich erleichtert. Die eingebaute Standardstiftspitze lässt sich austauschen. Es gibt eine druckelastische Ausführung für weiche Schattierungen und feine Linien sowie eine „Faser/Filzmarkerspitze", die das Schreibgefühl mit einem Filzstift nachahmt. Außerdem ist ein „Art-Pen", der den klassischen Filzstift/Marker simuliert, ein „Classic Pen" mit schmalem Griff und sogar eine „Airbrush" erhältlich.

Jeder Stift verfügt über die speziellen Eigenschaften seines echten Vorbildes: So verfügt z.B. der Art-Pen über eine breite, abgeschrägte Spitze, wahlweise aus Kunststoff oder Filz, und die digitale Airbrush über ein Fingerrad, mit dem sich die „Farbmenge" stufenlos regulieren lässt. Der „Druck" wird über die Stiftspitze reguliert. Das digitale Airbrushen ist insofern mehr ein digitales Malen mit Farbmengenregulierung, da der Stift aus technischen Gründen – im Gegensatz zum Original – auf die Oberfläche des Tabletts aufgedrückt werden muss. Dennoch ist das Malergebnis mit allen Stiften sehr naturgetreu – gleich ob Sprüheffekt, Bleistift-, Marker- oder Pinselstrich.

Arbeitet man auf einem Android oder iOS Tablet, gibt es Eingabestifte, die an ihrer Spitze vergleichbare sensorische Eigenschaften besitzen wie der Finger und mit der Elektronik der Tablet-Oberfläche agieren. Diese Touch-Pens haben eine Gummispitze und sind schon ab 1 Euro zu haben. Möchte man detaillierter und mit Drucksensitivität arbeiten, lässt sich dies bei einigen Modellen mit Bluetooth- oder Infrarot-Stiften nachrüsten. Auf aktuellstem Stand der Technik ist der Apple Pencil Generation 2, der mit komplexen und präzisen Drucksensoren verschiedene Kräfte und Winkel messen kann und so Schattierungen und unterschiedliche Stiftandrucke ohne Verzögerung auf dem Tabletscreen des iPad Pro realisiert. Bei der Stift-Auswahl ist genau darauf zu achten, welcher Stift für welches System oder Gerät geeignet ist. Verlassen Sie sich dabei am besten auf die Angaben des Herstellers.

»» TABLET STIFTE – Modelle und Preise

Modell	Beschreibung / Preis
BAMBOO STYLUS SOLO	Klassischer Stylus | ca. 14,00 €
ADONIT DASH 3	Fineline Spitze | ca. 45 €
ADONIT PIXEL	Bluetooth-Stylus | ca. 80 €
HAHAKEE	Fineline Spitze | ca. 33 €
AIPTEK MYNOTE PEN	Infrarot-Stylus | ca. 19 €
BAMBOO SKETCH	Bluetooth Smart Technology | ca. 89 €
BAMBOO FINELINE, 3. GENERATION	Bluetooth Smart Technology | ca. 50 €
DA VINCI VIRTO 77	Pinsel-Stylus | ca. 26 €
APPLE PENCIL 1 / APPLE PENCIL 2	ab 75 €

Die Übersicht entspricht dem Stand vom Januar 2019 und ist nicht vollständig. Änderungen können durch Marktverschiebungen und Modellüberarbeitungen auftreten. Aktuelle Testberichte zu Stiften unter: podcast.digital-paintbook.de

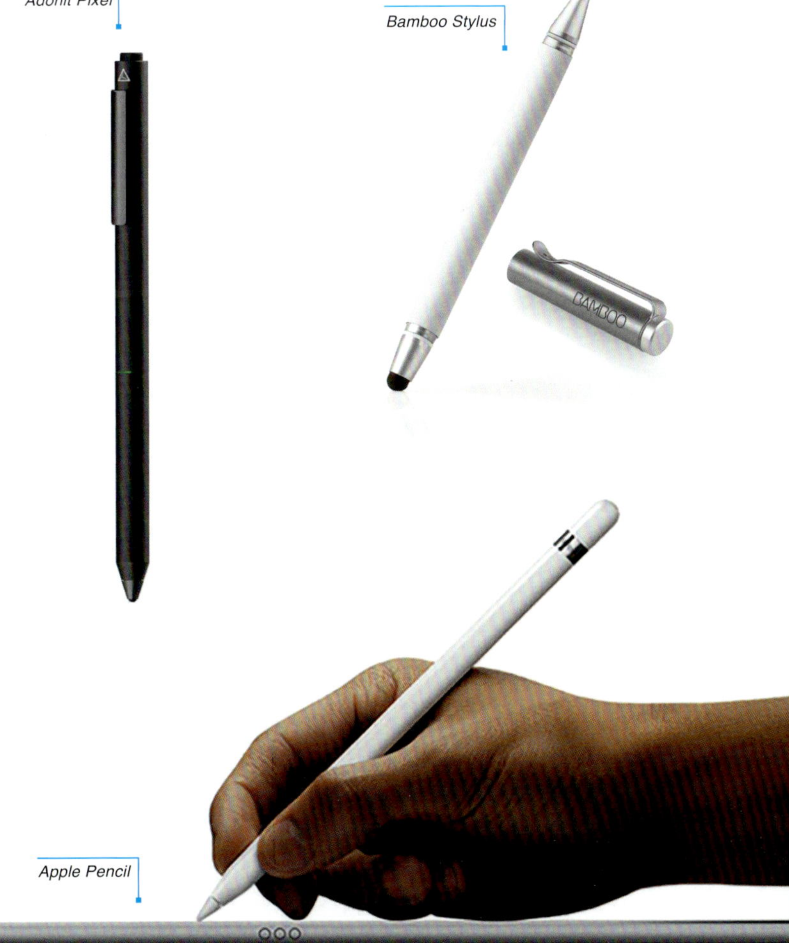

Das Geheimnis hinter der Stifteingabe

Mit der Entwicklung der elektromagnetischen Resonanztechnologie (EMR) legte Wacom schon 1987 den Grundstein für Grafiktabletts mit drucksensitivem Stift ohne Batterie. Offensichtlichster Vorteil der elektromagnetischen Resonanz ist zunächst, dass der Stift ohne Batterie auskommt und somit leichter und handlicher ist. Die Energie, die für die Kommunikation zwischen Stift und Grafiktablett notwendig ist, erhält der Stift aus dem elektromagnetischen Feld, das das Tablett auf seiner Oberfläche formt. Gelangt der Stift in dieses Feld, regt es einen Schwingkreis aus Spule und Kondensator im Stiftinneren zu Schwingungen an. Der Schwingkreis in der Stiftspitze versorgt den Stift mit Strom und dient zugleich als Sender. Der Stift formt seinerseits ein magnetisches Feld und sendet induktive Signale an das Tablett zurück. Dies verfügt unter seiner Oberfläche über horizontal und vertikal ausgerichtete Antennen, die alle 20 Mikrosekunden zwischen „Sende- und Empfangs- Modus" wechseln. Durch diese schnelle Wiederholung kann das Tablett den Bewegungsweg des Stiftes lesen. Im Oktober 2008 stellte Wacom schließlich die RRFC (Reversing Ramped Field Capacity) Touch Technologie vor, die ermöglichte, die herkömmliche kapazitive Multi-Touch-Funktion in Grafiktabletts zu integrieren und sie mit der drucksensitiven Stifttechnologie zu kombinieren.

Auch die Drucksensitivität hat seine Wurzeln bereits in der Entwicklung zum Ende der 80er Jahre: Der in der Stiftspitze angesiedelte Drucksensor übermittelt die Informationen in einen Chip, der über einen Modulator als Signal verpackte Stiftinformationen wieder an den Schwingkreis zurückgibt. Bei Wacom gehören zu diesen Informationen neben dem aufgezeichneten „Stiftweg" auch der Neigungswinkel des Stiftes sowie eine eindeutig identizierbare Gerätenummer (Tool-ID), die es seit Ende der Neunziger Jahren mehreren Nutzern eines gemeinsamen Gerätes ermöglicht, mit ihren eigenen und individuell personalisierten Stiften mit ihren gewohnten Einstellungen zu arbeiten. Nur diese spezielle Technologiekombination aus digitalem Stift und Spezial-Oberfläche ermöglicht Drucksensitivität und unterscheidet die Wacom-Technologie bis heute von herkömmlichen Touch- bzw. Stifteingabe-Anwendungen.

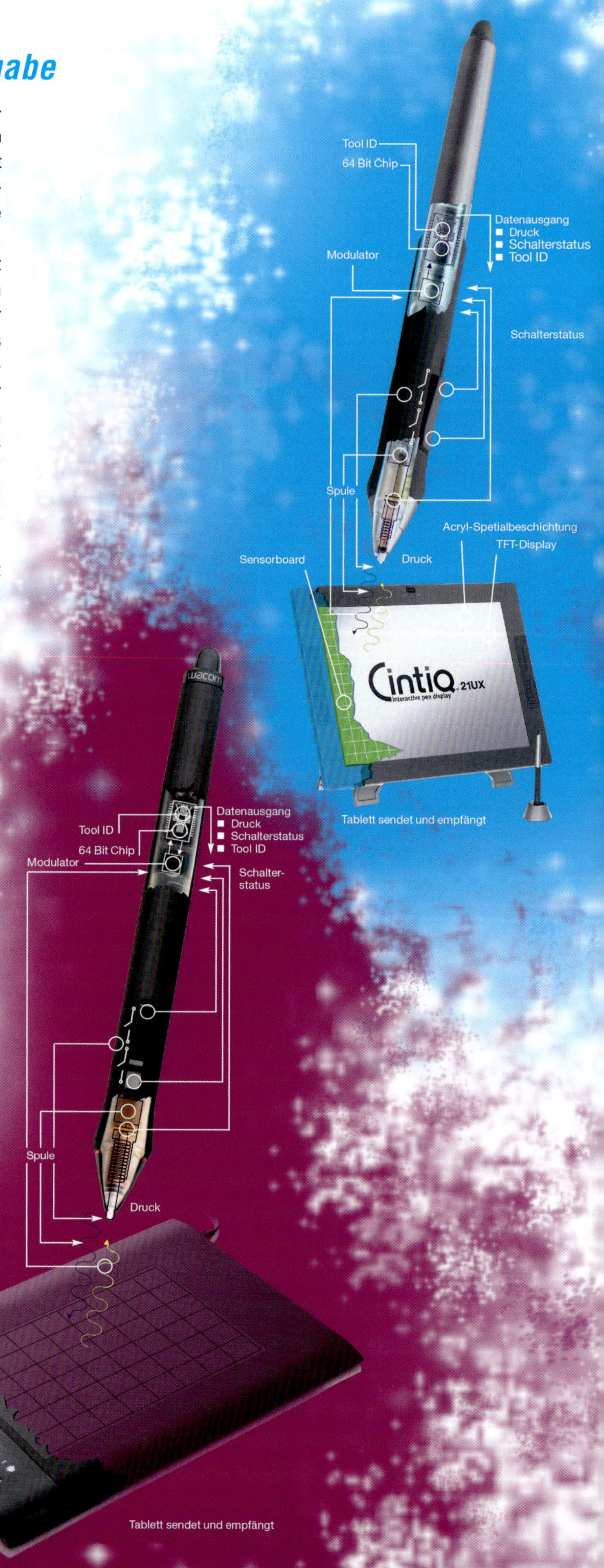

NOCH MEHR DIGITAL PAINTING

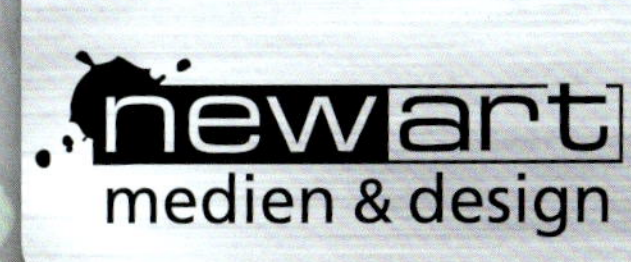

Digital Paintbook ist die deutschsprachige Buchreihe für Concept Art, Digital & Matte Painting. Jeder Band bietet:

- nachvollziehbare Schritt-für-Schritt-Tutorials für Anfänger und Fortgeschrittene
- eine Best-of-Galerie mit Werken von namhaften Profis und talentierten Lesern
- Interviews u. Portfolios von Spitzen-Künstlern aus der CG- und Illustrationsbranche
- Tipps und Wissenswertes zu Hardware, Software, Techniken und Business rund um das Digital Painting.

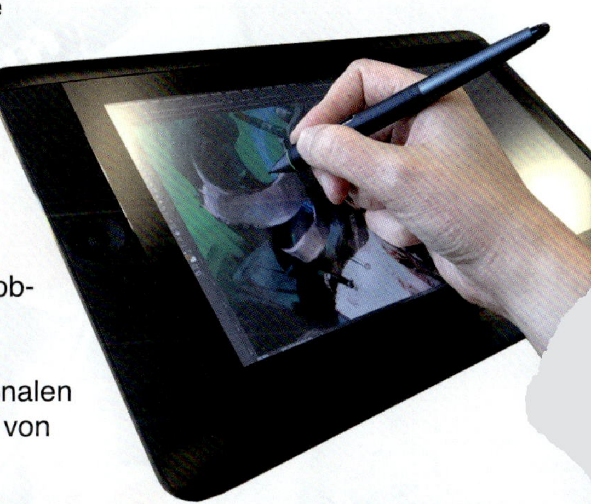

Das **Digital Paintbook** ist eine unverzichtbare Lern- und Inspirationsquelle für alle, die sich mit Digital Painting beschäftigen - vom technisch ambitionierten Hobby-Künstler, über CG-Newcomer bis hin zum Illustrationsprofi.

Es bietet eine einzigartige Präsentationsplattform für Künstler aus der internationalen CG-Szene, legt aber auch besonderen Wert auf die Förderung und Darstellung von Profis und Nachwuchstalenten aus dem deutschsprachigen In- und Ausland.

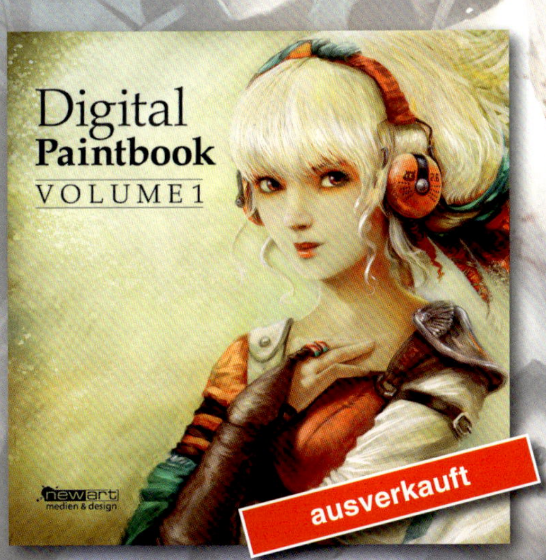

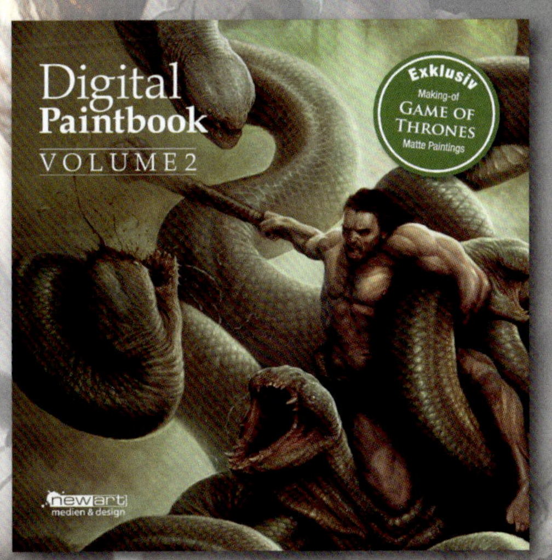

Digital Paintbook 1
ISBN 978-3-941656-08-6
72 Seiten, 14,95 Euro

Digital Paintbook 2
ISBN 978-3-941656-09-3
72 Seiten, 14,95 Euro

Weitere Schritt-für-Schritt-Tutorials für Anfänger und Fortgeschrittene in Volume 1 und 2 der Digital Paintbook-Reihe u. a. von Ken Barthelmey, Tony Andreas Rudolph, David Revoy, Christian Gerth, Joachim Simon u.v.m.

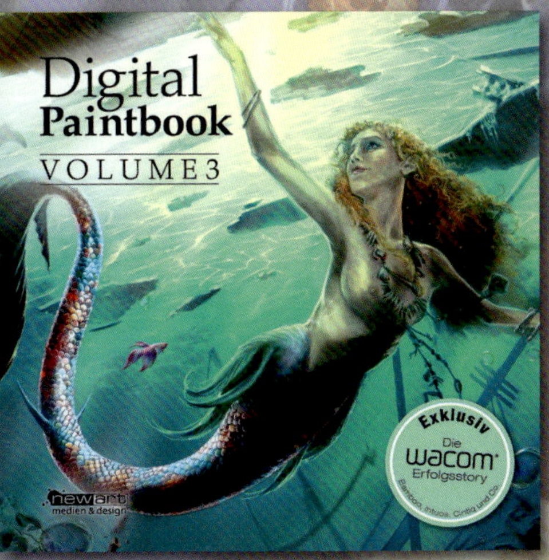

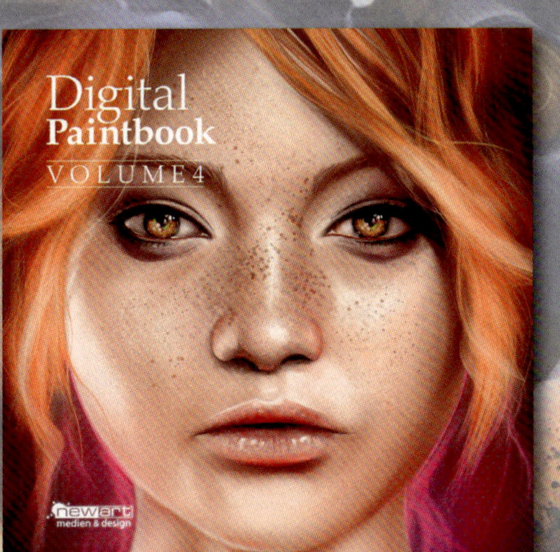

Digital Paintbook 3
ISBN: 978-3-941656-32-1
76 Seiten, 14,95 Euro

Digital Paintbook 4
ISBN: 978-3-941656-50-5
76 Seiten, 14,95 Euro

Weitere Schritt-für-Schritt-Tutorials für Anfänger und Fortgeschrittene in Volume 3 und 4 der Digital Paintbook-Reihe u. a. von Oliver Wetter, Gear Duran, Jörg Schlonies, Anna Kersten, Rudi Salzer u.v.m.

www.newart-shop.de

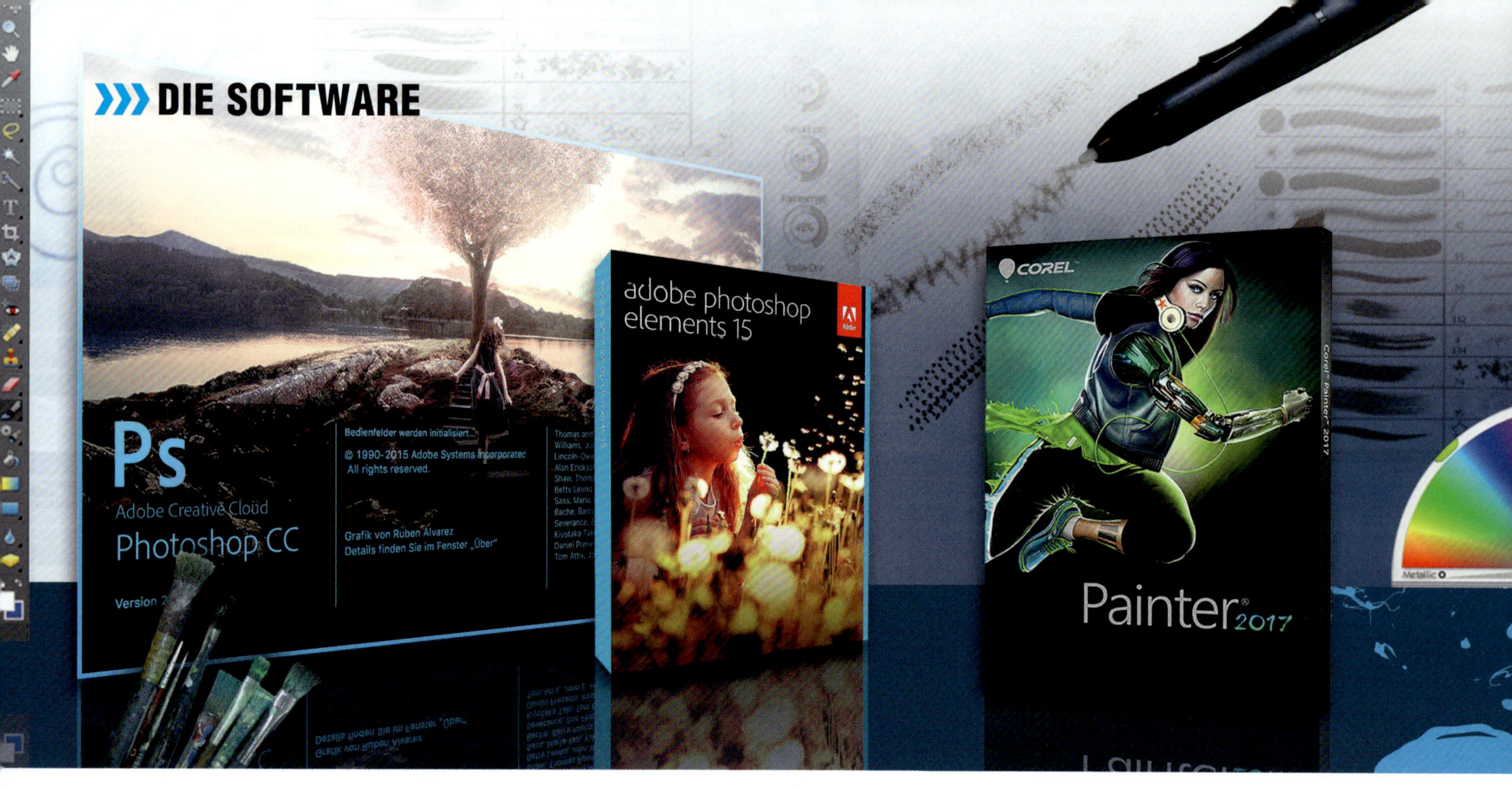

Die Software

Mit jedem Computer und entsprechend angeschlossenen Peripheriegeräten kann man malen. Dasselbe gilt für mobile Geräte wie Convertibles und Tablet PCs. Worauf es beim Digital Painting wirklich ankommt, ist aber nicht nur die Hardware, sondern auch die Software. Welche Maltechniken zur Verfügung stehen und wie realistisch das Malgefühl am Computer letztlich ist, hängt auch von den Angeboten und Möglichkeiten des verwendeten Malprogramms ab.

Neben den klassischen Profi-Programmen wie Adobe Photoshop und Corel Painter gibt es auch für Einsteiger eine große Auswahl an günstiger und leistungsfähiger Software. Während man bei den Programmen für Windows und Mac als Einsteiger schier erschlagen wird vom Funktionsumfang, konzentrieren sich die mobilen Apps oftmals aufs Wesentliche. Dadurch können die meisten Apps aber auch ohne Anleitung intuitiv und schnell bedient werden. Im Gegensatz zu den gängigen Malprogrammen für PC und Mac kosten die Painting-Apps nur zwischen 0 und 25 Euro. Beachten Sie dabei auch die Preisaktionen der Hersteller. Bei iTunes oder im GooglePlay-Store finden Sie neben einer umfassenden Beschreibung der App und ihrer jeweiligen Features die Stammdaten wie Größe in MB, Sprache, Kompatibilität bzw. Systemvoraussetzungen und den Preis.

Entscheidend für das digitale Malen sind die Werkzeuge beziehungsweise Werkzeugspitzen, die das jeweilige Programm zur Verfügung stellt. Unterschiedliche digitale Pinsel simulieren die verschiedensten Techniken wie Aquarell, Öl, Pastellkreide oder die klassische Airbrushpistole. Teilweise verhalten sich die Programme wie im echten Leben. So lässt sich zum Beispiel eine im Hintergrund in Öl gemalte Struktur nicht mit einem Aquarellpinsel übermalen. Die Ölstruktur bleibt erhalten und der digitale Aquarellpinsel wirkt sich nur lasierend aus.

Aber nicht nur die Pinsel erscheinen real. Auch den passenden Malgrund kann sich der Künstler bei vielen Programmen auswählen. So steht eine strukturierte Leinwand genauso zur Verfügung wie zum Beispiel der Reinzeichenkarton oder das Büttenpapier. Auch hier ändert sich je nach gewähltem Untergrund das Verhalten von Farben und Pinseln.

Da man in den meisten Programmen auf verschiedenen Ebenen arbeiten kann, besteht jederzeit die Möglichkeit zu radieren, zu löschen oder zu verändern. Ähnlich wie bei der Airbrush-Technik kann man Maskierungen vornehmen. Vor allem weiche Maskierungen lassen sich digital besser realisieren als in einer echten Illustration – und benutzen kann man die Maskierung, so oft man möchte. Hat man sich einmal vermalt, kann man mit der Undo-Funktion zurück zum Ausgangspunkt gehen oder einfach mit einer deckenden Farbe darüber malen. Interessant sind auch nachträgliche Möglichkeiten der Farbveränderung oder das Spiegeln eines Motivs zur Überprüfung der Bildkomposition.

Im Folgenden finden Sie einen kleinen Überblick über die wichtigsten Programme und Apps für alle Plattformen. Darüber hinaus gibt es natürlich zahlreiche weitere Programme und Apps, die einen ähnlichen Funktionsumfang und Arbeitsweise haben.

Mal- und Bildbearbeitungsprogramme im Überblick

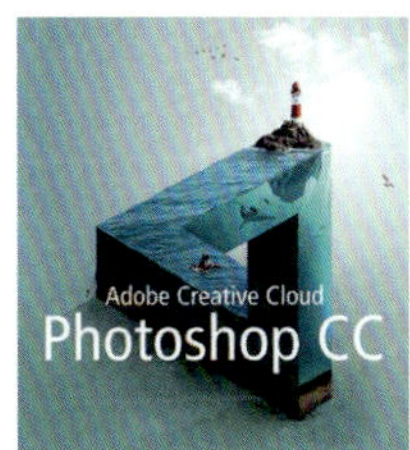

Adobe Photoshop PC MAC

Photoshop ist ein Bildbearbeitungsprogramm für Pixelgrafiken vom amerikanischen Hersteller Adobe System. Im Bereich Bildbearbeitung und Druckvorstufe ist es der Weltmarktführer und sicherlich von den meisten digitalen Künstlern genutzt. Aber auch für das professionelle Malen von Bildern ist es hervorragend ausgestattet. Photoshop ist mittlerweile Teil der Adobe Creative Cloud. Es kann einzeln abonniert werden oder es steht Ihnen als Teil der gesamten Cloud zur Verfügung. Mit seinem mächtigen Pinsel-Menü kann man unzählige Änderungen vornehmen und auch eigene Pinsel nach Bedarf kreieren. Nicht zuletzt verfügt Photoshop über eine große Werkzeugpalette mit Funktionen zum Nachbelichten, Aufhellen, Schmieren, Glätten oder Schärfen. Maskierungen lassen sich auf unterschiedlichste Art und Weise herstellen. Man kann sie z.B. malen, mit dem Zauberstab auswählen oder auch ein Schnellauswahlwerkzeug nutzen. Dieses orientiert sich dabei an Farben und Kontrast und haftet sich somit fast automatisch

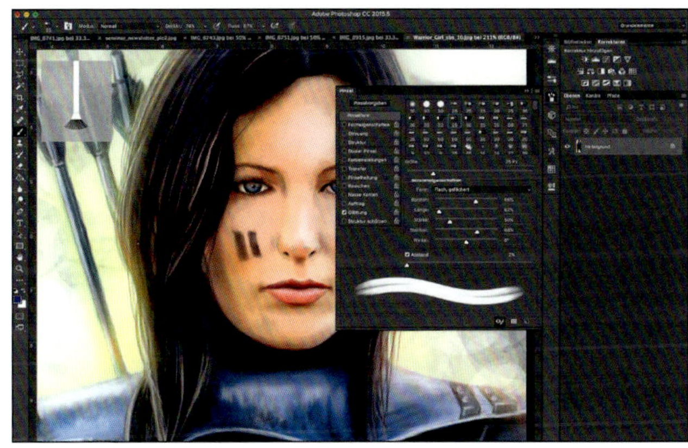

an die Konturen. Mit der integrierten 3D-Funktion kann der Künstler mittlerweile sogar 3D-Objekte erzeugen und bemalen, um dies in seine Motive einfließen zu lassen. Ab 2019 steht eine vollständige Photoshop Version auch für das iOS System bereit. Somit ist ein Workflow vom mobilen Malen bis zur Bearbeitung am heimischen Desktop-Rechner möglich.

> www.adobe.com

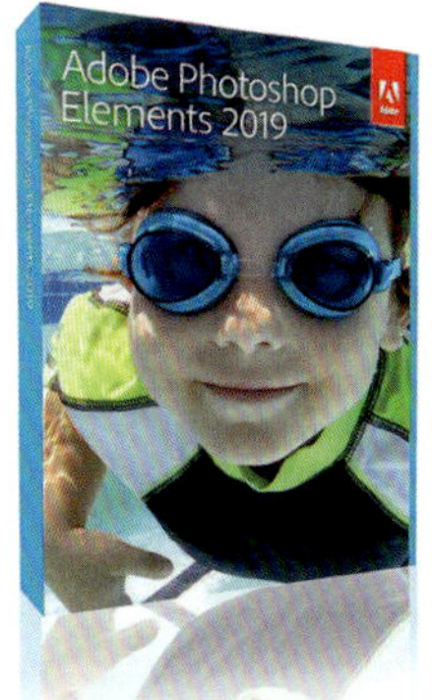

Adobe Photoshop Elements PC MAC

Der kleine Bruder von Adobe Photoshop ist zwar günstiger im Preis, hat aber dennoch einen sehr großen Funktionsumfang und ist beim Hobbyanwender das beliebteste Bildbearbeitungsprogramm. In dieser abgespeckten Version stecken neben den normalen Standardpinseln auch mächtige Pinselwerkzeuge für Öl-, Aquarell-, Kohle- und Pastellmalerei. Mit der Funktion „Verflüssigen" können surreale Effekte kreiert und Bereiche eines Motivs verdreht, verzerrt, gedehnt oder gezogen werden. Alle wichtigen Funktionen wie Ebenen, Ebenenmodus, Auswahl, Filter, Schmierfinger, Fülloptionen u.v.m. sind in der Elements-Version enthalten. Sie alle stehen im Experten-Modus des Programms zur Verfügung. Photoshop Elements ist die einzige Photoshop-Version, die auch noch als Boxed-Version im Ladengeschäft gekauft werden kann. Wer das Programm dennoch schnell haben möchte, kann dies auch als Downloadversion jederzeit online erwerben.

> www.adobe.com

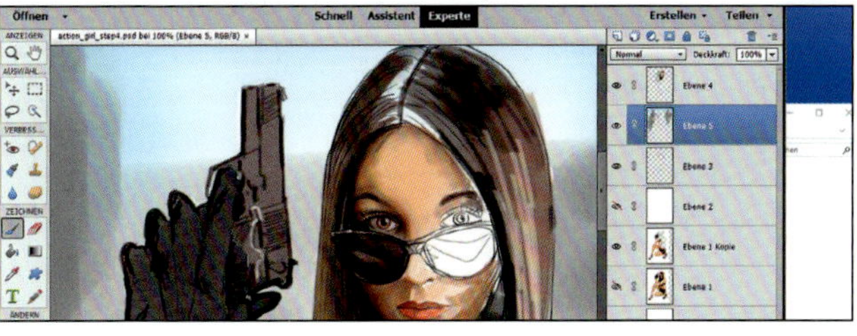

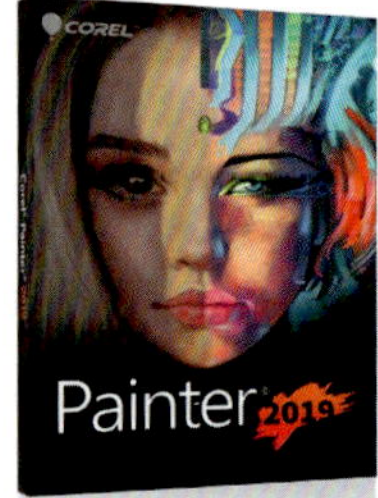

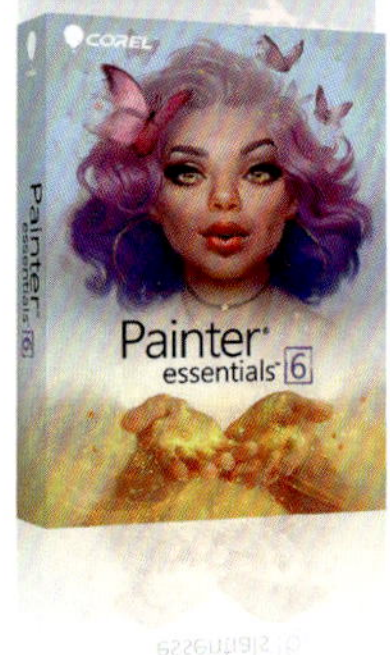

Corel Painter und Painter Essentials

PC MAC

Corel Painter ist ein klassisches digitales Mal- und Illustrationsprogramm aus der kanadischen Softwareschmiede Corel. Es wird von vielen professionellen Anwendern und Künstlern in den Bereichen Film, Fotografie, Videospielentwicklung und Werbung eingesetzt. Das Programm verfügt ebenfalls über eine riesige Werkzeug- und Pinselpalette, bei der fast keine Wünsche offen bleiben. Sollte das dennoch der Fall sein, kann der Anwender mit dem Malwerkzeug-Designer eigene Malwerkzeuge erstellen. Anders als bei Photoshop können Sie im Color-Mixer von Painter Ihre Farbtöne wie auf einer Palette anmischen. Das Besondere ist auch, dass das Farbverhalten dem realen Vorbild sehr nahekommt. Die physikalischen Eigenschaften der Maltechnik und der Farbe werden nachgeahmt und bleiben auch bei Mischtechniken erhalten. Das heißt, Ölfarben können z.B. nicht mit Tinte oder Aquarellfarben deckend übermalt oder gemischt werden. Die günstigere Alternative zu Corel Painter ist die abgespeckte Painter Essentials Version. Für den preisgünstigen Einstieg in die digitale Maltechnik verfügt sie immer noch über einen sehr großen Funktionsumfang.

> www.corel.com

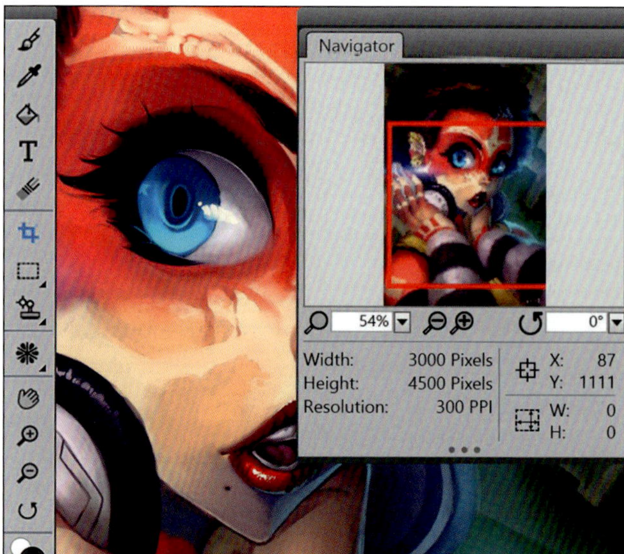

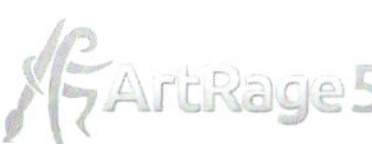

ArtRage

PC MAC android iOS

Ein weiteres reines Malprogramm ist ArtRage von Ambient Design. Die intuitiv benutzbare Software kostet für Mac- und Windowssysteme unter 50 € und zeigt, dass man auch im preiswerten Segment professionelle Ergebnisse erzielen kann. ArtRage in der Version 5 liefert inzwischen nicht nur grundlegende Malfunktionen wie Ölpinsel, Bleistift, Marker, Kreide und Airbrush, sondern punktet auch mit Features wie Symmetrisches Malen, Kopierstempel, Durchzeichentools und innovativem Interface. Es kann naturalistisches Malen in einer enormen Geschwindigkeit simulieren und darstellen. Durch die ergonomische und sehr schnell zu bedienende Oberfläche kann man sofort mit dem Malen loslegen, ohne ein dickes Handbuch lesen zu müssen. ArtRage ist besonders für schnelle Skizzen und Bilder geeignet. Durch den Im- und Export von Photoshop-Dateien ist die Software auch eine ideale Ergänzung zu anderen Programmen. ArtRage ist ebenfalls für iOS und Android Tablets erhältlich und kann so auch portabel für nur wenige Euro eingesetzt werden.

> www.artrage.com

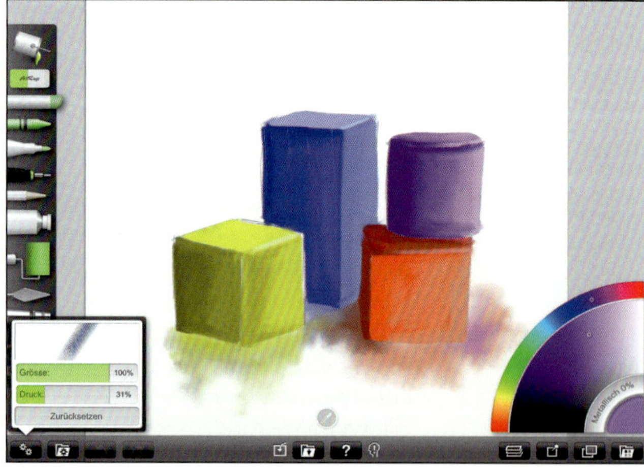

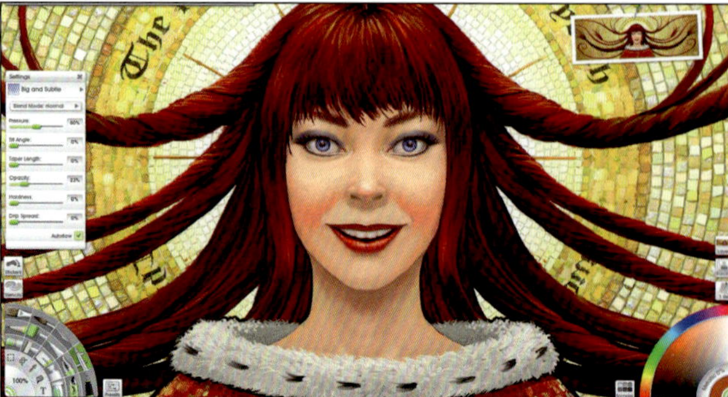

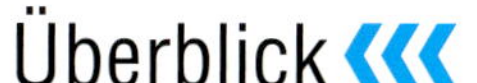

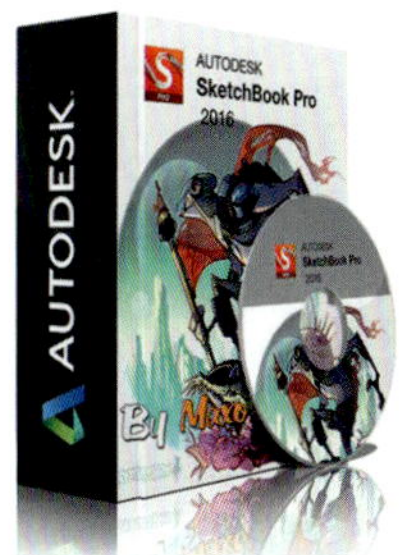

SketchBook PC MAC android iOS

Der 3D-Software-Experte Autodesk liefert mit SketchBook eine Malsoftware, mit der sich Ideen unkompliziert realisieren lassen. Sie wurde für professionelle Künstler, Illustratoren und Grafiker designt und bietet mit ihrer einfachen und intuitiven Handhabung auch für Neueinsteiger optimale Voraussetzungen. Die effizient gestaltete Bedienoberfläche ermöglicht einen schnellen und intuitiven Workflow. Dank der Pinsel, Marker und Stifte macht SketchBook seinem Namen alle Ehre und ermöglicht dem Künstler, seine Idee innerhalb weniger Minuten umzusetzen. SketchBook gibt es für PC, Mac sowie auch für iOS und Android System. Das Programm ist kostenlos mit eingeschränkten Funktionesumfang erhältlich, oder als kostenpflichtige Pro-Version in Monats- oder Jahres-Abo.

> www.sketchbook.com

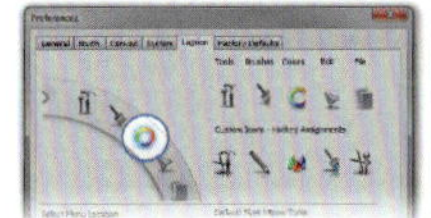

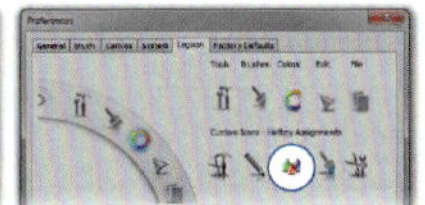

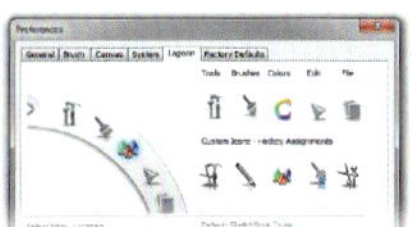

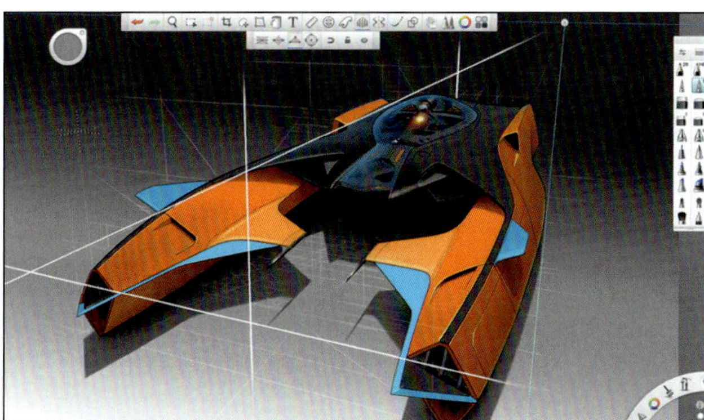

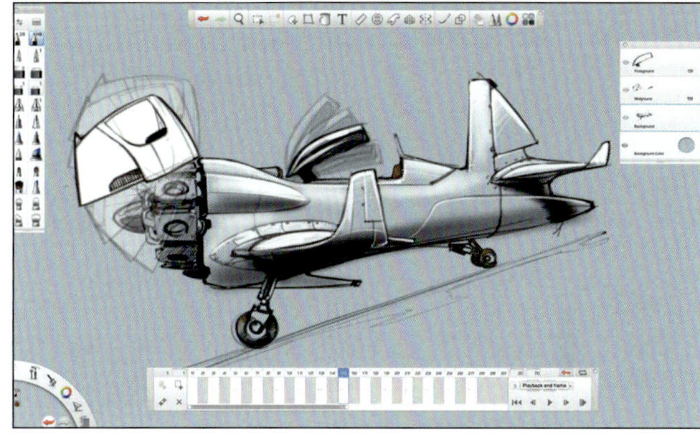

Procreate iOS

Das private Unternehmen Savage Interactive hat in seine App Procreate für iOS ganze 128 professionelle und sorgfältig designte Pinsel integriert, deren Größe, Deckkraft und Andruck schnell angepasst werden können. Auch die Farbmenge und „Feuchtigkeit" der Pinsel kann eingestellt werden und die Farben lassen sich einfach mischen. Es entstehen damit realistische Strukturen und der Anwender kann aus importierten Fotos oder insgesamt 35 benutzerdefinierten Einstellungen auch eigene Pinsel erstellen. Zudem verfügt die App über eine vielseitige Werkzeugpalette und diverse Einstellungsmöglichkeiten wie z. B. ein präzises Radier-Werkzeug oder eine Wischfinger-Funktion, die zudem auf ein bestimmtes Andruckverhalten programmiert werden kann. Gegenüber anderer Malsoftware bietet Procreate den Vorteil, dass der aktuelle Stand des Motivs regelmäßig abgespeichert wird. So kann der Anwender immer dort weitermalen, wo er aufgehört hat. Procreate nimmt den Malprozess als 4K-Video auf, so dass man jederzeit sein Werk zum Leben erwecken kann. Die Motive lassen sich als Photoshop-Datei exportieren, in eine PNG-Datei umwandeln oder auf Knopfdruck über iTunes öffnen. Die App arbeitet sehr schnell, ist intuitiv zu bedienen und verfügt außerdem über Gestensteuerung für einige Grundfunktionen wie Rückgängig, Wiederholen, Löschen oder Drehen der Malfläche. Procreate unterstützt den Apple Pencil und andere drucksensitive Stifte für das

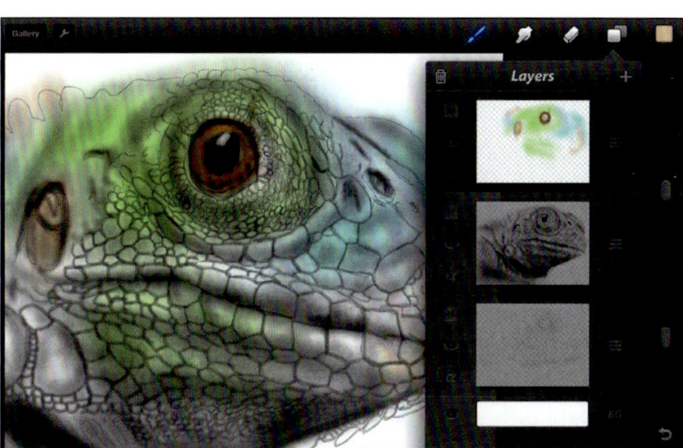

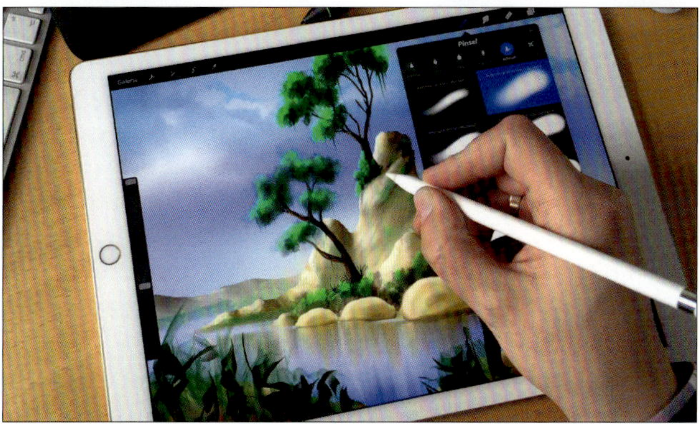

iPad. Procreate gibt es auch als Pocket Version für das iPhone. Procreate wurde mit dem Apple Design Award 2013 ausgezeichnet.

> www.procreate.si

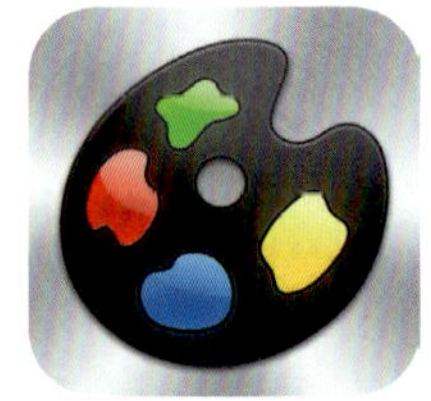

ArtStudio / ArtStudio Pro iOS MAC

Zeichnen, malen und Fotos bearbeiten – mit ArtStudio von Lucky Clan hat man alles in einer App integriert. Als professionelles digitales Atelier bietet die Anwendung sämtliche für den Kreativprozess denkbaren Funktionen, die aus Photoshop bekannt sind, und bleibt dennoch übersichtlich. Über vier verschiedene Menüleisten (Farbe – Werkzeuge – Ebenen, Lieblingspinsel, Deckkraft – allgemeine Bearbeitungsmodi) stehen fast alle Funktionen sofort zur Verfügung. Die Leisten können beim Malen entweder sichtbar bleiben oder ausgeblendet werden. Es gibt die Möglichkeit, bis zu 450 Pinsel in der App zu benutzen, wovon 150 kostenlos sind. Die restlichen 300 können für rund 0,89 Euro im integrierten Store dazugekauft werden. Darüber hinaus gibt es die Möglichkeit, eigene benutzerdefinierte Pinsel zu erstellen. Besondere Werkzeuge im Vergleich zu anderen Mal-Apps sind der Kopierstempel, diverse Auswahlwerkzeuge (Lasso, Zauberstab, Kreis, Viereck usw.), Ebenenfilter (Gaußscher Weichzeichner, Pixeln usw.) oder Farbanpassungen wie Gradationskurven, Sättigung und Kontrast. Zusätzlich bietet Art Studio 150 verschiedene Schriftarten. Texte (hochgeladene .ttf-Dateien) können auf einer eigenen Ebene eingefügt

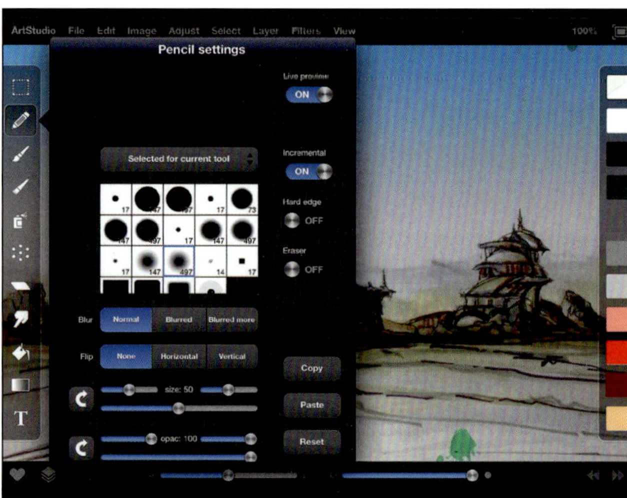

und bearbeitet werden. Das immense Angebot an Funktionen lässt keine Wünsche offen, könnte aber für Einsteiger etwas überfordernd sein. ArtStudio kostet ca. 4,49 Euro und ist zur Zeit nur für iOS erhältlich. Art Studio Pro ist für iOS (11,99 Euro) und für Mac OSX (39,99 Euro) erhältlich.
> www.luckyclan.com

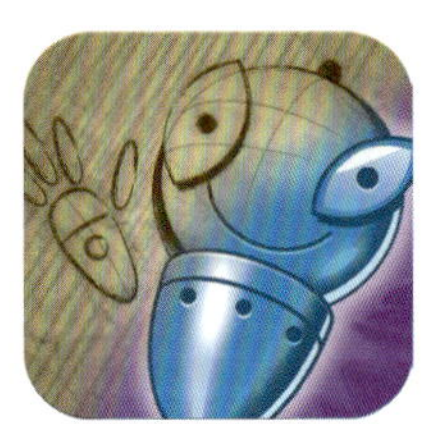

Sketch Club iOS

Die App Sketch Club von blackpawn.com kombiniert standardmäßige Werkzeuge für das digitale Malen und Zeichnen mit Vektor-Kunst sowie nostalgischer Pixel-Kunst. Sämtliche Werkzeuge wie Pinsel, Radierer, Ausfüllen, Fell, Gras, Stift, Pixel, Sketchy, Weichzeichnen und Verwischen, Text und Vektor haben alle ihre eigenen Einstellungen, die ebenfalls im Radiermodus verwendet werden können. Die Pinsel haben 44 Voreinstellungen und neue Pinsel können aus Fotos erzeugt, per E-Mail geteilt oder von der Pinselbibliothek der Sketch Club Community heruntergeladen werden. Alle Werkzeuge unterstützen das Malen freihand sowie Linien, Kreise und Quadrate. Für mehr Symmetrie, z. B. beim Zeichnen von Gesichtern, sorgt das Spiegelwerkzeug. Leider ist die Ebenenanzahl auf acht Stück festgelegt. Diese lassen sich allerdings in ihrer Deckkraft, 16 Blend-Modi und dem Arbeiten mit Merge und Copy kontrollieren. Die Ebenen lassen sich außerdem bewegen, in der Größe anpassen, drehen und unterschiedlich filtern. Die Bilder lassen sich in JPG, PNG, PSD und native. Sketch-Club-Formate exportieren. Der Malprozess lässt sich aufnehmen, kann mit einem eigenen Soundtrack untermalt und auf YouTube hochgeladen werden – alles innerhalb der App. Die integrierte Sketch Club Community gibt zusätzliche Motivation. Tägliche Contests zu wechselnden Stichworten helfen, beim Malen am Ball zu bleiben und sich stetig zu verbessern. Auf der Website der Anwendung finden sich

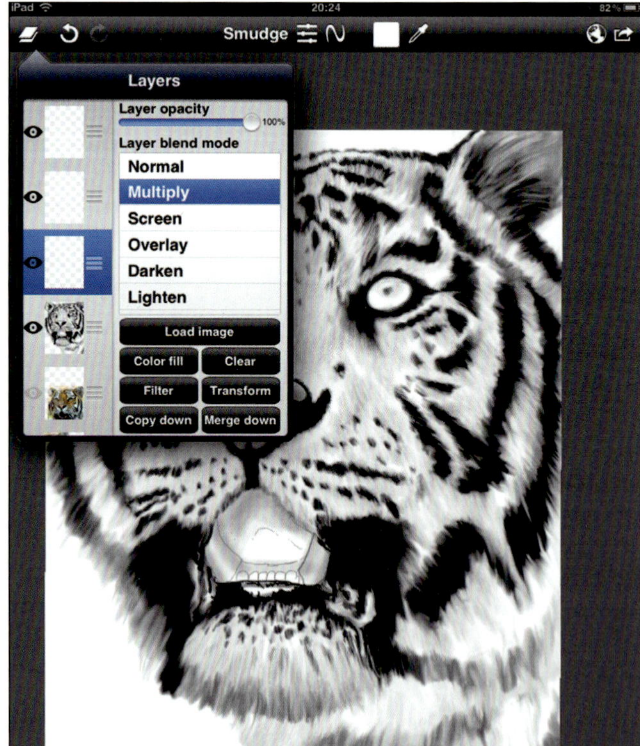

Anleitungen, Video-Tutorials und weitere nützliche Tipps und Tricks. Sketch Club ist für ca. 2,69 Euro erhältlich.
> www.sketchclub.com

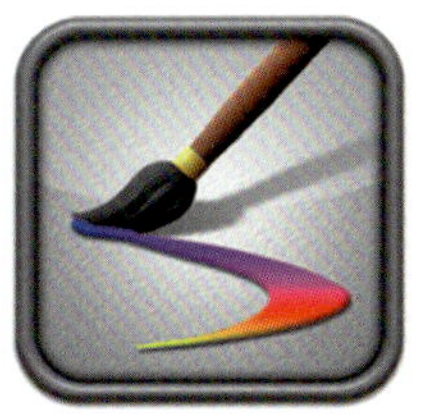

Inspire / Inspire Pro iOS

Die Anwendung Inspire Pro für iOS von snowcanoe.com mag auf die nötigsten Einstellungen reduziert sein, zeichnet sich aber durch originelle und durchdachte Pinsel- und Malfunktionen aus. Dadurch wird ein äußerst authentisches Malerlebnis geboten und dürfte Künstlern aus dem traditionellen Bereich den Einstieg in das digitale Malen mehr als vereinfachen. Es gibt fünf realistische Pinsel: Flachpinsel, Rundpinsel, Fächerpinsel, ein Spachtelmesser und einen gruppierten Pinsel. Interessant ist, dass die Pinsel mit unterschiedlich viel Farbe „aufgeladen" werden können oder sich sogar ganz ohne Farbe verwenden lassen. Dabei kann der „trockene" Pinsel z. B. zum Ineinanderblenden von Farbe angewendet werden. Die Borsten der Pinsel agieren unabhängig voneinander und erzeugen natürliche Pinselstriche, die niemals genau gleich aussehen. Durch die acht Hotspots, die um die Kanten des Bildschirms angeordnet sind, und das übersichtliche Malmenü kann auf die benötigten Funktionen und Werkzeuge zügig zugegriffen werden. Für mehr Präzision beim Malen mit dem Finger oder Stift mit breiterer Kuppe lassen sich die Pinselstriche in einem bestimmten Abstand einstellen, relativ zu der Stelle, wo der Touchscreen eigentlich berührt wird. Bilder können im JPG oder PNG-Format gespeichert und bei Bedarf aus der App heraus gedruckt werden. Inspire Pro für iPad kostet ca. 8,99 Euro. Die iPhone- und iPod-Version Inspire ist schon für 3,99 Euro erhältlich.

> www.snowcanoe.com

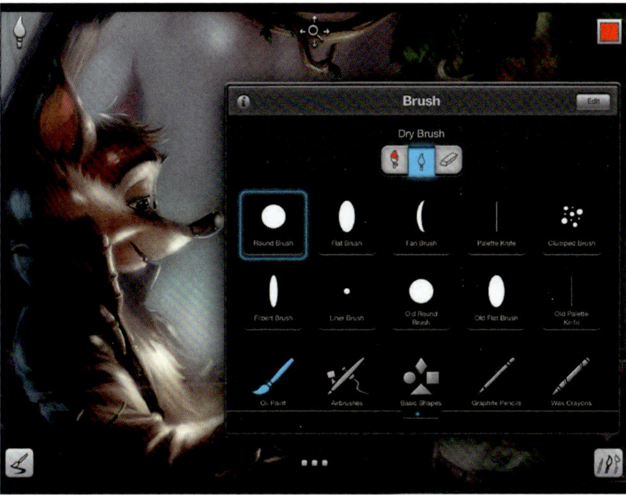

Infinite Painter android

Infinite Painter von Sean Brakefield verfügt über 20 verschiedene natürliche Malpinsel und spricht somit alle Arten von Künstlern an. Es können aber auch eigene Pinsel aus einem Bild oder aus einer Ebene erstellt werden. Alle Pinsel können auch als Radierer verwendet werden. Das Ineinanderblenden und Mischen von Farben beherrscht Infinite Painter ebenso wie das Malen mit der Symmetriefunktion. Zum Konstruieren von Stadtlandschaften, Game Art oder futuristischen Landschaften bringt Infinite Painter bis zu fünf verschiedene Fluchtpunkte mit. Die App bietet sechs unterschiedliche Mal-Ebenen und unbegrenzte Skizzen-Ebenen, wodurch an verschiedenen Teilen des Kunstwerkes separat gearbeitet werden kann. Infinite Painter unterstützt den JAJA-Stylus von Hex3 Limited und ist somit in der Lage, auch drucksensitive Ergebnisse zu erzielen. Infinite Painter ist für 3,89 Euro erhältlich.

> www.seanbrakefield.com

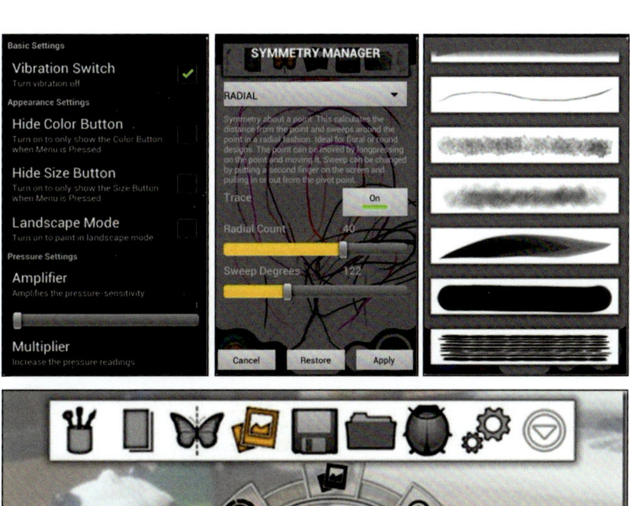

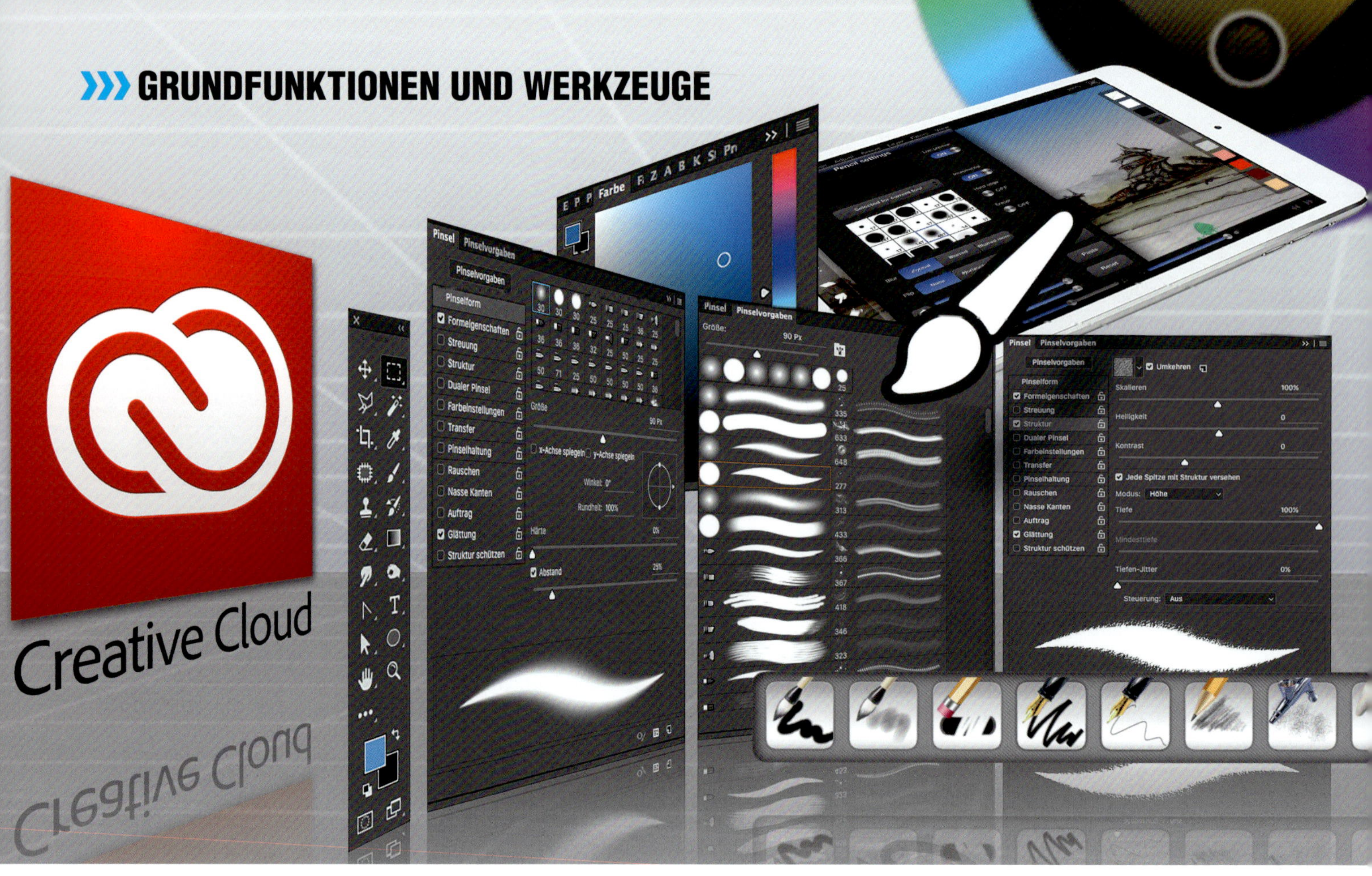

Grundfunktionen und Werkzeuge für das digitale Malen

Wie Sie schon in der Übersicht der Bildbearbeitungs- und Malprogramme sowie Painting-Apps gelesen haben, gibt es bei den Programmen einen unterschiedlichen Funktionsumfang. Die Programme werden ständig aktualisiert und neue Apps kommen dazu. Es gibt jedoch gewisse Basisfunktionen, die Sie auf jeden Fall kennen sollten und die i.d.R. in jedem Programm oder App vorhanden sind. In diesem Kapitel finden Sie eine Übersicht dieser Grundfunktionen sowie erste konkrete Anleitungen zur Bedienung der Apps und Programme.

Basiswissen für das digitale Malen

Insbesondere bei den Desktop-Programmen wie Photoshop ist es trotz mehrfacher Optimierung der Benutzeroberfläche für den Einsteiger schwierig, sich zurechtzufinden. Damit Sie mit dem Malen direkt loslegen können, zeige ich Ihnen die ersten Schritte für die Bereitstellung der Malfläche, der Farbauswahl und der Pinsel. Da es sich hierbei aber nur um die wichtigsten Grundfunktionen handelt, die für das digitale Malen wichtig sind, empfehle ich Ihnen, dieses Basiswissen durch zusätzliche Informationen aus dem Herstellerhandbuch oder einschlägigen Photoshop-Bücher und Seminaren zu ergänzen. Wie schon angedeutet, ist der Transfer zu anderen Programmen und

Apps nicht schwierig. Noch dazu finden Sie auch in den meisten Apps eine Hilfe-Funktion, die Ihnen die Funktionen und Werkzeuge noch einmal zusätzlich erklärt.

Icons und Menüstrukturen

In den Bildbearbeitungsprogrammen und Painting Apps ist es üblich, dass anstatt mit Begriffen und Texten überwiegend mit Symbolen und Icons gearbeitet wird, um Werkzeug- oder Menü-Buttons zu kennzeichnen. Diese sind in der Regel leicht verständlich und sehr intuitiv zu bedienen. Die Symbole für Pinsel, Radierer, Ebenen, Farbe etc. sind dabei in allen Programmen und Apps sehr ähnlich.

Einzig die Menüstruktur, also die Anordnung der Funktionen und Werkzeuge innerhalb der App, unterscheidet sich z.T. erheblich und macht ihr Auffinden nicht immer leicht. Hier ist die Hilfe-Option der jeweiligen Anwendung hilfreich.

Die Photoshop Elements-Werkzeugpalette mit ihren Tastenkürzeln

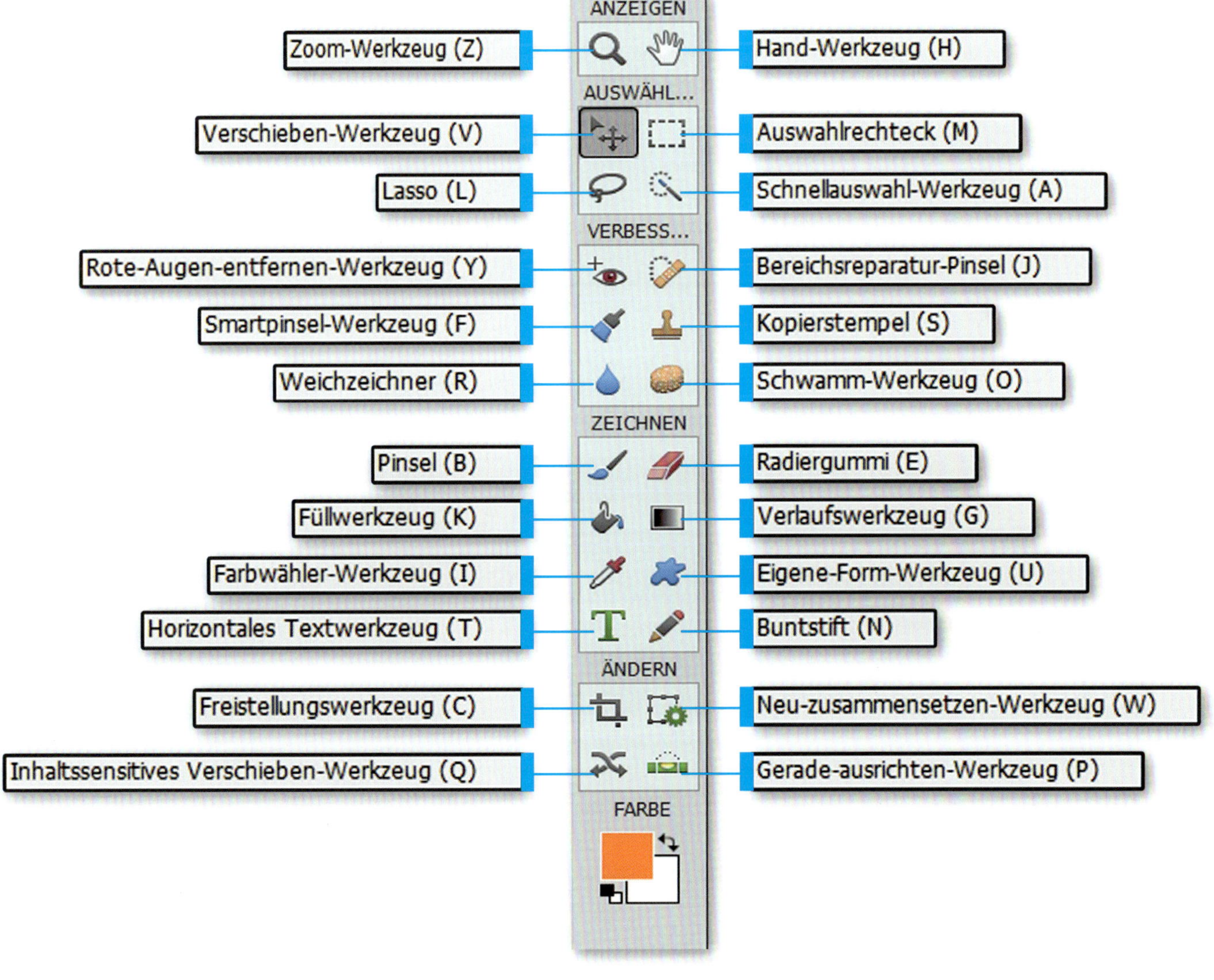

Die Photoshop-Werkzeugpalette mit ihren Tastenkürzeln

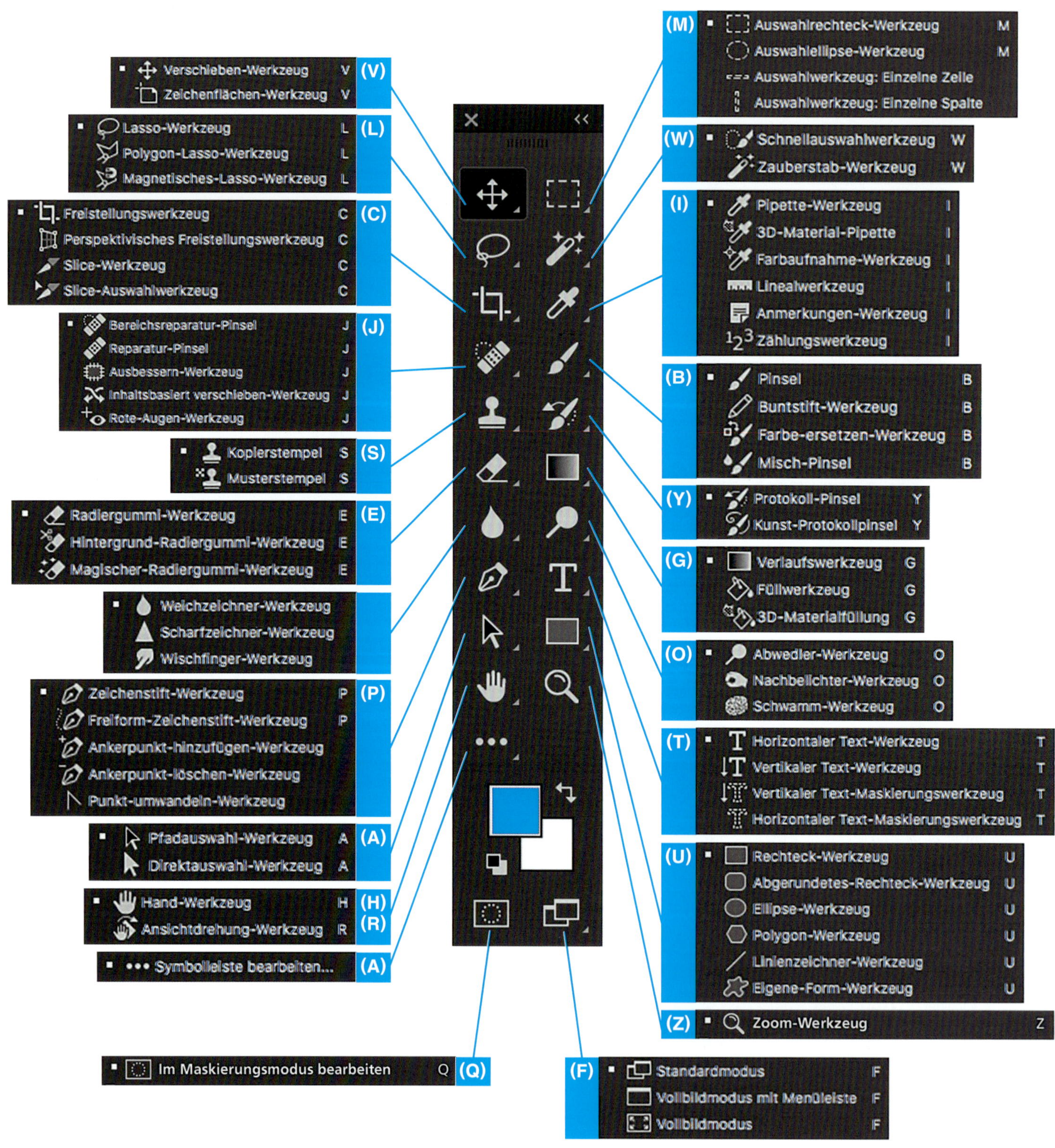

Menüstrukturen in ausgewählten Mobile Apps

App	Menü oben	Menü links	Menü rechts	Menü unten	Besonderheit
ArtRage		Werkzeugpalette		Pinseleinstellungen, Vorlagen, Un-/Redo Ebenen etc.	Aktiver Pinsel und Farbauswahl als Kreisviertel in den unteren beiden Ecken.
ArtStudio	Klassische, ausklappbare Hauptmenüleiste mit Textbezeichnungen (u.a. File, Edit, Image, Adjust, etc.)	Werkzeugpalette; Einstellungen durch Gedrückthalten öffnen	Farben	Regler für Pinselgröße und -deckkraft, Ebenen, Un-/Redo	Unteres Menü wird z.T. mit weiteren Kontextmenüs überblendet.
Photoshop Touch	Icons mit Ausklappmenü, u.a.: Neu, Bearbeiten, Auswahl, Verschieben, Korrekturen, Effekte	Werkzeugpalette; wechselt nach Auswahl des Werkzeuges auf Icons für Pinseleinstellung und Farbe	Ebenen	Wechselnde Kontextmenüs	
Procreate	Icons mit Ausklappmenü, u.a. Actions, Pinsel, Wischfinger, Radierer, Ebenen, Farbe		Regler für Pinselgröße und -deckkraft, Un-/Redo		
Sketch Book Pro	Icons mit Ausklappmenü, u.a.: Neu, Un-/Redo, Pinsel, Ebenen, Symmetrie, Actions	Werkzeugpalette, Einstellungen durch Gedrückthalten öffnen	Farben, Pipette	Kreissymbol zum Ein- und Ausblenden des Menüs	Optional einstellbarer Auswahlring Brush Properties für Pinseleinstellungen mittels Gesten
Sketch Club	Icons mit Ausklappmenü, u.a.: Ebenen, Re-/Undo, Pinsel (als Textbegriff) und -einstellungen, Farbe, Pipette		Farben	Regler für Pinselgröße und -deckkraft, Un-/Redo	

Einstellung der Malfläche

Bevor Sie mit einem neuen Motiv starten, können Sie in der Regel die Größe der Malfläche und bei einigen Programmen und Apps auch noch die Leinwand- bzw. Papierstruktur einstellen. Die Größe der Malfläche, die in Pixel angegeben wird, ist ggf. entscheidend für die Detailkraft des Motivs, aber auch wichtig für eine spätere Ausgabe in anderen Programmen oder im Druck. Einige Apps reduzieren die Anzahl der Ebenen, wenn man z. B. eine hohe Retina-Auflösung angewählt hat, damit das Programm mit dem eingebauten Prozessorspeicher harmoniert.

Vor allem bei der Simulation einer bestimmten Maltechnik auf einer Leinwand ist es interessant, wie sich der Farbauftrag je nach Leinwandstruktur verhält. Probieren Sie einfach aus, welche Auflösung und Texturen für Ihr Bild in Frage kommen.

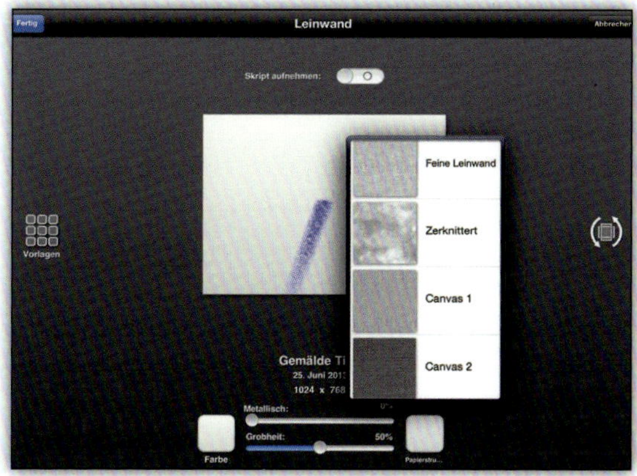

ABB. aus ArtRage

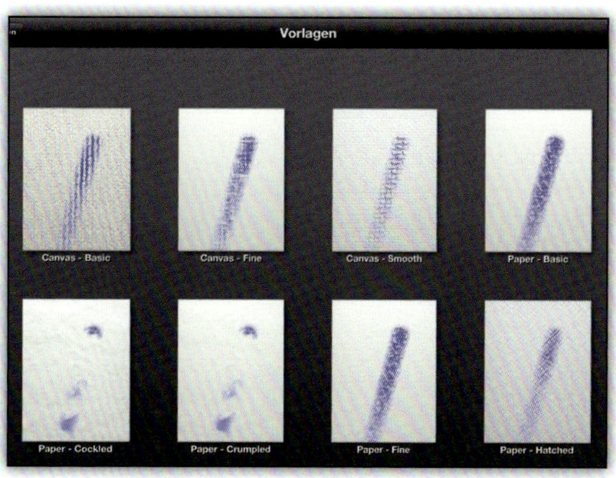

Öffnen einer neuen Malfläche in Photoshop / Photoshop Elements

Wie in jeder Bildbearbeitungssoftware können Sie mit [Datei/Öffnen] eine Bilddatei in Photoshop laden. Möchten Sie allerdings ein leeres Dokument erzeugen, benutzen Sie [Datei/Neu] oder [STRG+N].

Im darauf erscheinenden Fenster haben Sie die Möglichkeit, dem Dokument einen Namen zu geben, aus Vorgaben zu wählen oder eine eigene Größe anzulegen. Entscheidend für die Auswahl der Größe ist das jeweilige Ausgabeformat und Druckverfahren.

Möchten Sie erstmal nur mit einer groben Skizze starten, reicht zum Beispiel eine DIN A5 Größe mit 300 dpi (Pixel/Zoll) in RGB aus. Der Hintergrundinhalt bleibt üblicherweise am Anfang auf Weiß. Bestätigen Sie mit [Erstellen], um die Fläche aufzurufen. Seit Photoshop CC2017 ist es auch möglich, zwischen Quer- oder Hochformat zu wählen, und es stehen dem Anwender eine Vielzahl an Vorlagen zur Verfügung.

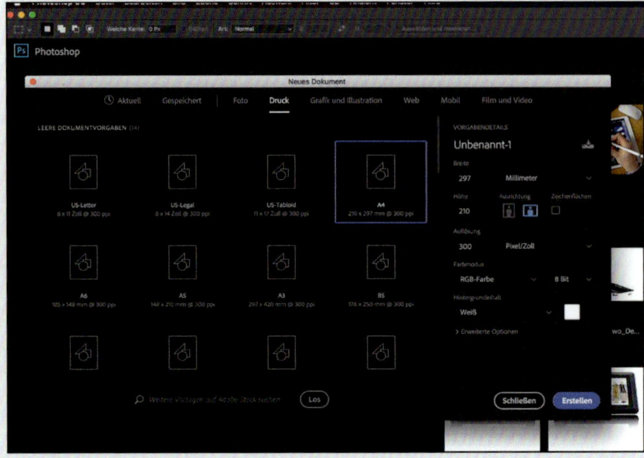

Zoomen und Bewegen

Bei einigen Grafiktabletts kann man mit einem sogenannten Touchstrip, einer Zoomleiste, -rad oder entsprechenden Funktionstasten in das Bild hinein- und wieder herauszoomen. In Photoshop und Corel Painter können Sie auch mit dem Mausrad zoomen.

In Photoshop ist das Navigator-Fenster sehr praktisch. Darin lässt sich ein rotes Zielfenster bewegen, das den jeweiligen Bildausschnitt auswählt und im Arbeitsfenster anzeigt. Seit der Version Photoshop CS5 ist im Lupenwerkzeug noch die Funktion „Rauher Zoom" enthalten, mit der man stufenlos durch gleichzeitiges Drücken der linken Maustaste und Bewegen der Maus in das Bild hinein- und wieder herauszoomen kann.

Im Gegensatz dazu gibt es bei Tablets sowie Pen Displays und auf Touch reagierende Grafiktabletts sogenannte Gesten. Die meisten Painting-Apps arbeiten mit den schon geläufigen Standard-Gesten. Häufig wird daher die Zwei-Finger-Geste zum Ein- und Auszoomen bzw. zum Schieben des Ausschnitts innerhalb des Motivs verwendet. Neben dem normalen Antippen unterscheiden viele Apps auch noch das längere „Gedrückthalten" des Fingers auf dem Display, womit sich z.B. weitere Kontextmenüs öffnen lassen. Darüber hinaus liefern einige Apps eigene zusätzliche Gesten mit, um dem Anwender die Steuerung zu vereinfachen. Dazu gehören z.B. Gesten mit drei oder sogar vier Fingern. Lesen Sie dies in der Dokumentation der jeweiligen Programme nach.

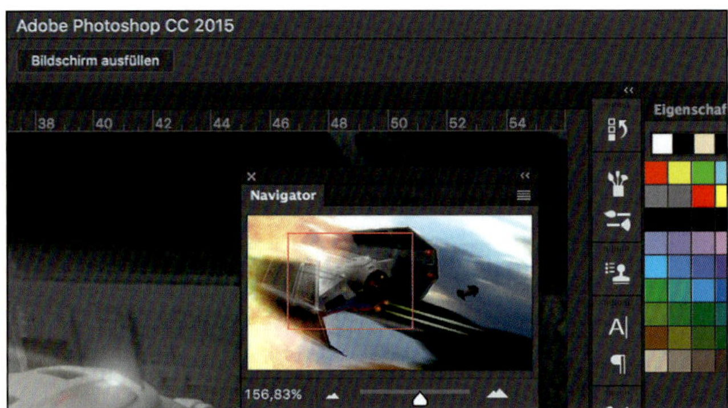

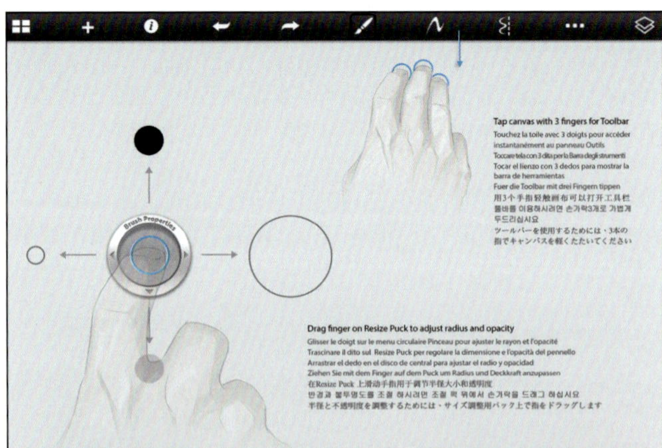

Abb. aus SketchBook Pro

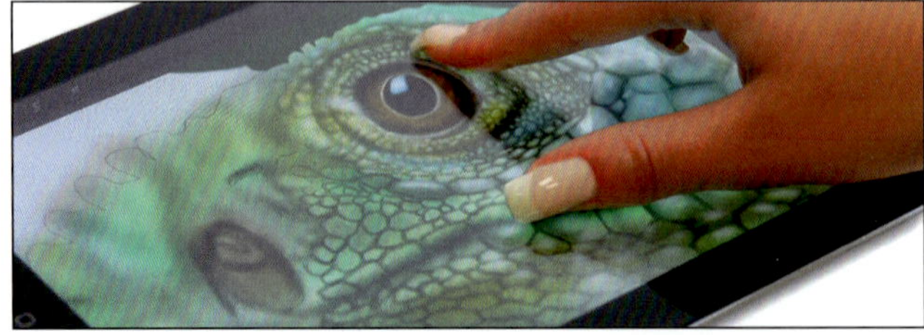

Mit Ebenen arbeiten

Eines der besonderen Features der Malprogramme ist das Arbeiten mit Ebenen. Durch diese „Schichten", zu Vergleichen mit beliebig vielen übereinanderliegenden Overheadfolien, ist der Anwender in der Lage, sehr einfach und schnell komplexe Kompositionen zusammenzubauen, Objekte pixelgenau zu positionieren, zu skalieren und viele verblüffende Spezial-Effekte anzuwenden. Ebenen lassen sich u.a. verknüpfen, duplizieren, verschieben, die Deckkraft verringern, ausblenden, drehen, spiegeln, färben und und und... An den Stellen, wo auf einer Ebene kein Inhalt ist, sind diese transparent und der Hintergrund schaut durch. In Photoshop ist dieser Bereich im Ebenen-Vorschau-Thumbnail an einem grauen Schachbrettmuster zu erkennen.

Neben der Anwendung im Bereich der digitalen Komposition ist aber auch beim Digital Painting das Arbeiten mit Ebenen oftmals unerlässlich. In den meisten Fällen empfiehlt es sich, eine Entwurfsskizze in den Hintergrund zu legen und das Motiv auf einer neuen Ebene auszuarbeiten. Aber auch das Erzeugen von Varianten und optischen Effekten z. B. durch Transparenz oder Farbmultiplikation sind möglich. Ebenen können durch Verschieben organisiert oder zusammengelegt werden. Während es in Photoshop fast keine Begrenzung an Ebenen gibt, ist es bei den Apps abhängig von der Auflösung, des Speichers und der Rechenkapazität, ob die Anzahl der Ebenen eingeschränkt ist.

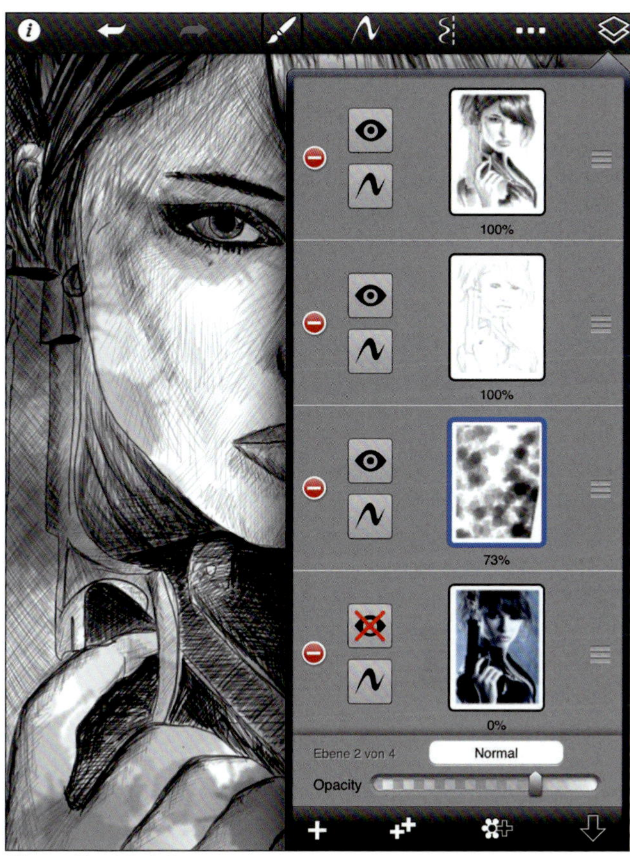

Abb. aus SketchBook Pro

Das Ebenenbedienfeld in Photoshop

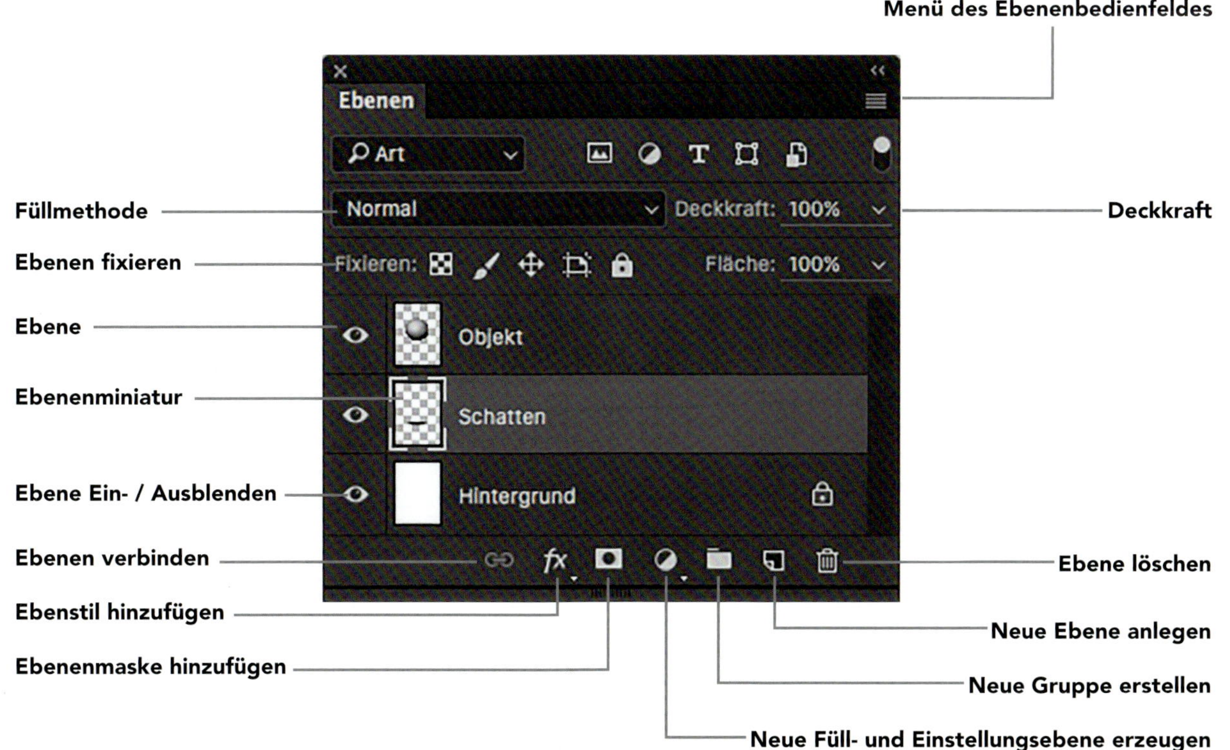

Neue Ebenen erzeugen in Photoshop / Photoshop Elements

Um eine neue Ebene zu erzeugen, gibt es viele Möglichkeiten. Markieren Sie zum Beispiel in einem Foto einen Bereich und kopieren (Copy & Paste) diesen in ein anderes Motiv, erzeugt Photoshop automatisch mit dem neuen Inhalt eine eigene Ebene. Ähnlich ist es mit Schrift. Sie möchten z.B. einen Text zu Ihrem Motiv hinzufügen und wählen dazu das Textwerkzeug aus – automatisch erzeugt Photoshop eine neue „Text"-Ebene.

Möchten Sie direkt eine neue Ebene erzeugen, können Sie dies mit dem Tastenbefehl [Shift+Strg+N], mit dem Menüpunkt [Ebene/Neu/Ebene...] oder auch über das Ebenenbedienfeld direkt vornehmen.

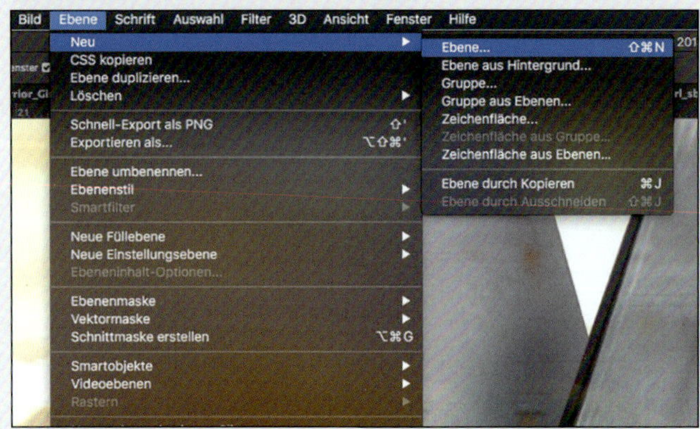

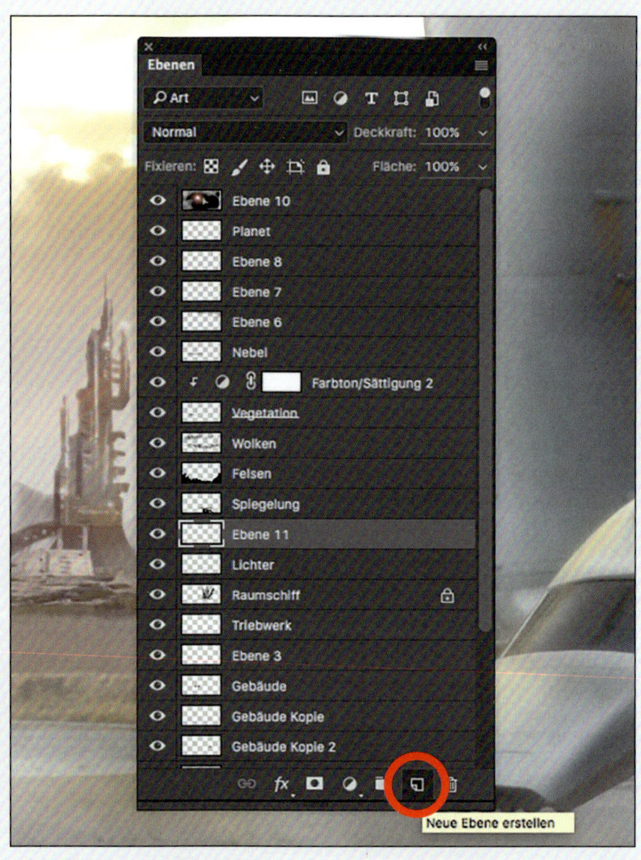

Ebenenmodus

Eine Besonderheit von Ebenen ist der Ebenenmodus. Dabei kann bestimmt werden, wie die Farben der übereinanderliegenden Ebeneninhalte sich verhalten bzw. wie die Ebenen ineinander geblendet werden. Die häufigsten Modi sind: Multiplizieren, Negativ Multiplizieren, Ineinanderkopieren oder Differenz. Hier ist häufiges Ausprobieren und Erforschen angesagt, um seine Kreation zu optimieren.

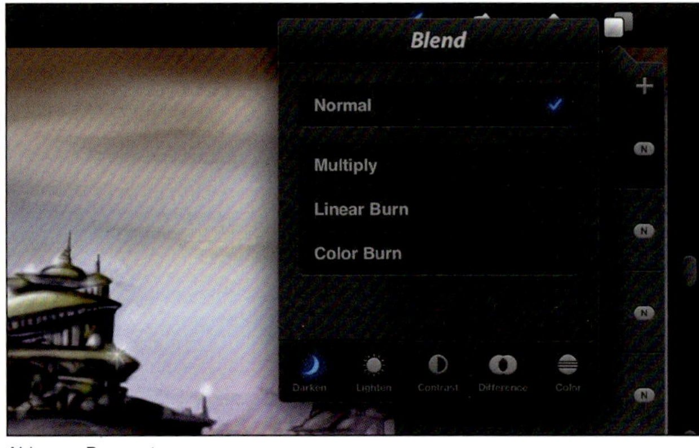

Abb. aus Procreate

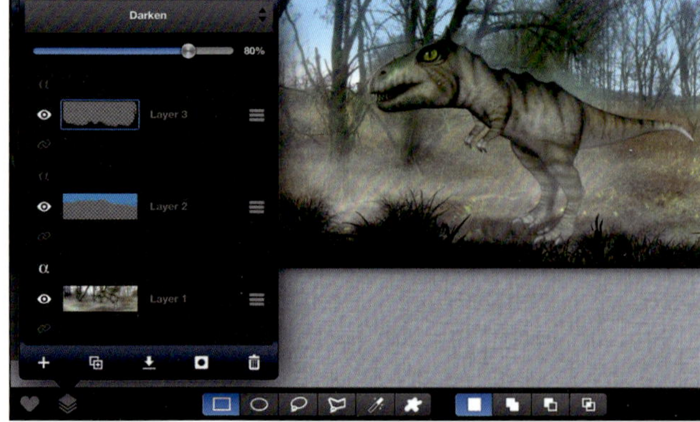

Abb. aus ArtStudio

Pinsel

Jeder Künstler, ob Aquarell-, Öl- oder Acrylmaler, hat seine Lieblingspinsel. Das gilt auch für das digitale Malen. Idealerweise bietet Ihre favorisierte Painting-Software eine ausreichende Auswahl an unterschiedlichen Pinseln. Einige der Programme und Apps unterstützen auch das Erzeugen eigener Pinsel oder haben ausgiebige Einstellungsmöglichkeiten für Formgebung (Duktus), Streuung und Verhalten. Wichtig sind z. B. harte Pinsel, Rund-Weich-Pinsel, aber auch Strukturpinsel für natürliche Darstellungen. Die Einstellung der Pinselgröße und Deckkraft ist dabei natürlich elementar. In Zusammenhang mit speziellen drucksensitiven Stiften lassen sich auch viele Pinsel während des Malprozesses in Größe oder Deckkraft steuern.

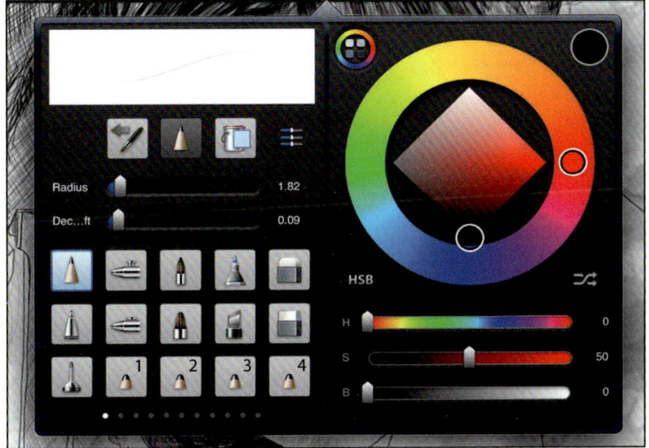

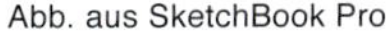
Abb. aus SketchBook Pro

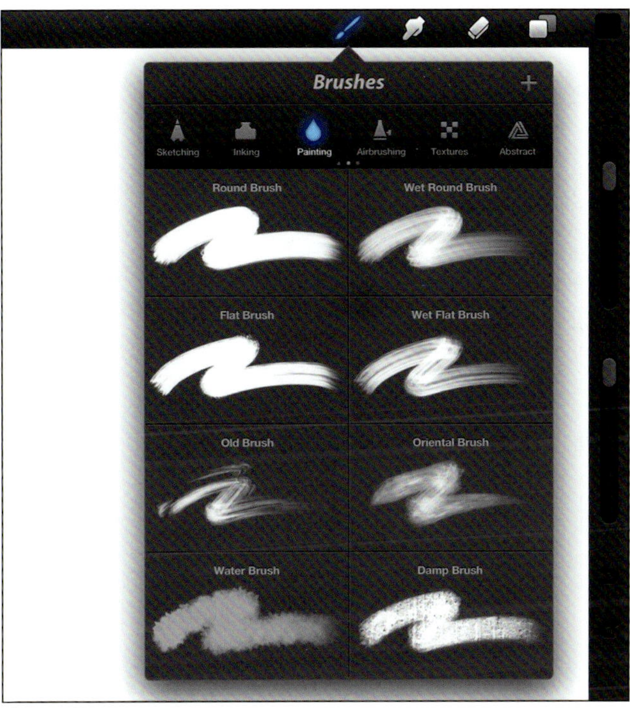

Abb. aus Procreate

Pinsel auswählen in Photoshop / Photoshop Elements

Klicken Sie auf das „Pinsel"-Werkzeug in der Werkzeugpalette oder betätigen Sie die [B]-Taste. Photoshop merkt sich den zuletzt verwendeten Pinsel und die jeweilige Größe. Um einen anderen Pinsel auszuwählen, haben Sie zahlreiche Möglichkeiten.

Mit rechter Maustaste, einer Taste am Grafiktablett-Stift oder mit einem Klick auf das Symbol der Pinselgröße in der Optionsleiste rufen Sie das Pinselmenü auf. In diesem Menü können Sie die voreingestellten Pinselspitzen auswählen, weitere Pinselspitzen dazu laden, die Pinselgröße durch ein Regler steuern oder die Härte des Pinsels verstellen. Über das kleine Dreieck in der Pinselauswahl gelangen Sie in ein Menü, um die Pinselpalette zu erweitern. Wenn Sie sich für eine Pinselbibliothek entschieden haben, fragt Photoshop, ob Sie die vorhandenen Pinsel ersetzen oder die neuen Werkzeuge einfach hinzufügen wollen. Mit dem Menüpunkt [Pinsel zurücksetzen] kommen Sie jederzeit wieder zu der Standardeinstellung zurück.

Auch über die Bedienfelder „Pinselvorgaben" oder „Pinsel", die in der Grundeinstellung auf der rechten Seite von Photoshop dargestellt werden, lassen sich die unterschiedlichen Pinsel anwählen.

Wer schnell durch die voreingestellten Pinsel blättern möchte, kann auf der Tastatur [,] oder [.] drücken, um zwischen den Pinselspitzen hin- und herzuschalten.

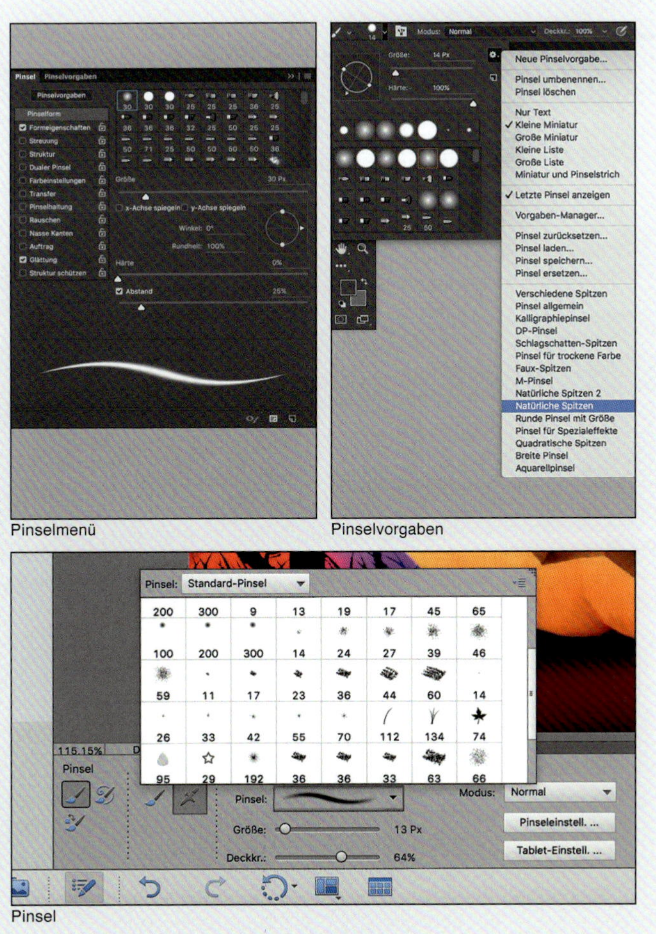

Pinselmenü

Pinselvorgaben

Pinsel

Photoshop-Pinsel selber machen

Es gibt zahlreiche Pinsel, die in Photoshop schon eingebaut sind. Außerdem können Sie Tausende weitere kostenlos im Internet downloaden.Nicht immer ist aber genau das dabei, was man sich vorstellt. In nur wenigen Schritten können Sie einen eigenen Photoshop-Pinsel erzeugen.

Es gibt viele Möglichkeiten, Photoshop-Pinsel zu erstellen. Malen Sie z.B. mit den schon eingebauten eine Struktur, nutzen Sie Fotos oder scannen Sie etwas ein.

Nach dem Einscannen muss in diesem Fall noch der Kontrast erhöht werden, damit der Background weiß ist und die Pinselform dunkel. Rufen Sie dazu die Tonwertkorrektur mit [STRG+L] auf und erhöhen Sie den Kontrast.

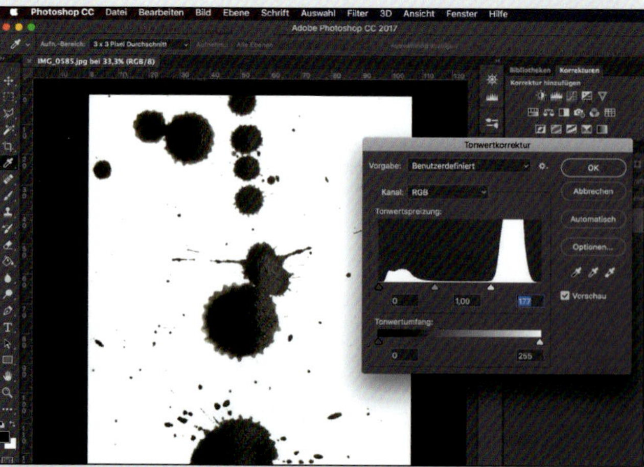

Mit dem Auswahlwerkzeug selektieren Sie nun den Ausschnitt oder die Grafik, die zu einem Pinsel gewandelt werden soll. Das geht z.B. sehr schnell mit dem Lasso-Werkzeug.

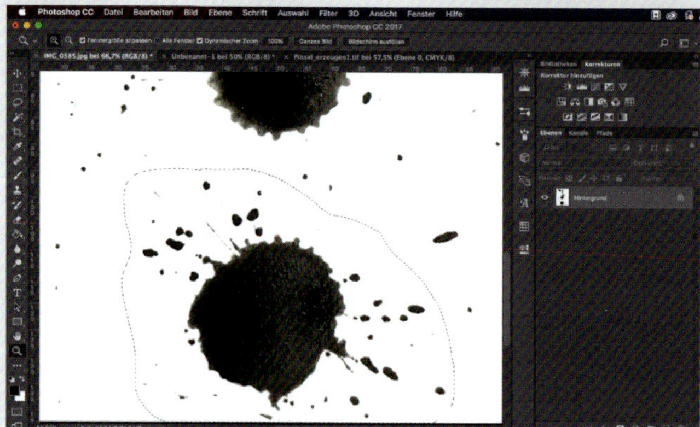

Ist die Grafik ausgewählt, gehen Sie auf den Menüpunkt „Bearbeiten/Pinselvorgabe festlegen“. Danach dem Pinsel noch eine sinnvolle Bezeichung geben – FERTIG!

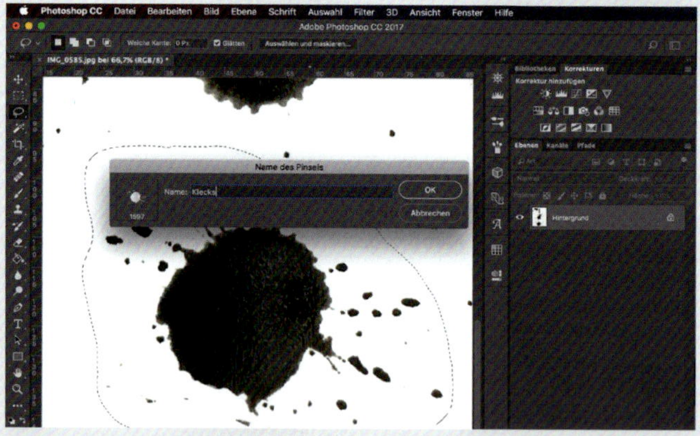

Sie finden den neu erzeugten Pinsel immer am unteren Ende Ihrer Pinselpalette. Damit der neue Pinsel nicht so aussieht wie ein Stempel, haben Sie im Pinsel-Menü [F5] die Option, die Pinseleigenschaften zu verändern. Ändern Sie zum Beispiel den „Winkel-Jitter“ in den Formeigenschaften sowie in der Streuung.

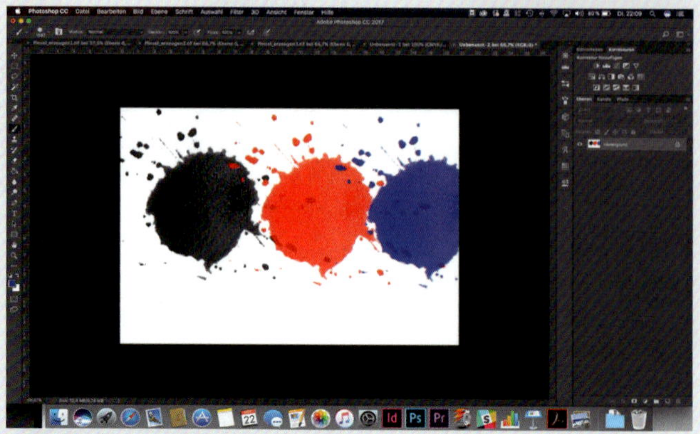

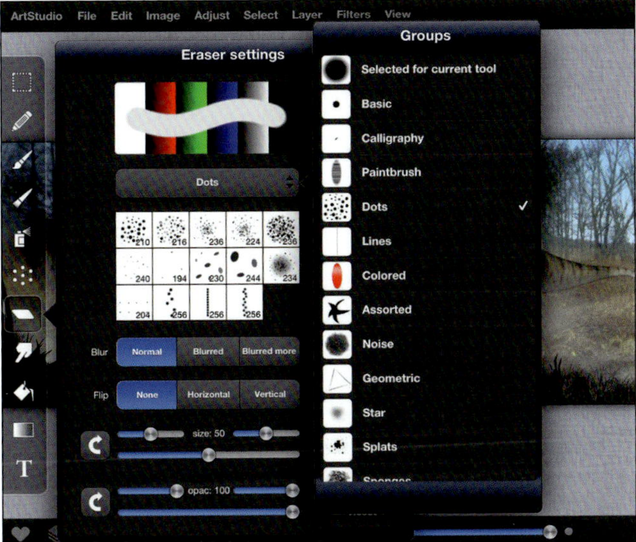

Abb. aus ArtStudio

Radierer

Zum Korrigieren und Löschen von Bildinhalten, vor allem auf einzelnen Ebenen, eignet sich das Radierwerkzeug. Im Prinzip verhält sich der Radierer wie ein Pinsel, und in den meisten Programmen und Apps lassen sich sogar alle Pinsel als Radierer einstellen. Das ist auch dann sehr praktisch, wenn zusätzliche Maleffekte entstehen sollen.

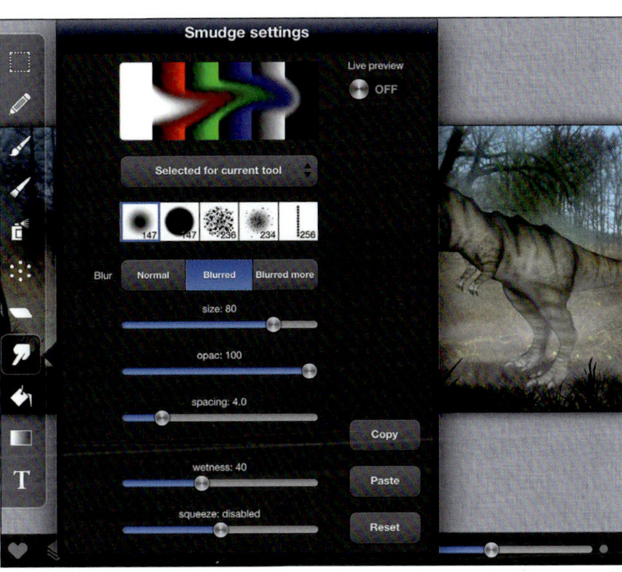

Abb. aus ArtStudio

Wischfinger / Smudge Tool

Der Wischfinger ist eins der wichtigsten Werkzeuge für den digitalen Künstler. Der Wischfinger funktioniert bei den meisten Apps ähnlich wie der Pinsel, bloß dass keine Farbe aufgetragen wird, sondern ineinander gewischt oder herausgezogen wird. Das funktioniert so ähnlich wie auf einem Blatt Papier, auf dem Sie mit einem Finger nasse Farbe verwischen. Man benutzt das Werkzeug zum Ineinanderblenden oder Mischen von Farben. Der Grad der Intensität lässt sich dabei in der Regel steuern, so dass es abhängig davon zu unterschiedlichen Ergebnissen kommen kann. Je nach dem, welchen Pinsel man als Wischfinger eingestellt hat, können so Bildlooks entstehen wie in Acryl- oder Ölmaltechnik.

Farbpalette

Ebenfalls ein Muss für das digitale Malen ist die Farbpalette, mit deren Hilfe man seinen Farbton wählen, aber auch organisieren kann. In der Farbpalette können auch recht schnell Farbtonabstufungen eingestellt werden, um in einem Motiv im gleichen Farbgefüge zu arbeiten.

Um eine Pinselfarbe auszuwählen, haben Sie auch wieder unterschiedliche Möglichkeiten. Die sicherlich in den meisten Programmen und Apps am häufigsten benutzte Methode ist das Klicken auf das Farbfeld der Vordergrundfarbe, um den Farbwähler aufzurufen. In Photoshop kann man aber auch die Programmoberfläche um ein Farbfenster {F6} erweitern, um die Farbwahl permanent im Blickfeld zu haben. Mit Hilfe des Farbfeld-Fensters kann man auch eigene Farbzusammenstellungen ablegen.

Für Corel Painter ist speziell der in einer Künstler-Mischpalette angelegte „Mischer" zu erwähnen. Hier können Sie mit Pinsel und Spachtel nach Herzenslust Ihren Farbton anmischen und anschließend mit der Pipette zur Anwendung aufnehmen.

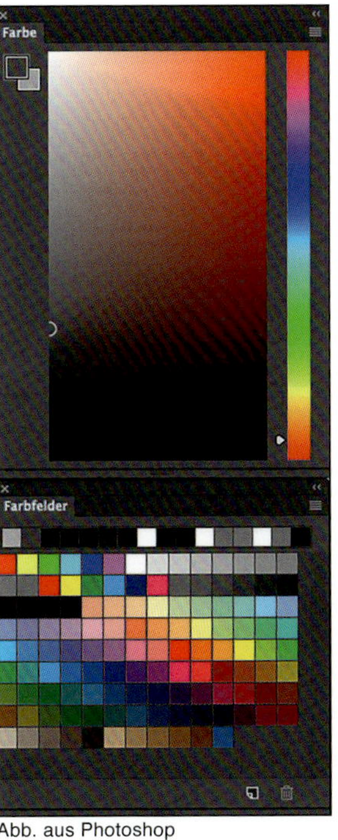

Abb. aus Photoshop

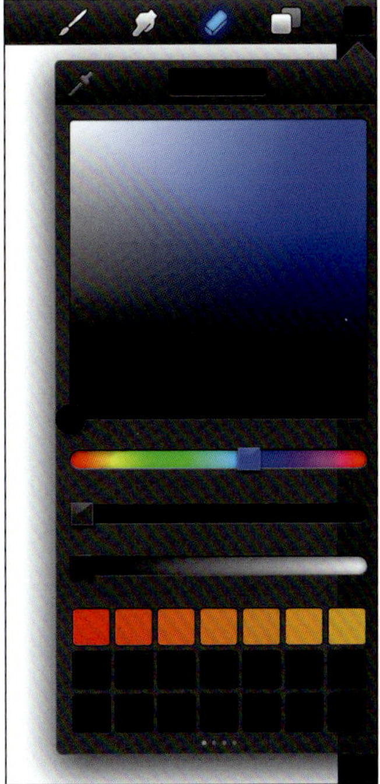

Abb. aus Procreate

Farbpipette

Mit dem Pipetten-Werkzeug kann aus dem bestehendem Bild jederzeit ein durch Überlagerung neu entstandener Farbton selektiert und als Füllfarbe oder Pinselfarbe genutzt werden. Aber auch das Aufnehmen eines Farbtones aus einer Fotovorlage, um diesen Farbton im digitalen Gemälde zu nutzen, ist eine übliche und zeitsparende Technik. In den meisten Apps reicht es, durch längeres Drücken an einer Stelle im Motiv die Farbe auszuwählen.

In Photoshop und Corel Painter ist das Pipettenwerkzeug fester Bestandteil der Werkzeugpalette. Im Malprozess ist es aber üblich, mit Hilfe der {ALT}-Taste vom Pinsel auf die Pipette umzuschalten, um einen Farbton aus dem Motiv aufzunehmen. Lässt man die {ALT}-Taste wieder los, springen die Programme wieder automatisch auf den zuvor verwendete Pinsel zurück. Da man nicht immer die Tastatur in Reichweite hat, aber das Grafiktablett oder Pendisplay vor einem steht, haben die Hersteller der Grafiktabletts sogenannte Funktionstasten/Expresskeys integriert. Hier ist sogar in der Regel eine Taste voreingestellt, um die {ALT}-Taste auszulösen.

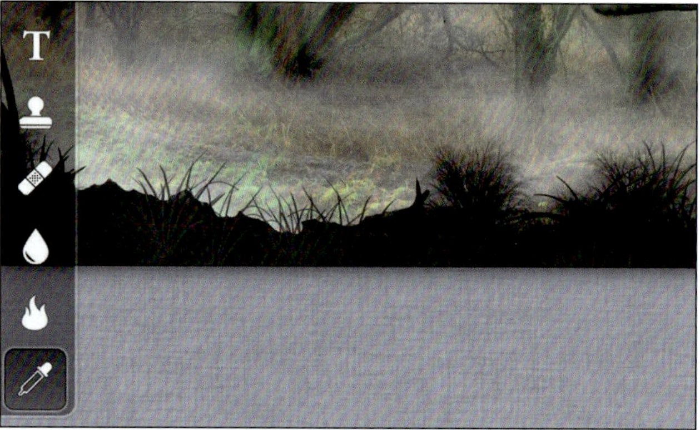

Abb. aus ArtStudio

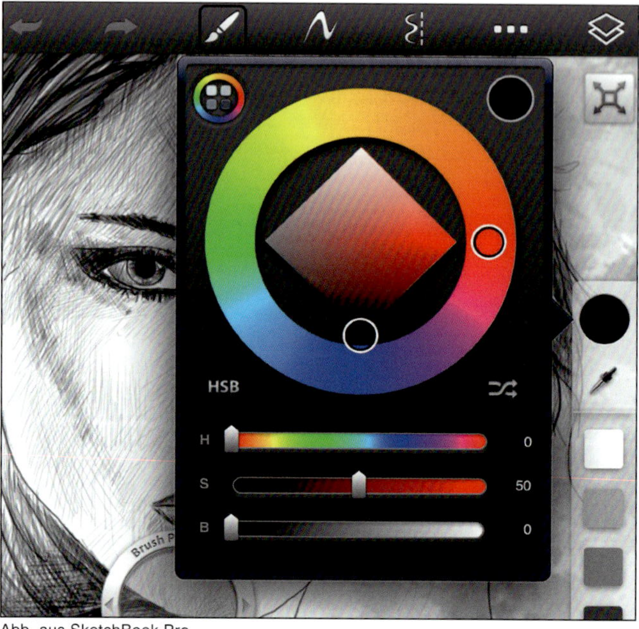

Abb. aus SketchBook Pro

Auswahl (Maskierung)

Eine Auswahlmaske kann beim digitalen Malen ebenfalls sehr nützlich sein. Damit können Objekte vom Hintergrund freigestellt werden, so dass diese z. B. anders angeordnet, skaliert oder mit einem anderen Hintergrund versehen werden können. Es gibt verschiedene Möglichkeiten, um bestimmte Bildelemente mit einer Auswahl zu selektieren. Abhängig vom Bildinhalt hat der Anwender dabei die Möglichkeit, z.B. mit dem Lasso, einem Polygon-Werkzeug oder der Kreis/Rechteck-Auswahl zu arbeiten. In vielen Fällen kann auch ein sogenannter Zauberstab verwendet werden, der vor allem bei gleichbleibenden Hintergrundmotivfarben eingesetzt wird und die Auswahlkanten automatisch findet. In Photoshop lässt sich der Zauberstab an die Bildanforderungen anpassen. Beispielsweise legen Sie den Aufnahmebereich und die Toleranz fest. Hiermit bestimmen Sie, wie groß der Bildbereich sein soll, der mit jedem Klick aufgenommen wird und inwieweit die Farbwerte abweichen können. Sie stellen hier außerdem ein, ob Auswahlen hinzugefügt oder abgezogen werden sollen. Mit der Option „Benachbart“ wird bestimmt, ob nur Farben ausgewählt werden, die unmittelbar nebeneinander liegen oder ob ähnliche Farben im gesamten Bild markiert werden sollen.

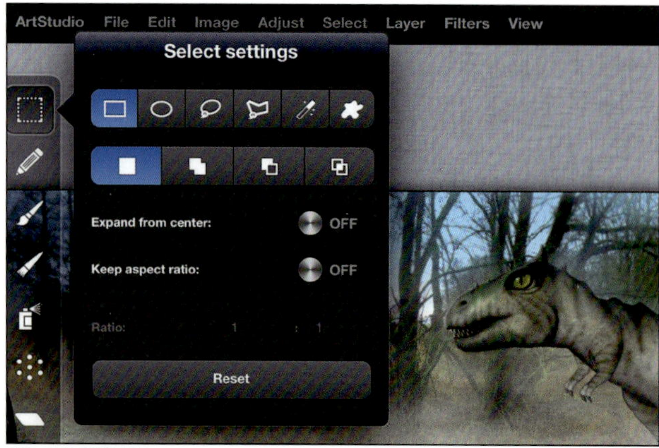

Abb. aus ArtStudio

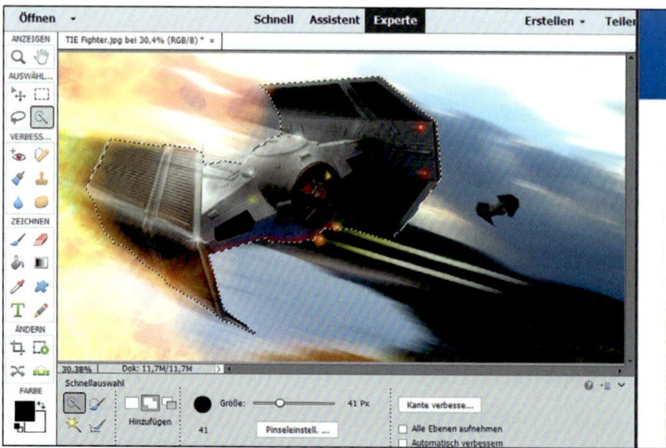

Abb. aus Photoshop Elements

Schnellauswahlwerkzeug und Maskierungsmodus in Photoshop / Photoshop Elements

Mit dem Schnellauswahlwerkzeug und dem Maskierungsmodus kommen in Photoshop/Photoshop Elements zwei weitere smarte bzw. intelligente Auswahlwerkzeuge dazu. Beim Schnellauswahlwerkzeug ermalt man sich mit Hilfe eines Pinsels innerhalb von Sekunden Motivbereiche, die dadurch markiert sind. Dabei werden automatisch die im Bild definierten Kanten nach einem Algorithmus erkannt und als Begrenzung verwendet. Klicken Sie in der Optionsleiste oben auf eine der Auswahloptionen in Icon-Optik: „Neue Auswahl", „Der Auswahl hinzufügen" oder „Von Auswahl subtrahieren". Wenn nichts ausgewählt wurde, wird standardmäßig „Neue Auswahl" verwendet und Sie können direkt losmalen. Nachdem Sie eine erste Auswahl getroffen haben, ändert sich die Option automatisch in „Der Auswahl hinzufügen", damit Sie die Auswahl erweitern können. Je nach Bildinhalt funktioniert diese Methode mal gut, mal nicht so gut. Für ein erstes schnelles Ausschneiden ist es aber oftmals eine sehr hilfreiche Möglichkeit.

Mit dem Maskierungsmodus können Sie dagegen eine sehr detaillierte Auswahl erstellen oder bereits getroffene durch Malwerkzeuge korrigieren und verfeinern. Dabei haben Sie Zugriff auf ihr gesamtes Pinselsortiment. In der Grundeinstellung des Maskierungsmodus wird die Auswahl selbst klar angezeigt und die zu schützenden Bereiche mit einer Art roten Filmschicht. Mit Schwarz als Vordergrundfarbe erweitern Sie den Film, das heißt, die Auswahl würde verkleinert. Mit Weiß nehmen Sie den Schutz weg und die Auswahl wird vergrößert. Hier wird also eine Maske verwendet aus einer semitransparenten, rötlichen Schicht, die man beispielsweise mit einem Pinsel aufträgt. Sie fungiert ähnlich wie Flüssigmaskierfilm für den Aquarell- und Airbrushprozess in der analogen Malerei. Somit ist es auch möglich, im Gegensatz zu den anderen Auswahlfunktionen weiche Auswahlkanten zu bekommen.

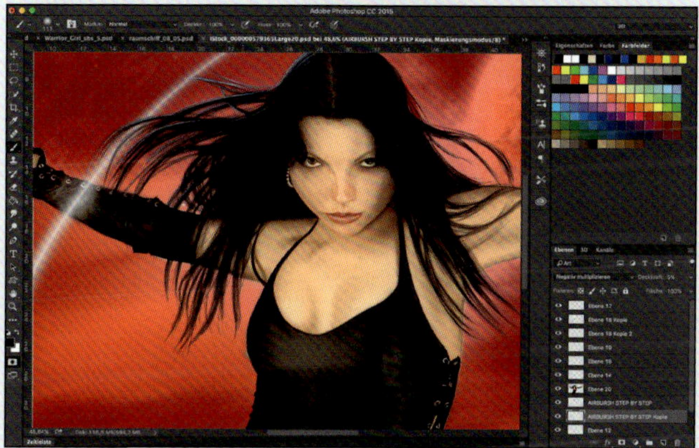

Abb. aus Photoshop

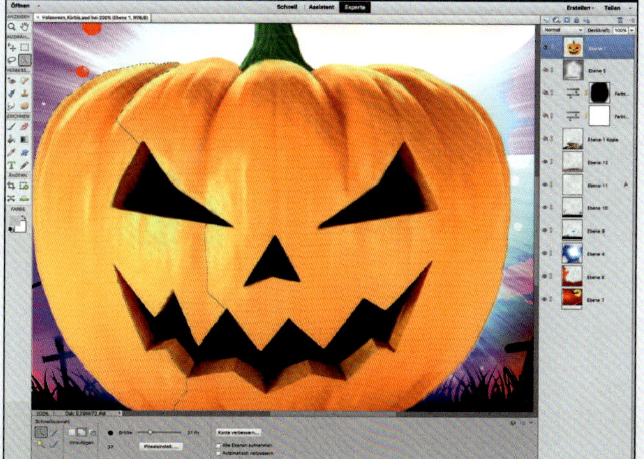

Abb. aus Photoshop Elements

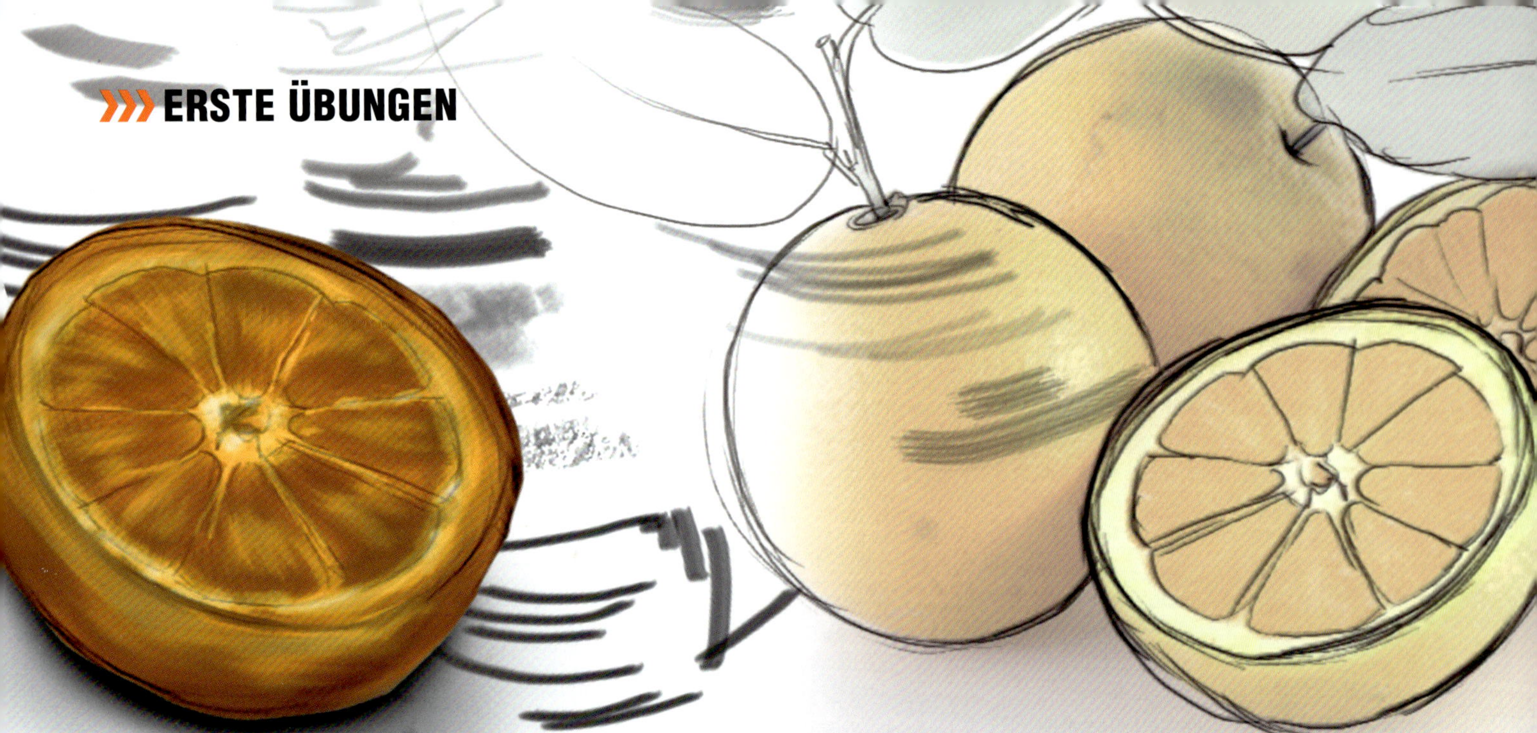

ERSTE ÜBUNGEN: SKIZZIEREN IN PHOTOSHOP

Für die ersten Skizzierübungen mit Photoshop ist ein Stillleben ideal. Am besten arrangieren Sie für diese Übung Objekte mit einfachen, runden Formen wie zum Beispiel Orangen oder Äpfel. Sie werden sehen, dass es sich digital genauso zeichnen lässt, wie mit Bleistift und Papier. Ihr Vorteil hier: Wählen Sie Ihre „Papierfarbe" nach Wunsch und verleihen Sie Ihrer Schwarz-Weiß-Zeichnung einen individuellen Farbtouch.

01 Arbeitsfläche und Pinselspitze einstellen

Öffnen Sie in Photoshop beispielsweise ein A6-Format mit 1748 x 1240 Bildpunkten und 300 dpi Auflösung. Bevor Sie mit dem Skizzieren auf der weißen Vorlage beginnen, probieren Sie am besten erst einmal die Pinselspitze mit einer entsprechenden Größe und Deckkraft aus. In Frage kommen hier zum Beispiel: Kreide, Buntstift oder Kohle. Diese Techniken würden auch beim Skizzieren auf normalem Papier zum Einsatz kommen. In Photoshop verfügen Sie über die gleichen Eigenschaften wie in Realität: Sie lassen sich stricheln, dick oder dünn, hell oder dunkel auftragen und mit dem „Finger" verwischen.

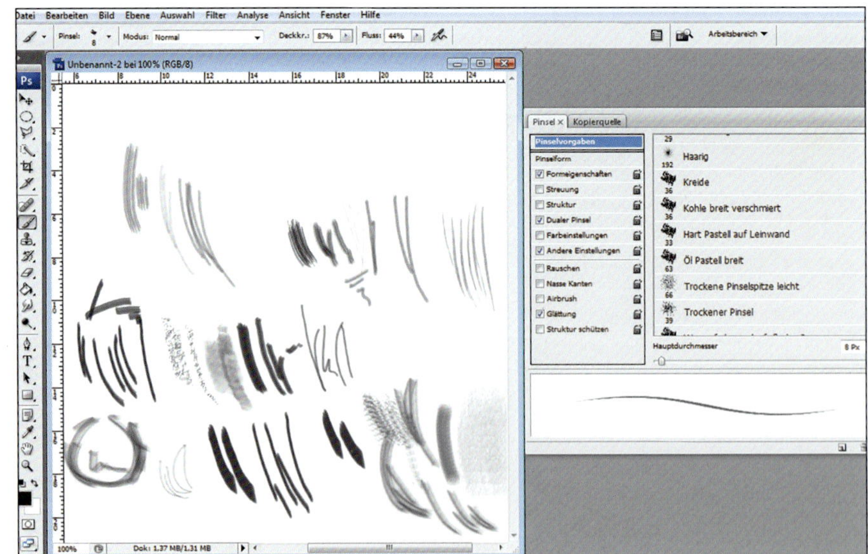

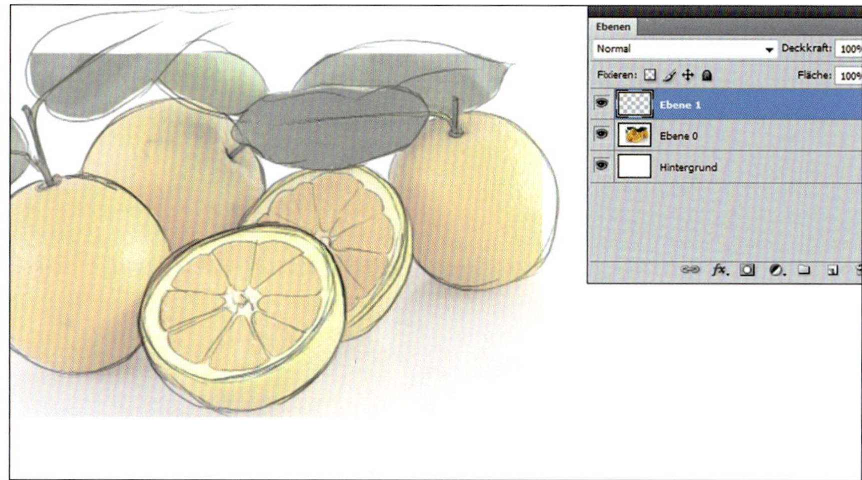

02 Konturzeichnung

Mit einem Pinsel Ihrer Wahl erzeugen Sie eine Konturzeichnung. Entweder Sie malen „freihand“ ab, wie Sie das von einem Skizzenblock gewohnt sind, oder Sie laden ein Foto zum Durchpausen dazu. Ziehen Sie Ihr geöffnetes Obst-Foto mit dem Verschiebewerkzeug in eine neu angelegte Datei und verringern Sie anschließend die Deckkraft. Diese Funktion finden Sie im Ebenen-Menü. Mit (STRG+SHIFT+N) erzeugen Sie danach eine neue leere Ebene, um die Konturen mit einem Pinsel nach Wahl durchzuzeichnen.

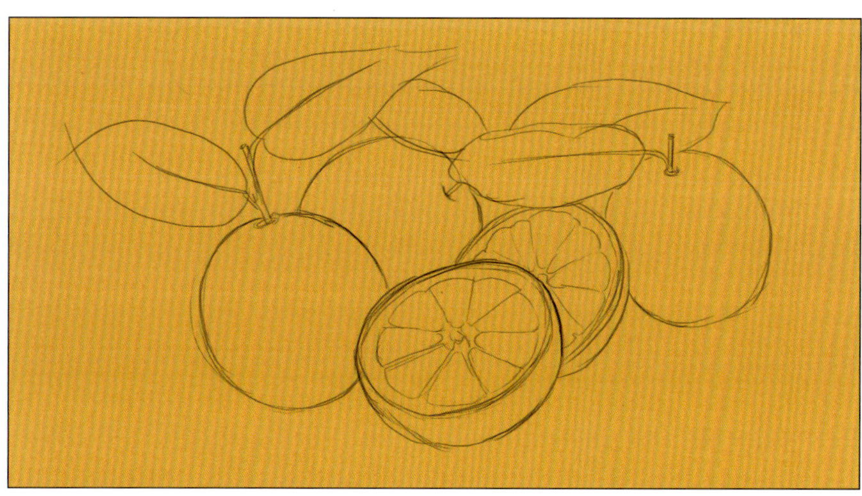

03 Orangene Ebene

Für eine Grundfarbe fügen Sie eine weitere Ebene hinzu und ziehen sie unter Ihre Konturzeichnung. Danach färben Sie diese Ebene mit dem Füllwerkzeug (G) in Orange oder in einer anderen Farbe ein. Wenn Sie ein Vorlagefoto verwendet haben, ist dies jetzt unter der orangenen Ebene verschwunden.

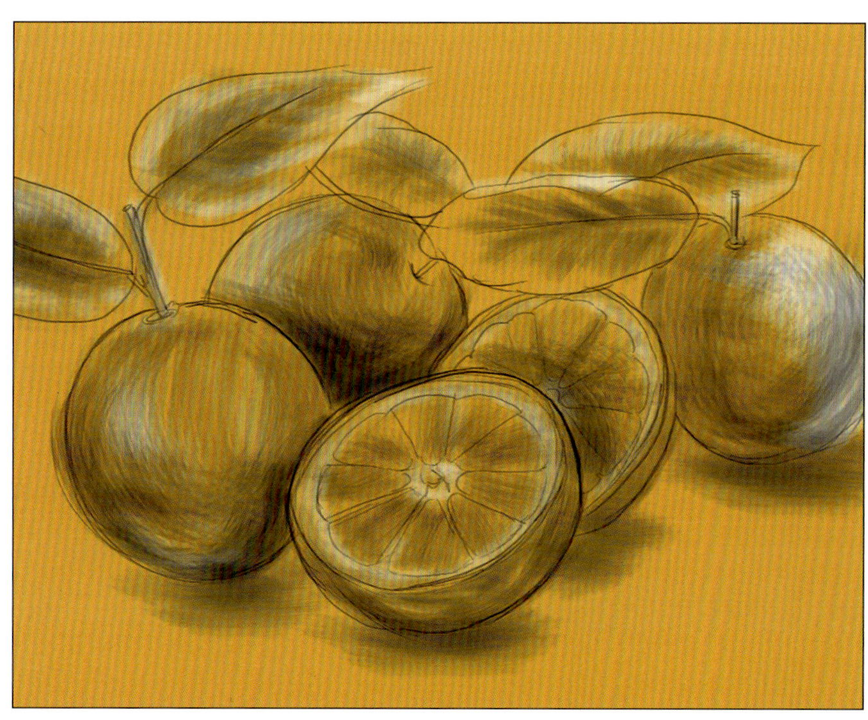

04 Licht und Schatten

Jetzt kommt der erste Farbauftrag. Das Ausgestalten von Licht und Schatten macht dabei am meisten Spaß. Benutzen Sie dafür einen Pinsel nach Wahl. Gut eignet sich zum Beispiel der Pinsel „Grobe runde Borsten” oder „Pastell mittlere Spitze“. Starten Sie erst mit Schwarz und malen Sie die Schattenbereiche der Formgebung entsprechend ein. Bereiche, die dunkler sind, übermalen Sie mehrmals. Das funktioniert aber nur, wenn Sie auch die Deckkraft und den Fluss in der Pinseloptionsleiste reduziert haben. Der Andruck auf den drucksensitiven Stift erledigt den Rest. Drücken Sie nur leicht auf, kommt wenig Farbe heraus – sprich ein hellerer Farbauftrag entsteht. Drücken Sie fester auf, wird auch der Strich dunkler. Helle Bereiche malen Sie anschließend mit Weiß auf.

05 Wischfinger

Sind Sie mit den ersten Farbaufträgen zufrieden, reduzieren Sie alle Ebenen auf eine Ebene. Wählen Sie dazu im Menü [Ebene/Auf Hintergrund reduzieren] aus. Wechseln Sie danach das Werkzeug vom „Pinsel" zum „Wischfinger" in der Werkzeugpalette. Um den Wischfinger dem Motiv entsprechend einzusetzen, wählen Sie dafür einen geeigneten Pinsel, wie zum Beispiel „Kreide" oder „Spritzer", aus. Stellen Sie den Schwellenwert in der Optionsleiste auf 40–50 Prozent ein. Wischen Sie jetzt die vorher aufgetragenen Farben der Formgebung entsprechend ineinander. Dadurch werden die Farben vermischt und es entsteht eine weichere Optik.

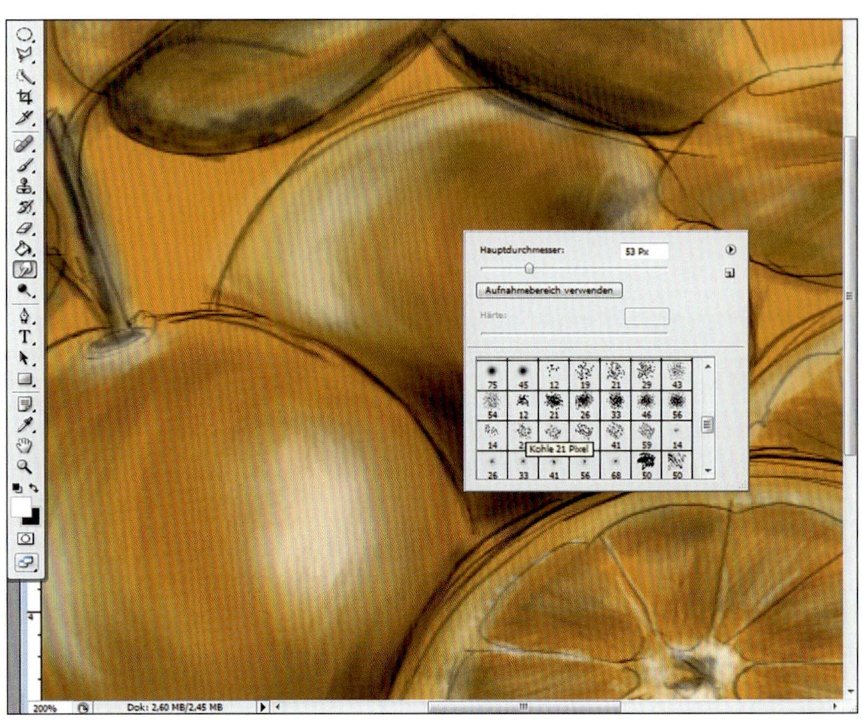

„Eine Skizze ist häufig die Basis der kompletten Illustration."

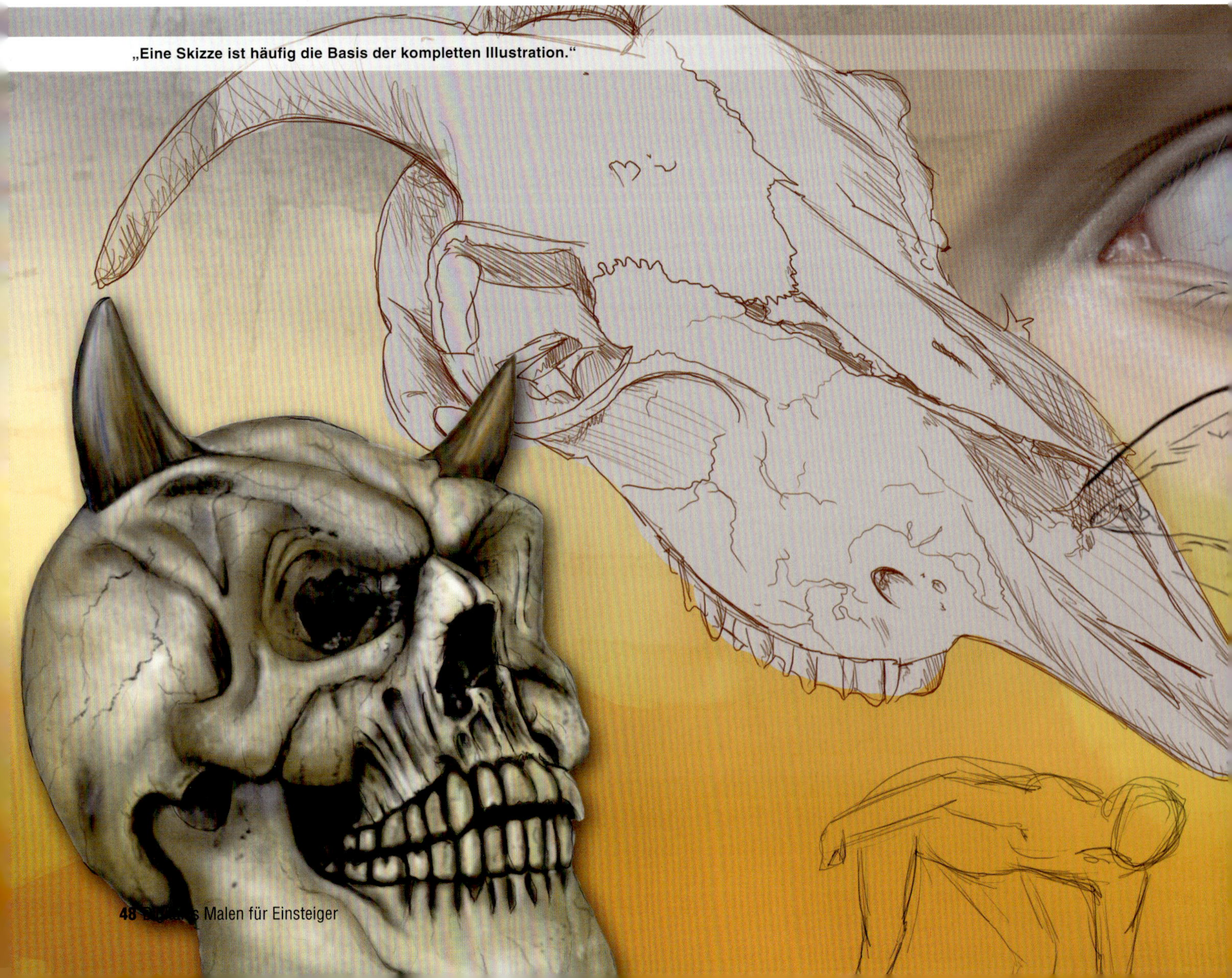

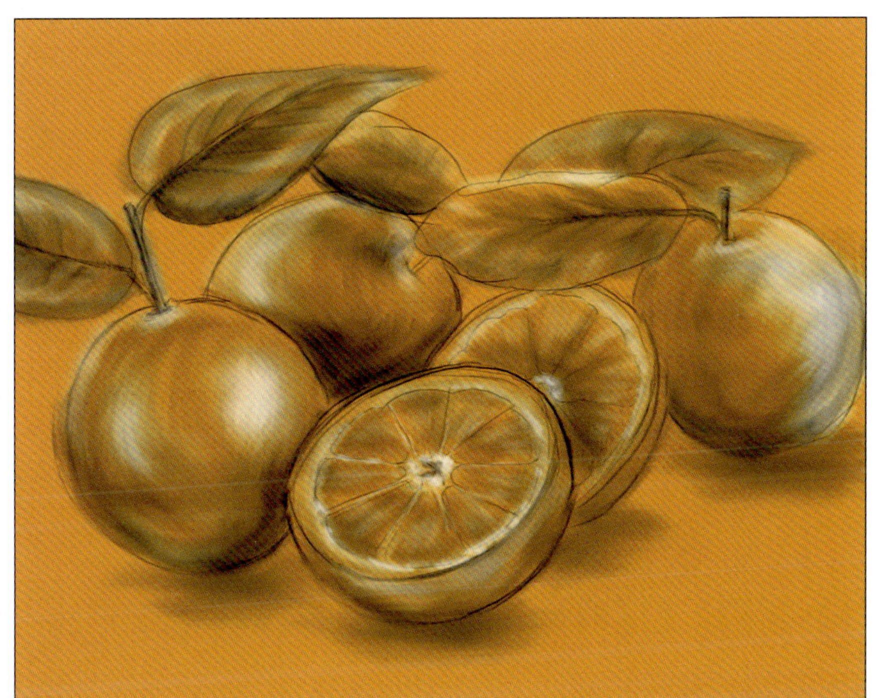

06 Bereiche hervorheben
Die Konturlinien können dabei noch dominierend stehen bleiben. Sie können anschließend noch gezielt einige Stellen wieder mit einem schwarzen Pinselstrich hervorheben oder Glanzpunkte setzen. Sie sehen, wie schnell es mit dieser Methode möglich ist, den Objekten Licht und Schatten sowie eine malerische Optik zu verpassen.

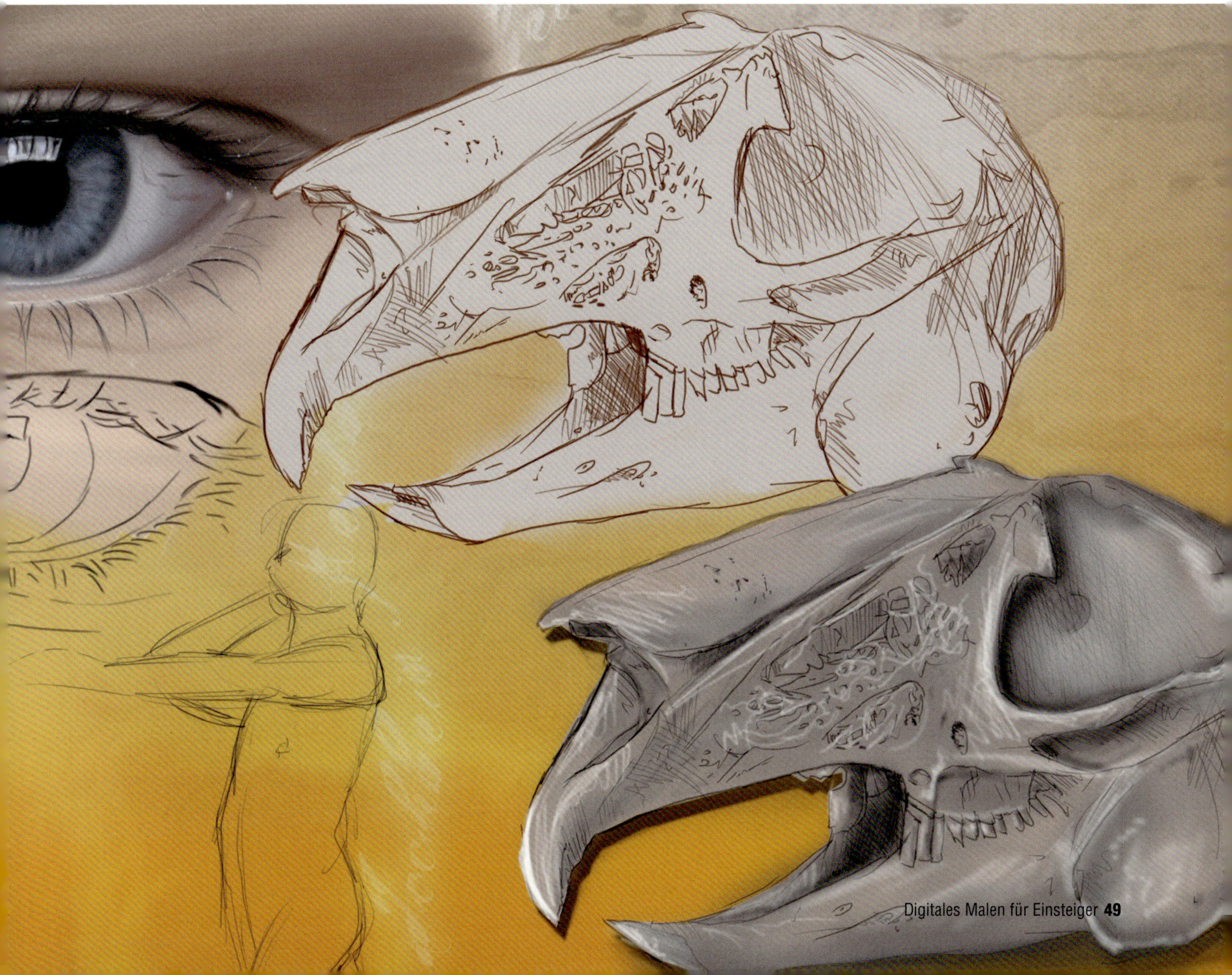

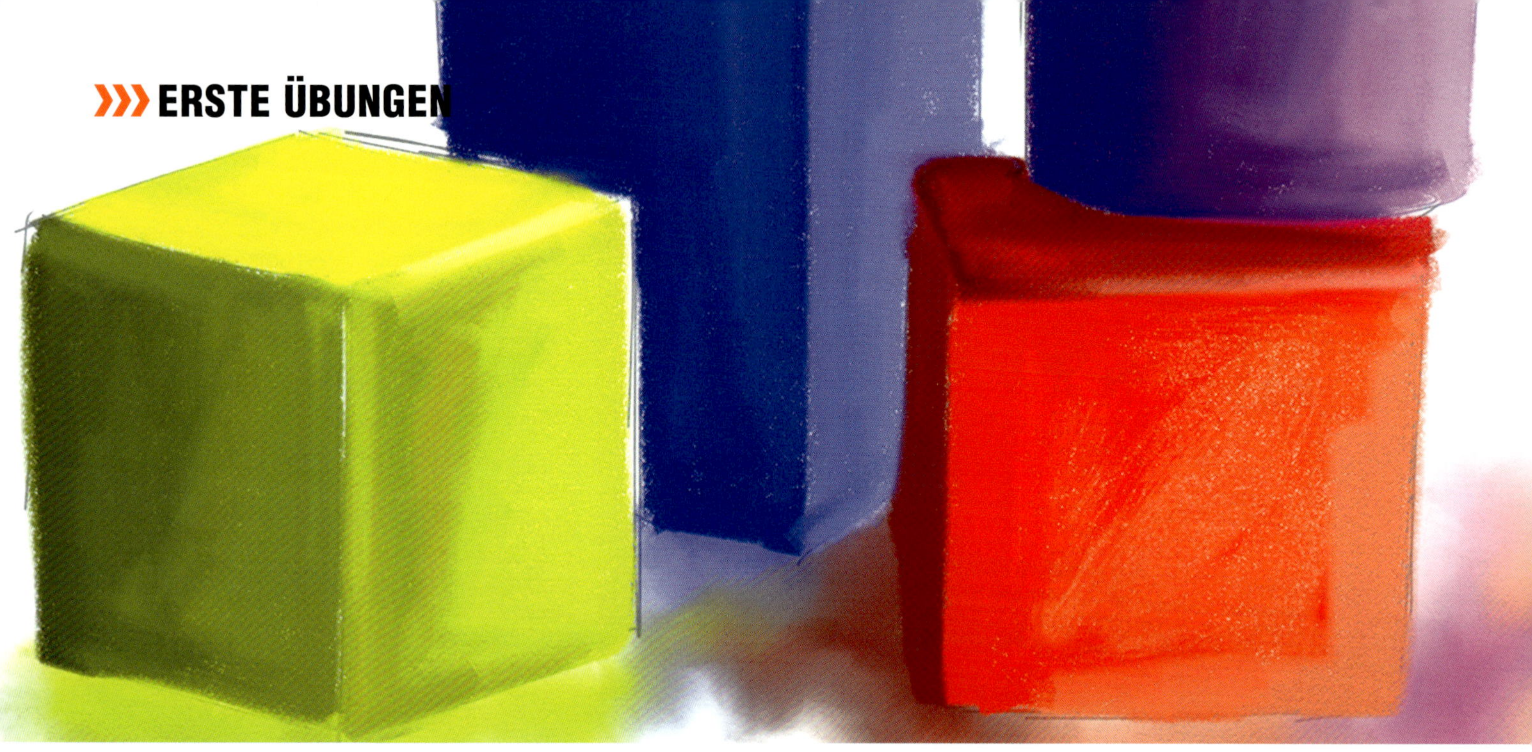

SKIZZIEREN UND KOLORIEREN IN ARTRAGE

Benutzen Sie Ihr iPad als digitalen Skizzenblock. Mit dieser Übung bekommen Sie ein Gefühl dafür, wie groß die Arbeitsfläche des iPads ist und wie sich die unterschiedlichen Pinsel und Stifte verhalten. So finden Sie Ihren persönlichen Favoriten und die angenehmste Arbeitsumgebung. Beispielhaft für diese Grundübung kommt hier die App ArtRage zum Einsatz.

01 Malfläche einstellen

Wenn Sie in ArtRage über die Funktion „Neues Gemälde" ein neues Bild bzw. eine Skizze anlegen möchten, fragt die App erst einmal nach der Auflösung (Abmessung/Format), der Papierfarbe und der Papierstruktur. Auf der digitalen Oberfläche wird das Malergebnis von Pinseln und Stiften so dargestellt, wie es in der analogen Maltechnik (auf unterschiedlichen Papiersorten) erzeugt würde.

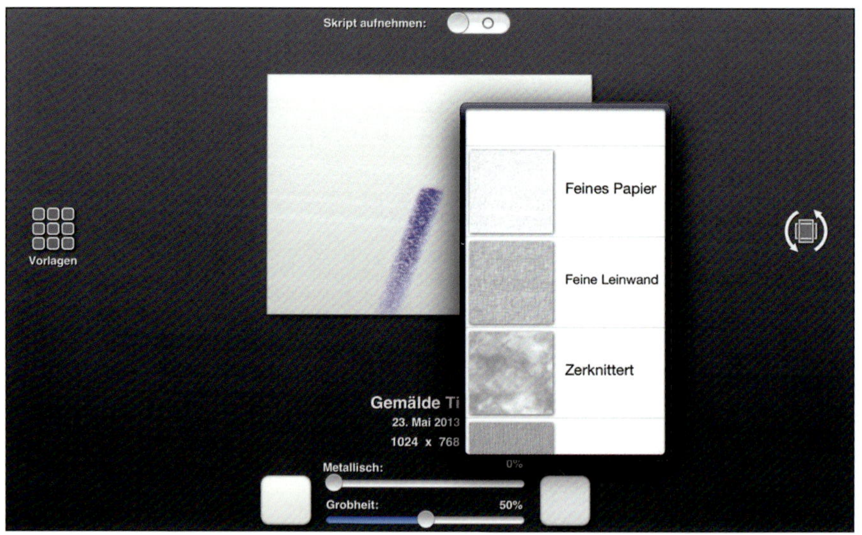

02 Stifte testen

Probieren Sie die unterschiedlichen Stiftwerkzeuge aus. ArtRage bringt gleich eine Vielzahl an verschiedenen voreingestellten Bleistiftsorten, die zusätzlich im Detail justiert werden können, wie z. B. in der Größe oder im Andruck.

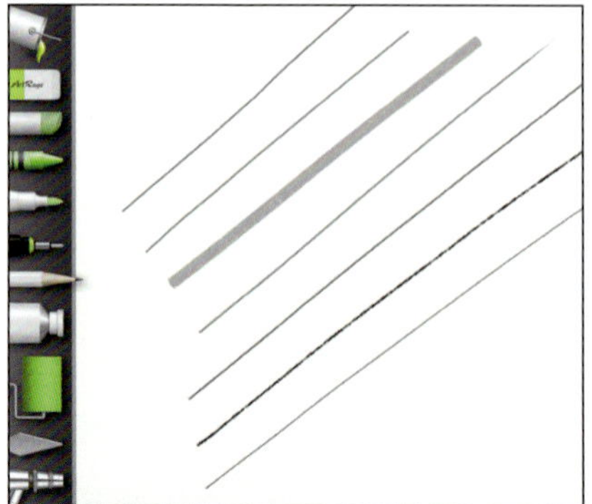

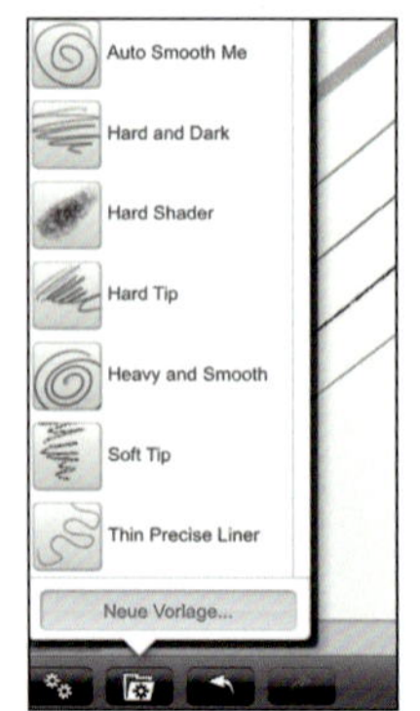

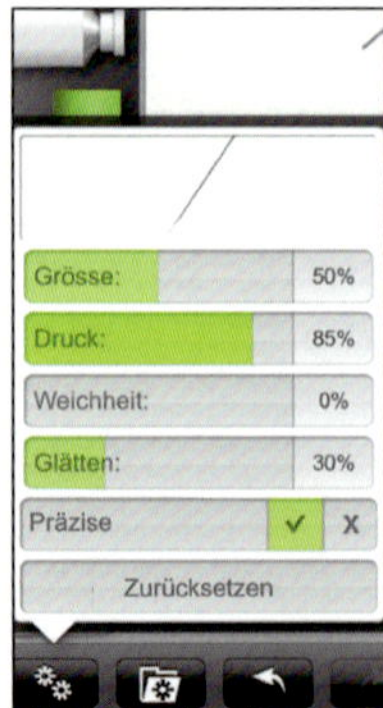

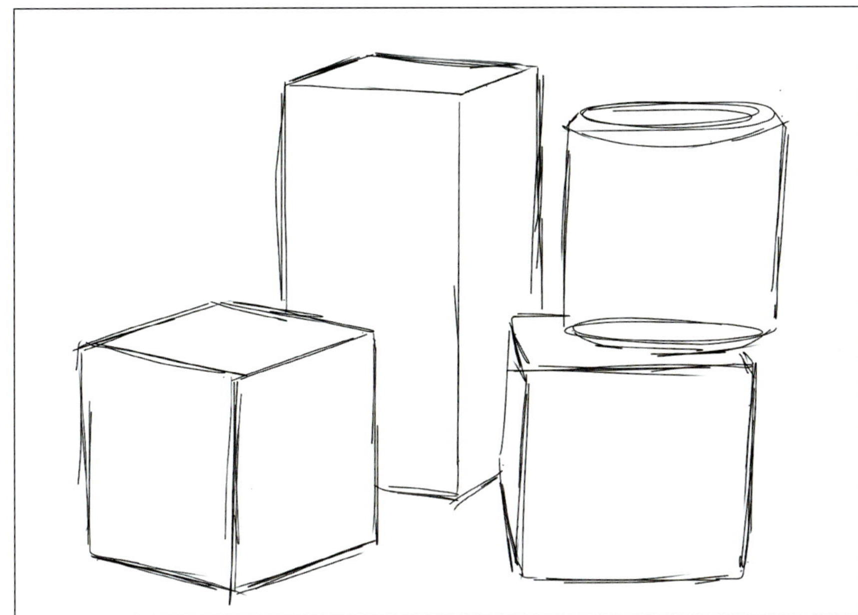

03 Konturzeichnung

Wählen Sie einfache Formen für Ihre ersten Skizzen aus. In diesem Fall zeichne ich ein paar gestapelte Quader- und Zylinder. Im Bild sehen Sie, das nicht jeder Strich sofort perfekt sein muss. Suchende Linien der Konturen formen die Objekte. Gefallen Ihnen einige Striche nicht, können Sie in ArtRage entweder den Radiergummi bemühen oder mit dem unten links integrierten Undo-Pfeil die letzen Striche zurücknehmen.

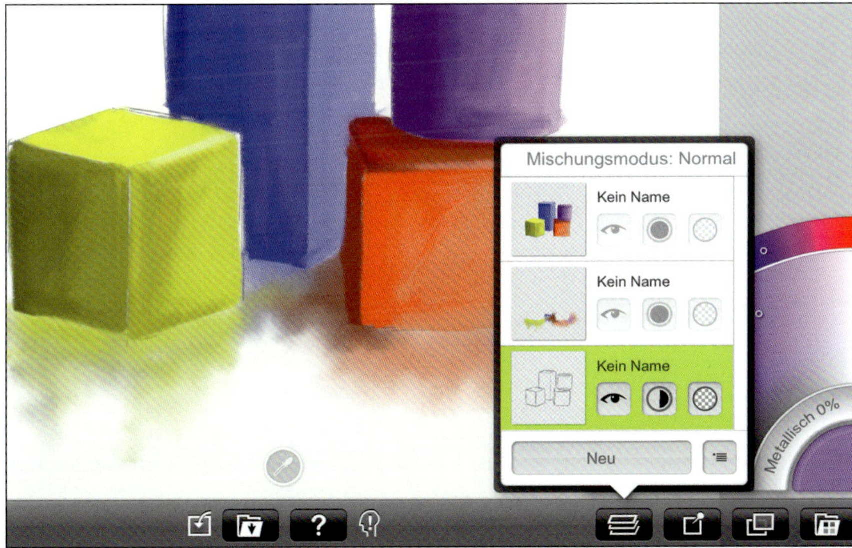

04 Farbe, Licht und Schatten

Sind Sie mit Ihrer Skizze zufrieden, können Sie mit weiteren Werkzeugen den Objekten Farbe, Licht und Schatten geben. Probieren Sie einfach aus. Wie wäre es mit Pastellkreide? Die finden Sie im umfangreichen Malkasten von ArtRage. Sie können mit der Pastellkreide direkt in die Skizze hineinarbeiten oder die Vorzüge des digitalen Malens nutzen und dafür eine Ebene hinzufügen. Damit bleibt die Skizze „geschützt" bzw. unangetastet. In der Abbildung sehen Sie, wie sich die Skizze und ihre Kolorierung auf verschiedene Ebenen verteilt.

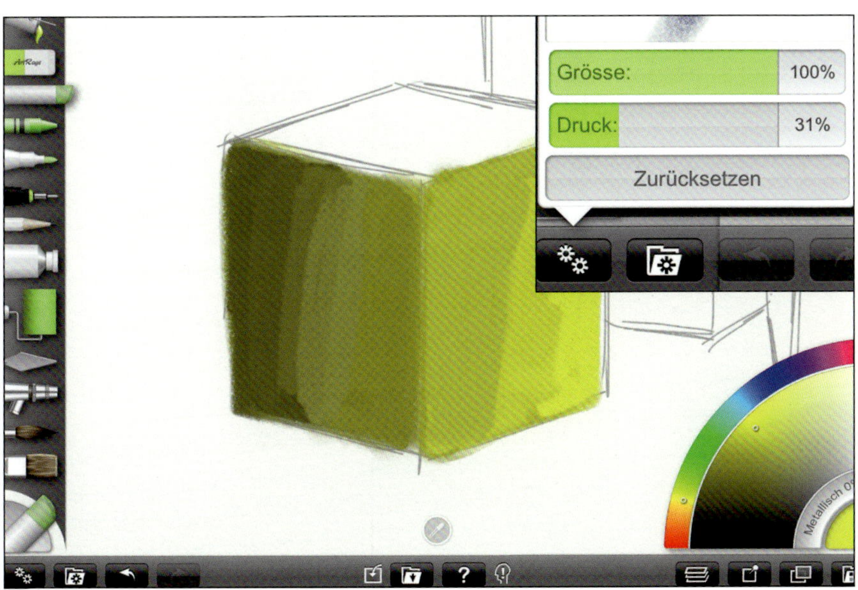

05 Pinselgröße und Farbwerte

Abhängig vom Objekt und seiner Größe in der Arbeitsumgebung wählen Sie die Größe der Stiftspitze im Einstellungsdialog des Werkzeuges aus. Möchten Sie schnell eine größere Fläche füllen, nehmen Sie z. B. die maximale Pinselgröße. Geht es später um kleinere Details wie z. B. die Lichtkanten, verkleinern Sie den Radius. Wählen Sie eine Farbe in der Farbpalette unten rechts aus und legen Sie fest, wieviel Schwarz- bzw. Weißanteil hinzugemischt ist. Füllen Sie den ersten Quader mit Farbabstufungen aus und legen Sie damit den groben Lichteinfall fest.

06 Farben wischen

Hier machen Sie sich die Finger nicht mehr schmutzig. Um die Pastellkreidefarben ineinander zu wischen, nutzen Sie das Palettenmesser aus der linken Werkzeugleiste und wischen über die zuvor aufgetragenen Farbe. Sie sehen, dass die Optik des Kreideauftrags erhalten bleibt, aber die Farben weicher ineinander laufen.

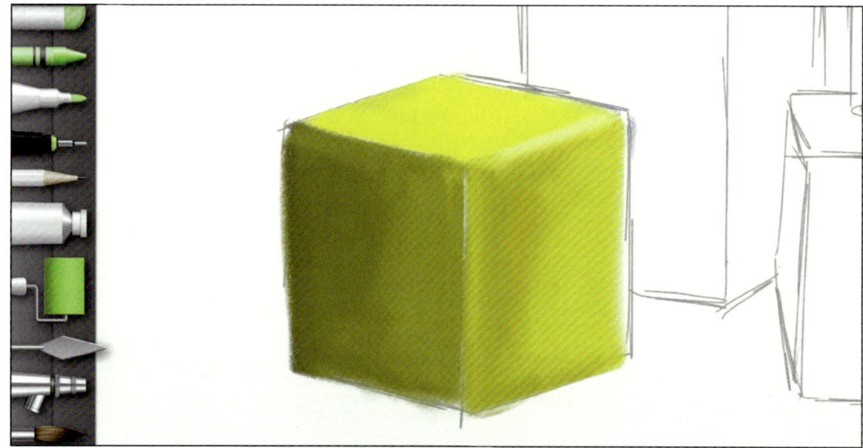

07 Lichtkanten und Konturlinien

Gehen Sie so auch mit den anderen Objekten vor: Tragen Sie grob Farbe auf und blenden Sie danach die Farben ineinander. Lichtkanten legen Sie dabei mit hellen Farbtönen an. Dadurch ergibt sich eine optische Trennung der Flächen. Stört Sie die Skizze oder ist sie zu prominent, reduzieren Sie die Deckkraft der Skizzen-Ebene im Ebenendialog oder schalten Sie diese mit Klick auf das Auge komplett aus.

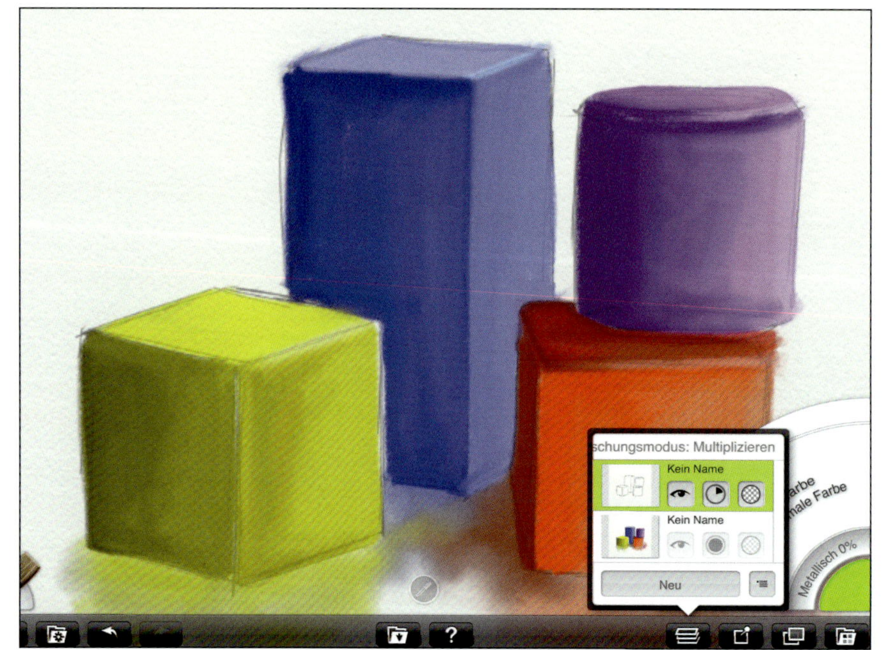

08 Schlagschatten

Zusätzlich haben Sie die Möglichkeit, auf einer neuen Ebene die Schatten bzw. Umgebungsreflexion auf dem Untergrund zu malen. Auch hier tragen Sie erst einmal grob die Farben auf und verwischen dann die Farben, z. B. mit der Einstellung Heavy Blurred Frosting im Palettenmesser. Viel Spaß mit Ihren ersten digitalen Stillleben!

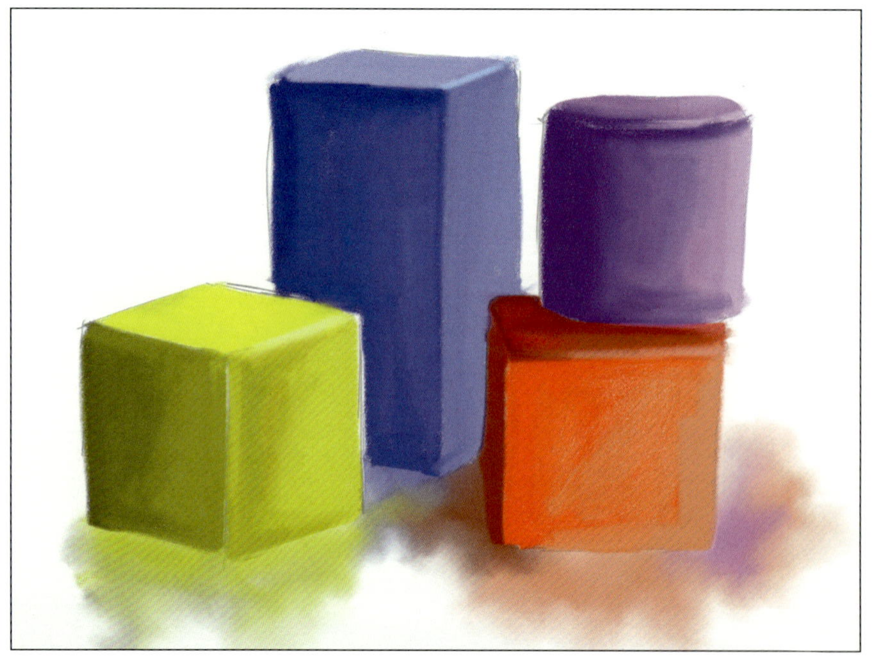

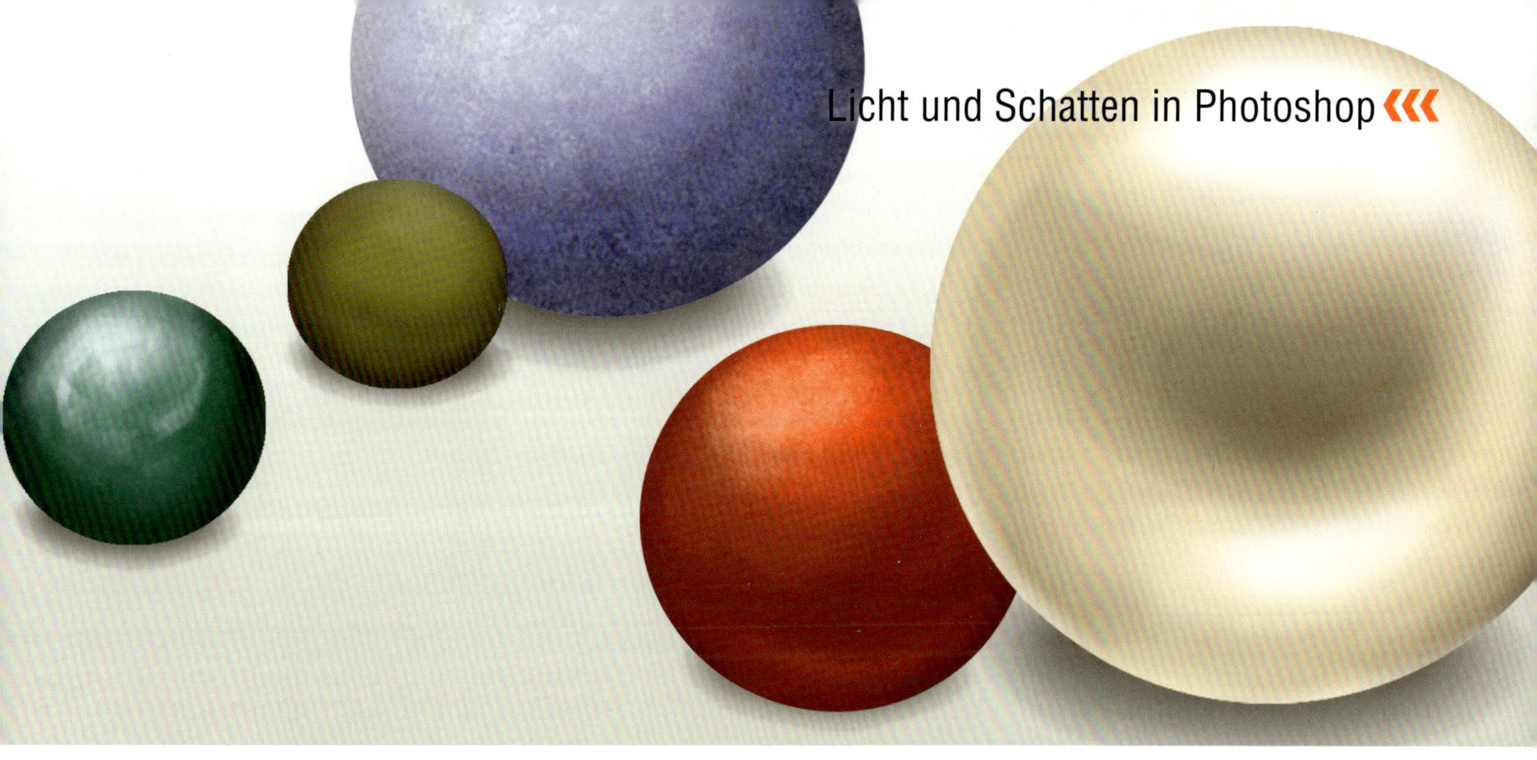

LICHT UND SCHATTEN IN PHOTOSHOP

Um sich mit den Pinseln und einigen Grundfunktionen in Photoshop vertraut zu machen, bieten sich Kugeln mit Licht -und Schattengebung an. Probieren Sie unterschiedliche Werkzeugspitzen aus, um die darin verborgene Struktur sichtbar zu machen. Das Verhalten des Pinsels und die entstehende Optik sind nämlich nicht immer aus dem Pinsel-Icon ersichtlich. Photoshop bietet auch die Möglichkeit, noch weitere Pinsel hinzu zu laden. Die Funktion ist ein wenig versteckt und befindet sich oben rechts unter dem kleinen Zahnrad im „Pinselrequester". Klicken Sie nach Auswahl der Pinsel auf [Pinsel anfügen], um sie in die Pinselbibliothek aufzunehmen (vgl. S. 41 „Pinsel auswählen").

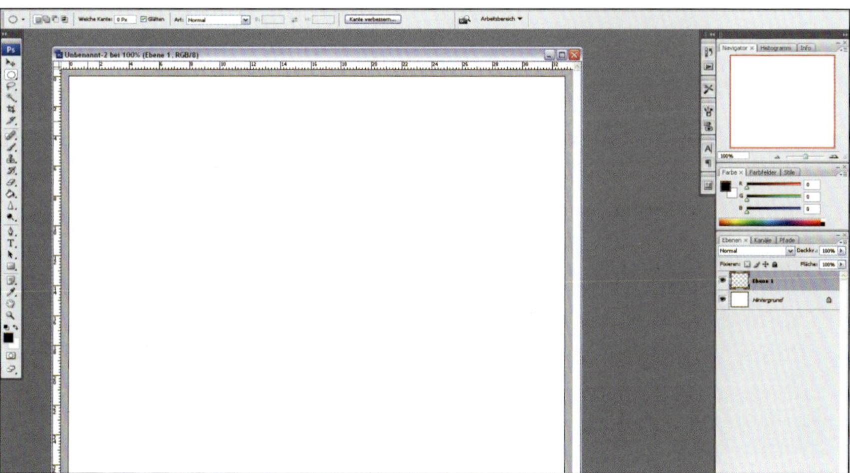

01 Hintergrund und Ebene anlegen
Öffnen Sie mit dem Befehl [Datei/Neu] ein neues Bild in der Größe 800 x 800 Pixel, 300 dpi mit der Hintergrundfarbe Weiß. Damit die Kugel auch später noch verändert oder auf dem Malgrund verschoben werden kann, öffnen Sie eine neue Ebene. Dazu gibt es verschiedene Möglichkeiten. Mit dem Icon „Neue Ebene" im „Ebenenrequester" geht es recht zügig. Aber auch über das Hauptmenü [Ebene/Neu/Ebene] sowie mit dem Tastaturkürzel [Shift + Strg + N] ist dieser Vorgang möglich.

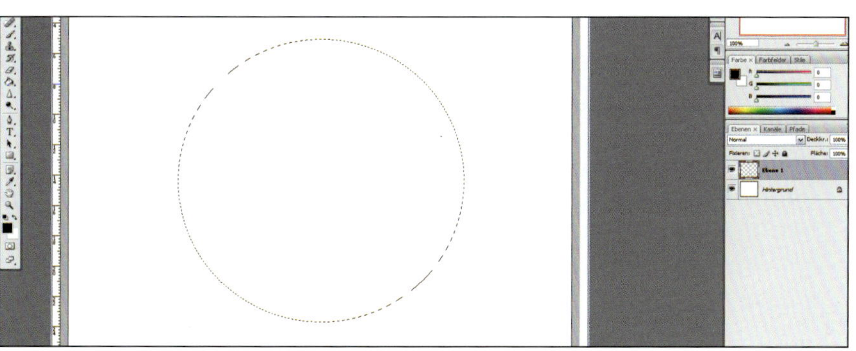

02 „Maskierung"
Mit dem Auswahlellipse-Werkzeug und [Shift]-Taste ziehen Sie einen großen Kreis auf. Die [Shift]-Taste bewirkt, dass der Kreis proportional bleibt. Diese Auswahl stellt Ihre „Maskierung" dar: Auf der Ebene der Auswahlellipse können Sie nun innerhalb des Kreises malen. Die umgebenden Flächen nehmen keine Farbe an.

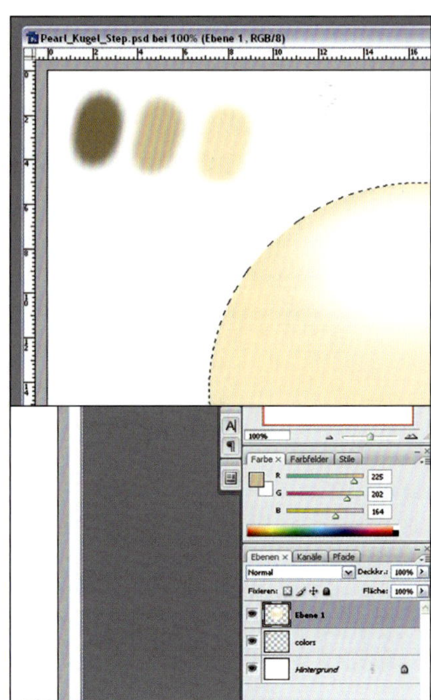

03 1. Schattenfarbe

Wählen Sie drei Beigefarbtöne aus, um mit ihnen die Perlenoberfläche zu gestalten. Malen Sie dazu auf einer neuen Ebene einfach drei Farbpunkte an den Rand Ihrer Malfläche. Von dort können Sie dann die Farben später einfach mit der Pipette wieder aufnehmen. Ist das Bild fertig, werden die Farbproben einfach wieder gelöscht.Wechseln Sie zurück auf die Ebene mit der Kreismaskierung. Mit einem weichen Pinsel, wie zum Beispiel „Airbrush rund weich" in der Größe 110 und einer Deckkraft und einem Fluss von 30 Prozent, bekommt die Kugel nun die erste Farbschicht. Benutzen Sie dazu einen hellen Beigeton. Steuern Sie die Farbintensität und Farbmenge auch über die Druckempfindlichkeit des Grafiktabletts. Bei helleren Stellen drücken Sie den Stift nur leicht auf, um die Lichtreflexion in Weiß etwas freizulassen – für dunklere Bereiche können Sie mit Druck arbeiten, um einen satteren Auftrag zu erreichen.Gefällt Ihnen der Farbauftrag nicht, können Sie mit dem Radierende des Stiftes Farbbereiche wieder löschen oder Sie greifen einfach zu einer weißen Farbe und übermalen die unpassenden Bereiche.

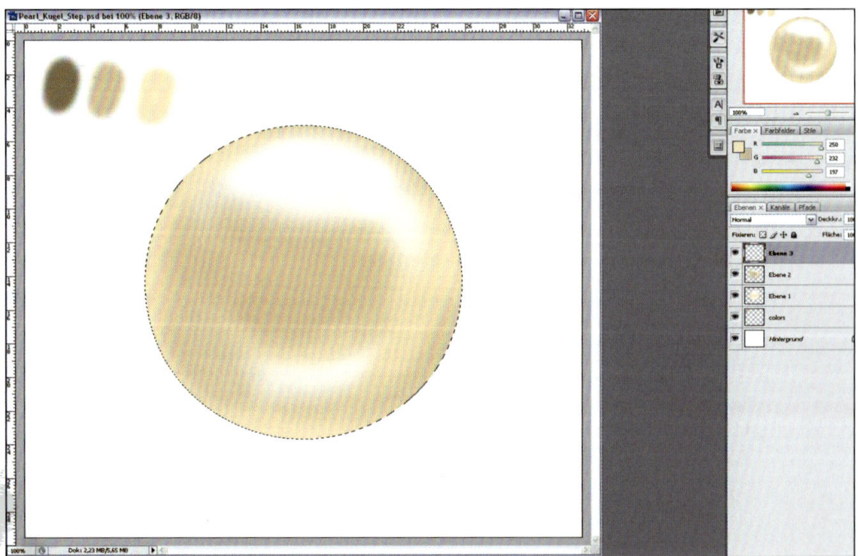

04 2. Schattenfarbe

Weiter geht es mit dem nächsten, etwas dunkleren Farbton. Das Pipetten-Werkzeug ist hilfreich, um die vorher definierte Farbe vom Malgrund auszuwählen. An den Rändern und vor allem in der Mitte wird dieser Farbton aufgetragen. Für die Ränder der Kugel benutzen Sie am besten eine kleinere Pinselspitze (45 px) und für die größeren Flächen in der Mitte einen entsprechend größeren Pinsel, um zügig arbeiten zu können. Ist der Farbauftrag zu fleckig geworden, greifen Sie einfach wieder zur helleren Farbe und arbeiten leicht darüber, um die Schattierungen feiner abzustufen.

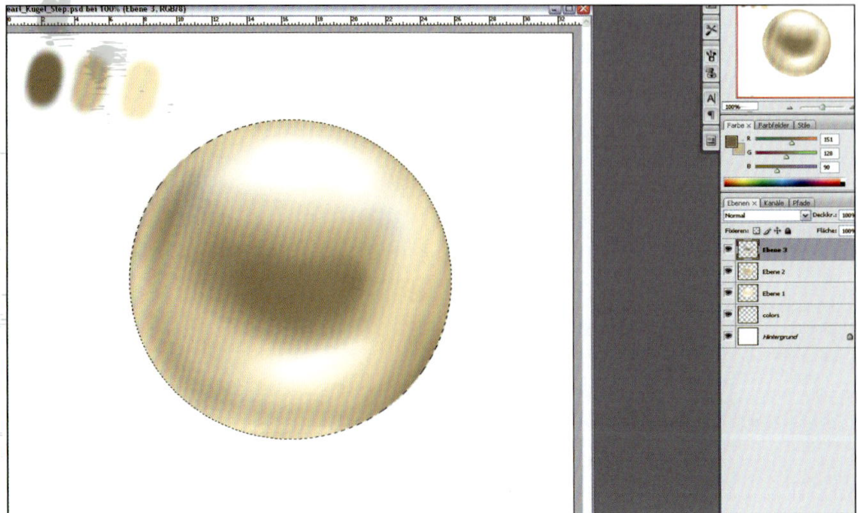

05 3. Schattenfarbe

Im nächsten Schritt wählen Sie den dunkelsten Farbton aus. Malen Sie wieder mit großen und kleinen Pinselgrößen die Farbe auf die Kugel. Verwenden Sie die kleine Pinselgröße mit wenig Deckkraft und Fluss für die Reflexion links oben und rechts unten am Rand. Für die dunklere Schattierung in der Mitte nehmen Sie dementsprechend eine etwas größere Pinselspitze. Gefallen Ihnen einige Bereiche nicht, kann mit [Strg+Alt+Z] jeweils ein Pinselstrich zurückgenommen oder mit den helleren Farben wieder aufgehellt und begradigt werden.

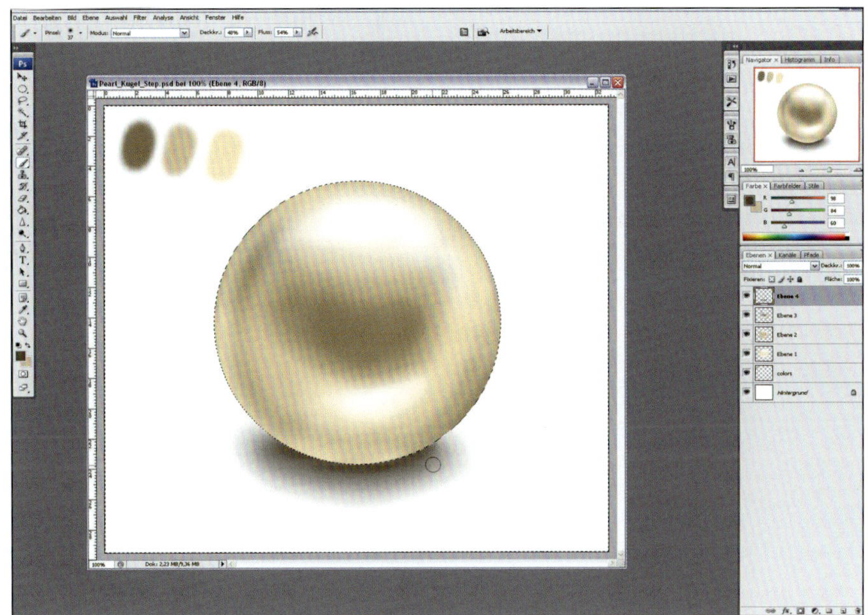

06 Schlagschatten

Um einen kleinen Schattenwurf unter die Kugel zu malen, wird die Auswahlmaske mit der Tastenkombination [Umschalten + Strg + I] umgekehrt. Nun ist das Kugelinnere geschützt und der Schattenwurf kann mit einem mittelgroßen Pinsel und dunkler Farbe angelegt werden. **Tipp:** Um den Pinsel beim Arbeiten schnell zu wechseln und die Größe zu justieren, klicken Sie auf den Doppelseitenschalter des Grip Pen – diese Funktion ist identisch mit der rechten Maustaste. Die Pinselgröße kann ebenfalls mit einem Tastenkürzel schnell groß und klein gestellt werden. Für den PC und Mac OS benutzen Sie die Tasten [ö] und [#].

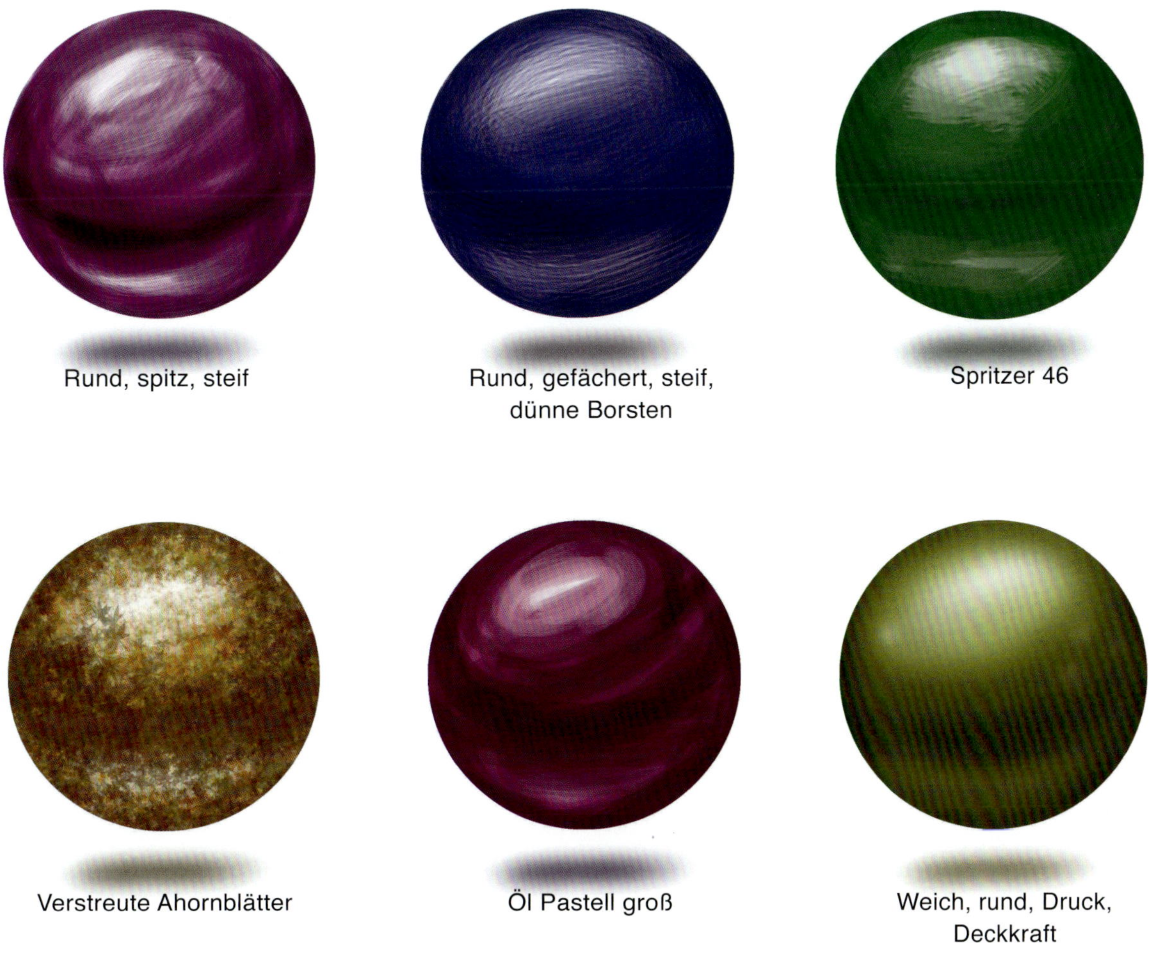

Rund, spitz, steif

Rund, gefächert, steif, dünne Borsten

Spritzer 46

Verstreute Ahornblätter

Öl Pastell groß

Weich, rund, Druck, Deckkraft

Je nach verwendetem Pinsel erhält eine Kugel ein komplett neues Aussehen. Die Vorgehensweise, Licht- und Schattengebungen sind gleich.

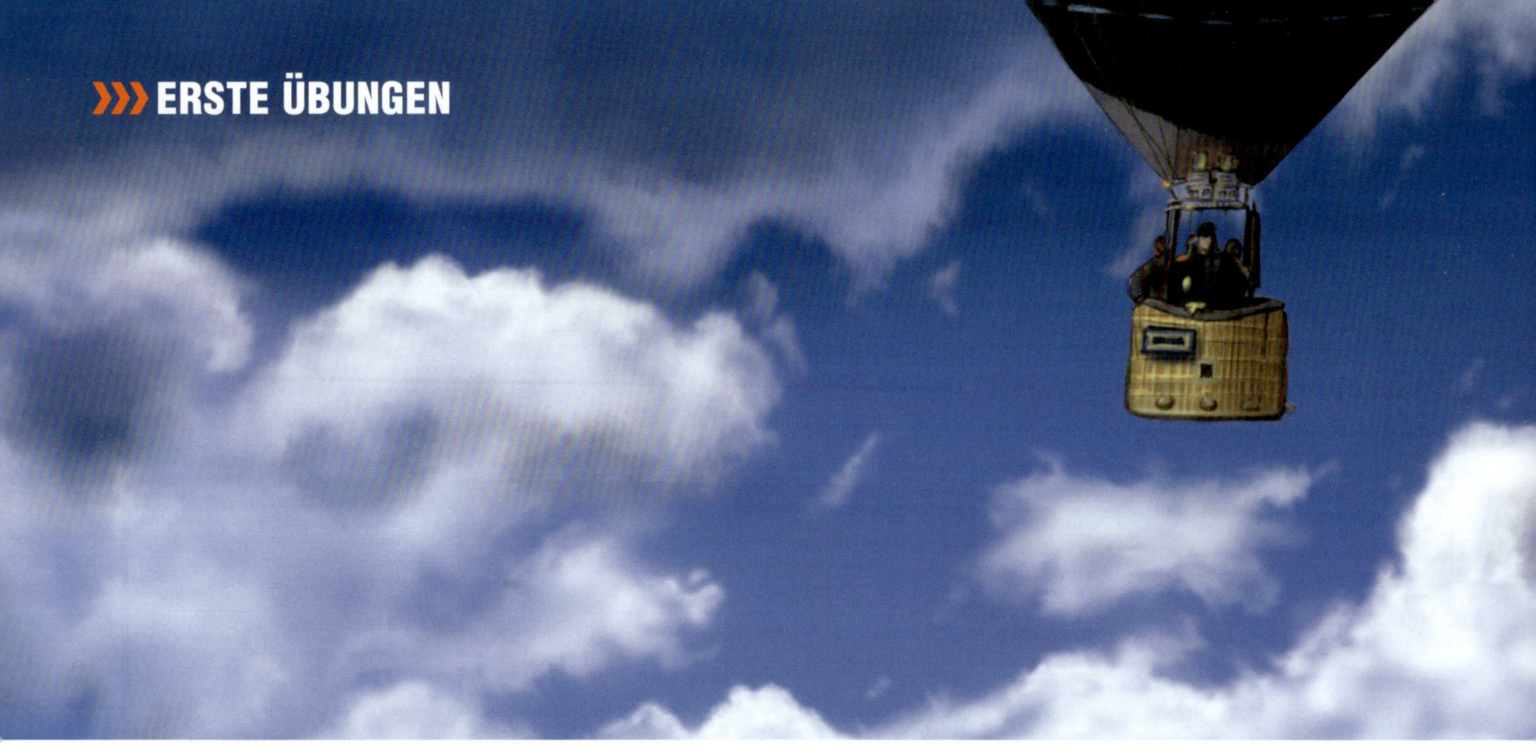

VOLUMEN UND TIEFE IN PHOTOSHOP

Wolken verändern ständig ihr Aussehen: Mal sind sie hell, mal dunkel, mal flauschig, mal zerfetzt, mal bedrohlich oder auch mal fast verschwunden. Je nach Betrachtungsstandpunkt, Perspektive, Licht- und Wettersituation ergeben sich ständig andere Formen. Der Künstler hat verschiedene Möglichkeiten, mit Wolken zu arbeiten. Sie können räumliche Tiefe vermitteln, das Auge des Betrachters führen oder eine bestimmte Stimmung im Bild erzeugen. Im Folgenden zeige ich verschiedene Werkzeuge in Photoshop für die Gestaltung einer realistischen Wolkenszenerie. Die Techniken lassen sich auch für viele andere Wolken-Konstellationen individuell anpassen.

01 Dunkelblaue Ebene
Erzeugen Sie eine neue Ebene und legen Sie dort eine dunkelblaue Fläche an. Auf einer weiteren Ebene zeichnen Sie ebenfalls mit einer dunklen Farbe die groben Strukturen der Wolkenformationen ein.

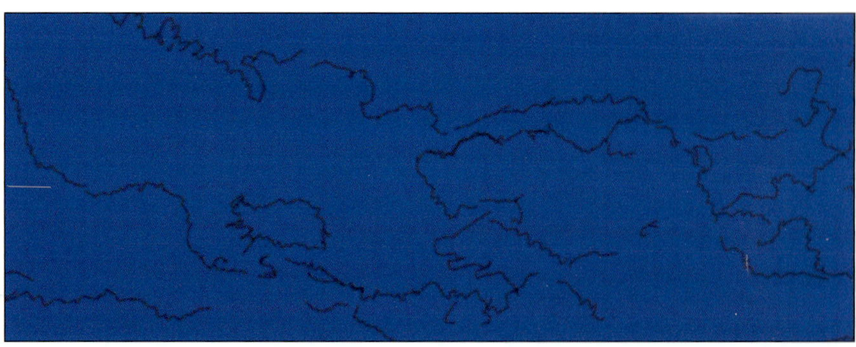

02 Airbrush Rund Weich
Damit im Nachhinein beispielsweise die Hintergrundfarbe geändert werden kann, werden die Wolken auf einer dritten Ebene gemalt. Mit einem Airbrush-Rund-Weich-Pinsel in der Größe 45, Weiß, mit einer Deckkraft und einem Fluss von ungefähr 50 Prozent malen Sie die erste Farbschicht ein.

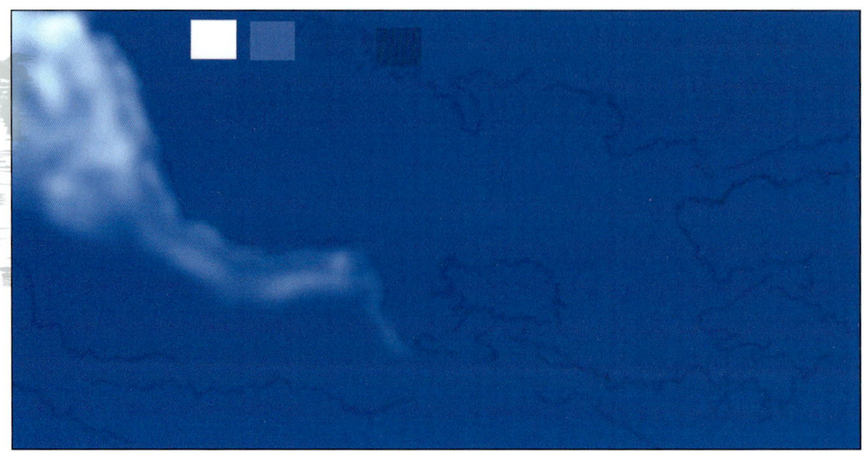

03 Wolkenkontur
Die Wolkenkonturen werden auch mit Weiß aufgetragen. Verwenden Sie dazu einen kleineren Pinsel (z. B. 15 Pixel Größe), damit die Konturen ein wenig scharfkantiger dargestellt werden.

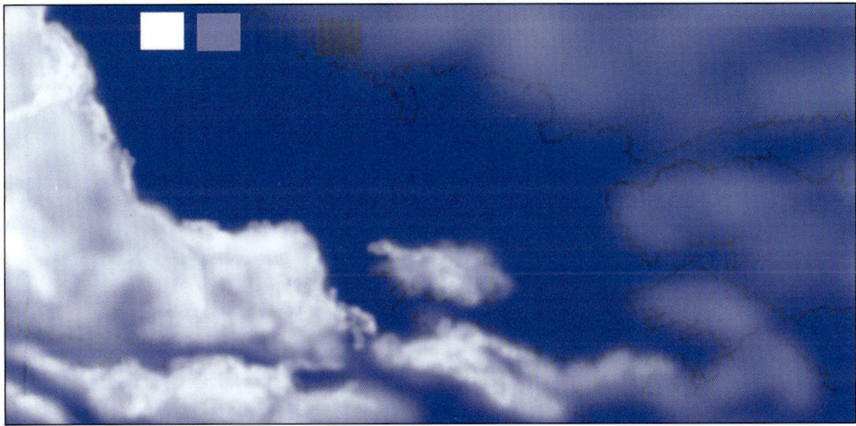

04 Formationen füllen
Abwechselnd mit kleinen und großen Pinseln werden die Wolkenformationen Stück für Stück gefüllt. Dieser Prozess geht recht schnell und gibt die grobe Struktur der Objekte vor. Verwenden Sie weiterhin Weiß und variieren Sie neben der Pinselgröße auch die Deckkraft. Die im Bild sichtbaren unterschiedlichen blauen Farbtöne ergeben sich durch die transparente Farbmischung mit dem Untergrund.

05 Aufhellen und Abdunkeln
Hier sehen Sie, wie schon weitere Wolkenformationen gefüllt sind. Variieren Sie je nach Bedarf die Deckkraft der Farbe und die Pinselgröße. Sind Bereiche zu hell oder gefällt Ihnen die Formgebung nicht, benutzen Sie den Radierer oder wählen Sie mit der Pipette einen Blauton aus, um diese Stellen wieder abzudunkeln.

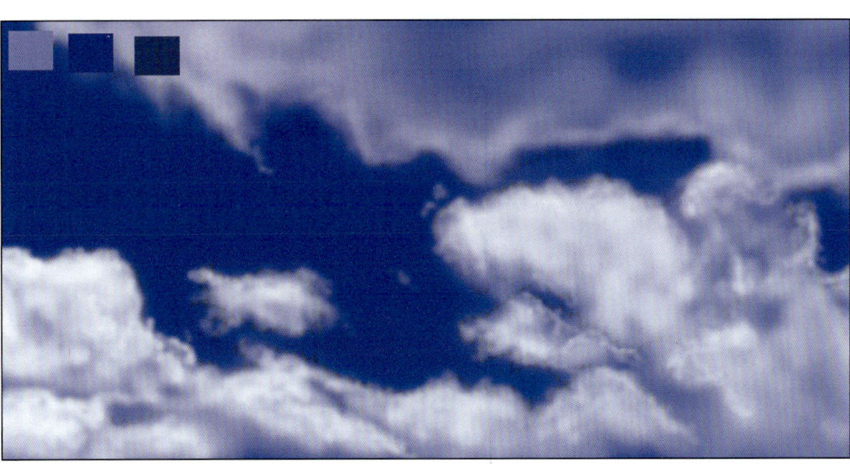

06 Schattenbereiche
Die Schattenbereiche werden mit einem hellgrau-blauen Farbton angelegt. Dieser Farbton dient ebenfalls zur Korrektur, um Stellen abzudunkeln, die zu hell geraten sind.

07 Gegenarbeiten

Sind die Schatten zu dunkel, kann mit einem etwas helleren Farbton wieder gegengearbeitet werden. Neben den Wolkenkonturen werden mit einem kleinen Pinsel und Weiß mit wenig Deckkraft kleine Wolkenfetzen eingefügt.

08 Weitere Farbtöne

Mit zwei weiteren Farbtönen ist es möglich, den Schatten der Wolken mehr Tiefe zu verleihen. Achten Sie hierbei darauf, dass die Farbe vorsichtig aufgetragen wird, damit keine Flecken entstehen. Arbeiten Sie außerdem mit geringerer Deckkraft und weniger Farbfluss. Soll das Motiv noch realistischer aussehen, können weitere Details hinzugefügt werden. Diesen Effekt erzielen Sie bei Wolken vor allem über die Konturlinien, wie man in der Detailansicht sehen kann.

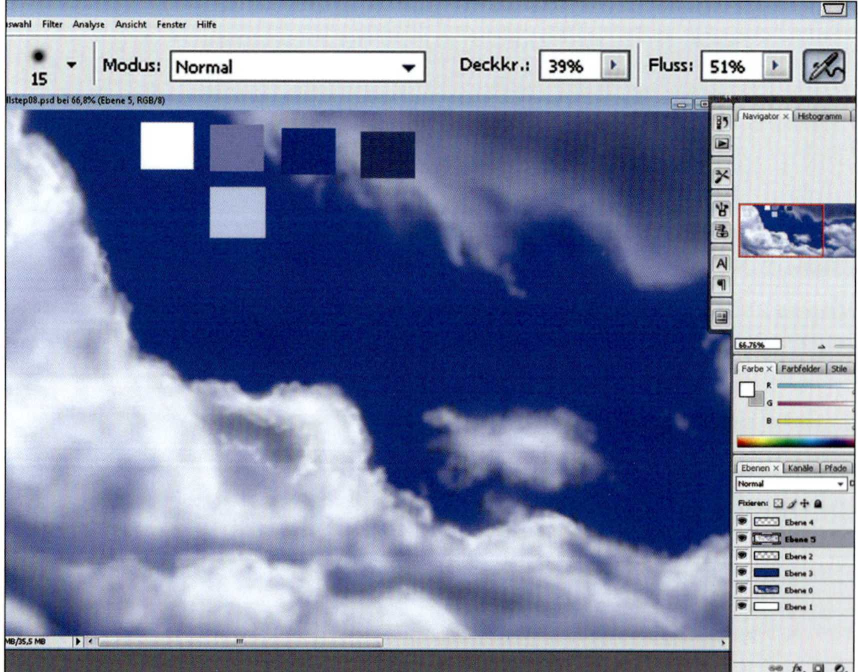

09 Wischfinger

Im nächsten Schritt sollen die Wolken noch realistischer aussehen. Photoshop stellt dafür das richtige Werkzeug zur Verfügung: Den „Wischfinger". Dieses Werkzeug ist ideal, um Wolkenfetzen zu erzeugen oder die Wolkenübergänge und Schattenstrukturen zu steuern.

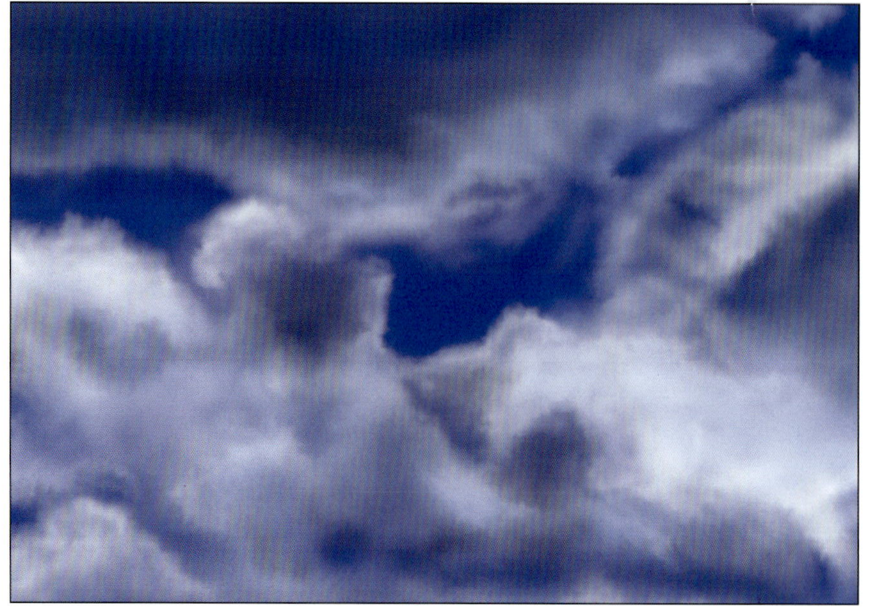

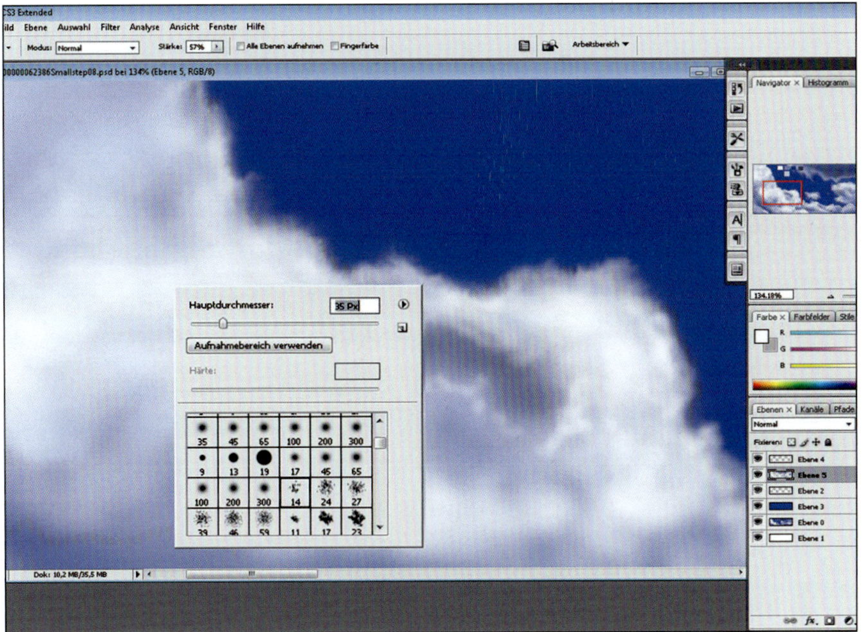

10 Zittrige Strukturen

Wählen Sie den „Wischfinger" in der Werkzeugpalette aus und benutzen Sie dafür den Pinseltyp „Spritzer" (50 Prozent Druckstärke) mit einer Pinselgröße von 35 px. Gehen Sie damit an die Lichtkanten der Wolken und ziehen Sie ganz leicht und etwas zittrig einige Strukturen heraus. Ist die Farbigkeit zu weit herausgeschoben, können Sie aus der Hintergrundfarbe heraus wieder gegensteuern – also zurückwischen. Bearbeiten Sie mit dem „Wischfinger" das ganze Bild. Sind einige Bereiche zu unruhig geworden, können Sie mit dem normalen „Airbrush rund weich"-Pinsel und den vorhandenen Farben die Schatten und Lichtstellen erneut leicht übermalen.

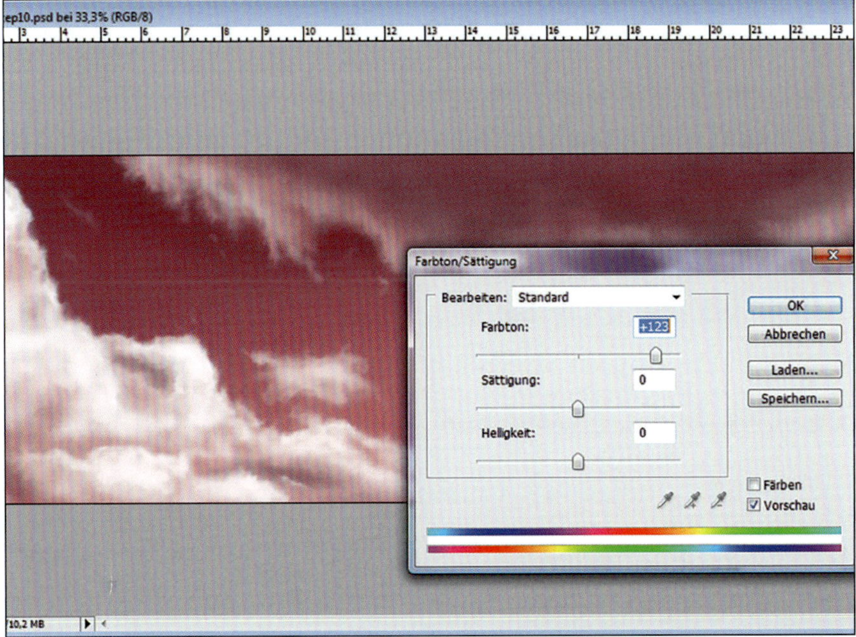

11 Details

Zum Schluss können Sie noch weitere Details integrieren, zum Beispiel lassen sich Konturen mit einem weißen Pinsel nochmals betonen oder zusätzliche Wolkenfetzen einfügen. Der Hintergrund kann außerdem mit einem zarten Farbverlauf versehen werden. Benutzen Sie dazu das Verlaufswerkzeug von Vorder- zu Hintergrundfarbe aus der Werkzeugpalette. Vergessen Sie dabei nicht, vorher die Ebene des Hintergrundes anzuwählen. Gefällt Ihnen der Grundfarbton der Wolken nicht mehr, können Sie mit [Bild / Anpassen / Farbton-Sättigung] das gesamte Bild leicht einfärben und somit die Stimmung des Gemäldes schnell ändern.

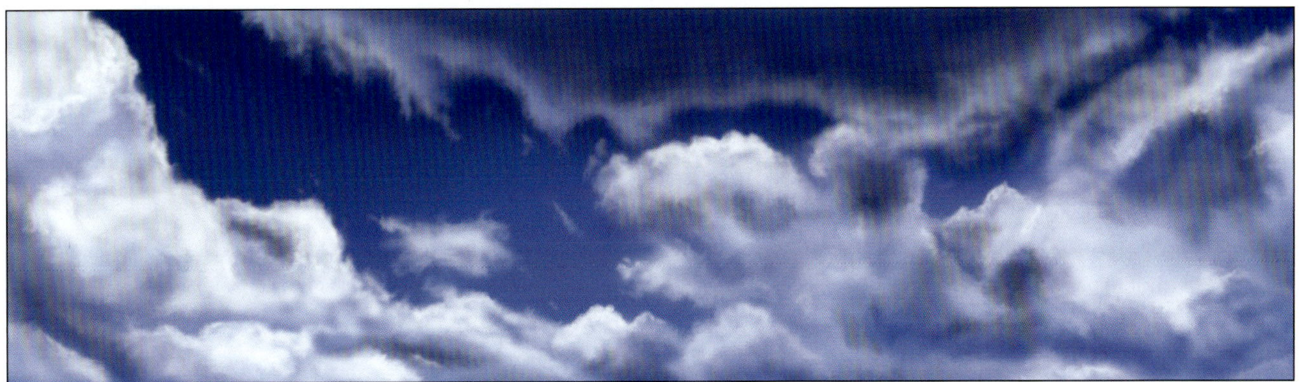

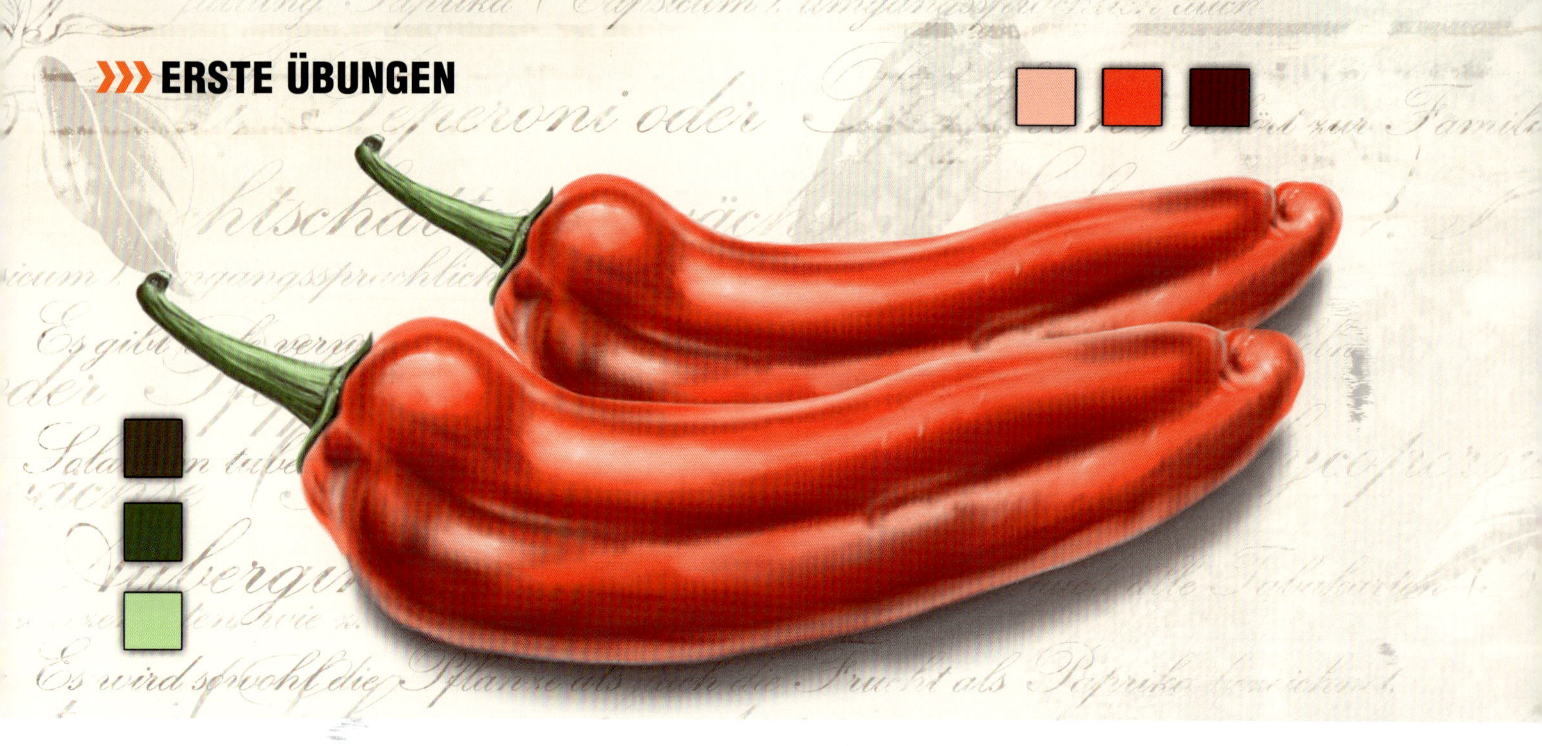

STRUKTUREN & TEXTUREN IN PHOTOSHOP

In diesem Step wird es ebenfalls um Schatten und Schattierungen gehen. Sie werden sehen, wie sich die Oberflächenstruktur einer Chilischote, mit all ihren Unterschieden, in verschiedenen Farbtönen gestalten lässt. Photoshop bietet diverse Pinselarten an, um größere Flächen gleichmäßig einzufärben oder um feinere Details herauszuarbeiten. Auch werde ich anhand von dunkleren und helleren Farben zeigen, wie sich verschiedene Effekte auf der Oberfläche eines Objektes realisieren lassen, die zum Beispiel Tiefenstrukturen sowie Licht und Schatten erzeugen.

01 Zeichnung und Farbwahl

Am Anfang erstellen Sie mit einem runden Pinsel die Konturzeichnung. Dabei ist es Ihnen überlassen, ob Sie eine Fotovorlage verwenden, eine Skizze einscannen oder direkt vom Original abzeichnen. Ein paar Konturen und Schraffierungen geben an, wo später Licht und Schatten positioniert sein werden. Außerdem sollten Sie schon vorher eine Farbpalette anlegen. Sie benötigen dafür drei Grüntöne für den Stängel, drei Rottöne für die Chilischote und drei Töne für den Schatten. Sollten die Farbtöne nicht reichen, können Sie jederzeit noch hellere oder dunklere Farbtöne auswählen. Eine einfache Möglichkeit, die Farben zu bestimmen, ist die Zuhilfenahme eines Referenzfotos. Sie können mit der Pipette die wichtigsten Farben aus dem Foto auswählen und dann damit in Ihrem Motiv auf einer separaten Ebene malen. Später können Sie dann immer wieder darauf zurückgreifen. Wenn Sie die Skizze ebenfalls auf einer separaten Ebene malen, können Sie diese jederzeit im Verlauf des Malprozesses wegblenden.

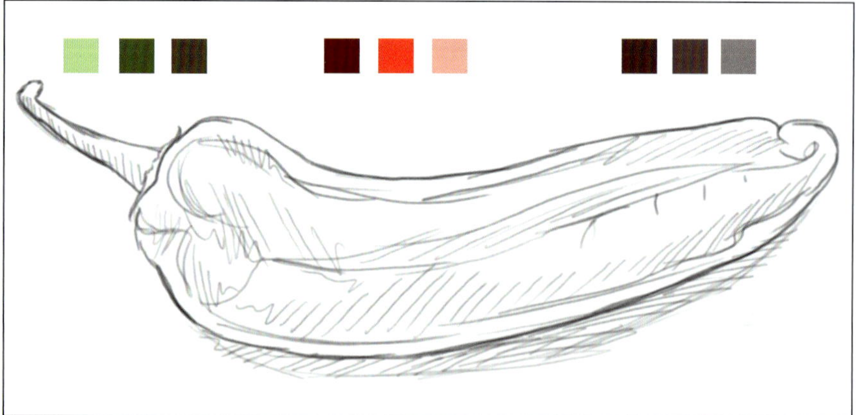

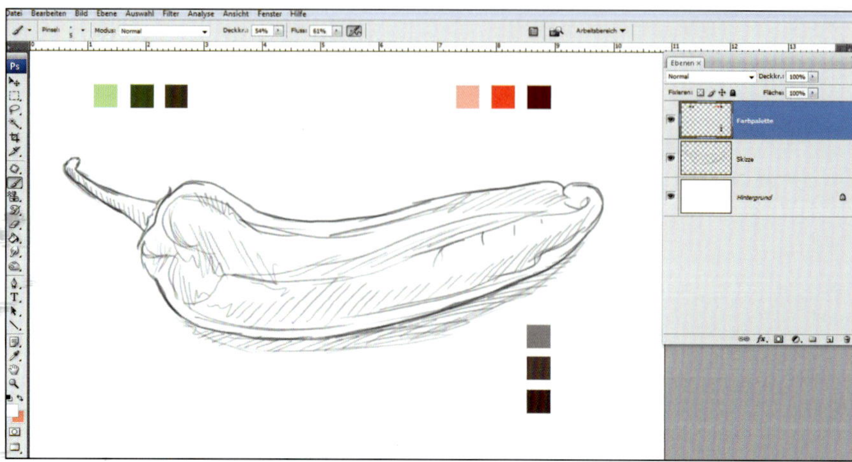

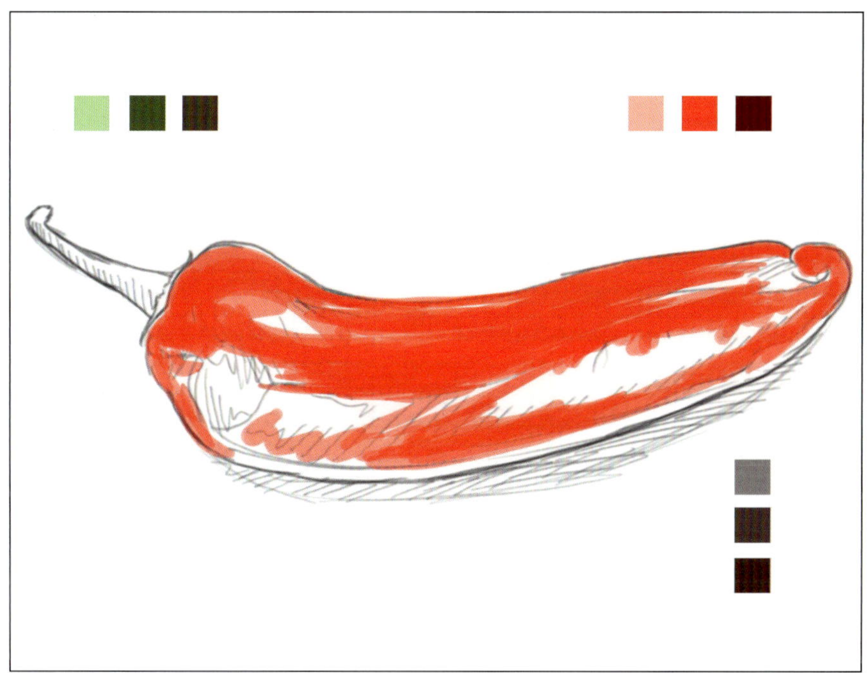

02 Grundfläche malen

Mit einem „rund weich“-Pinsel und recht hoher Deckkraft malen Sie die Grundfläche der Chilischote aus. Wählen Sie dabei die mittlere rote Farbe aus. Je nachdem, wie stark Sie den Tablett-Pen andrücken, entsteht eine feinere oder eine dickere Linie. Das ist praktisch, da man so bei den großen Bereichen schnell vorankommt und bei der Formgebung die Kanten nicht zu sehr übermalt.

03 Pinsel und Wischfinger abwechseln

In diesem Schritt kommt der „Airbrush rund weich“-Pinsel zum Einsatz. Benutzen Sie für die hellen Bereiche in der Schote den hellsten roten Farbton. Um die Farbgebung zu verschmelzen, können Sie den „Wischfinger“ aus dem Werkzeugmenü verwenden. Möchten Sie mehr Struktur auf der Oberfläche erzeugen, wählen Sie für den Wischfinger einen „Spritzer“- oder „Kreidepinsel“. Sollen die Farben sachte ineinander gemischt werden, ist ein weicher „Airbrush“-Pinsel besser.

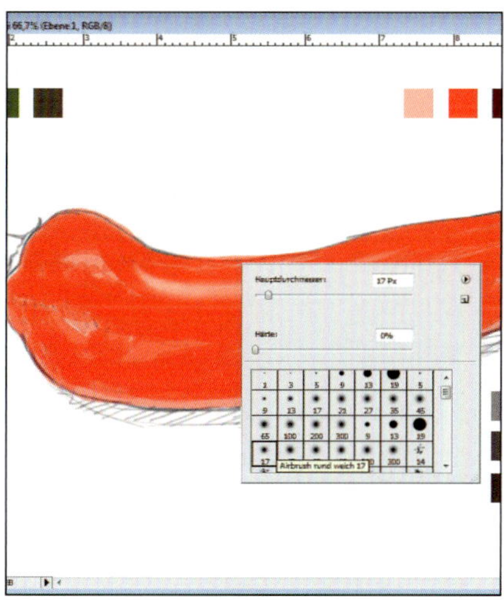

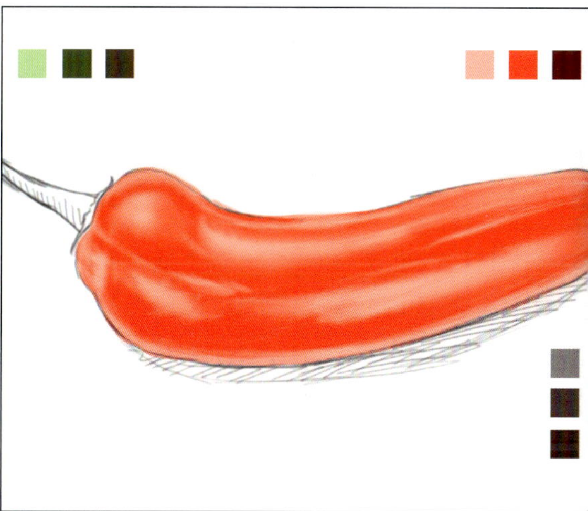

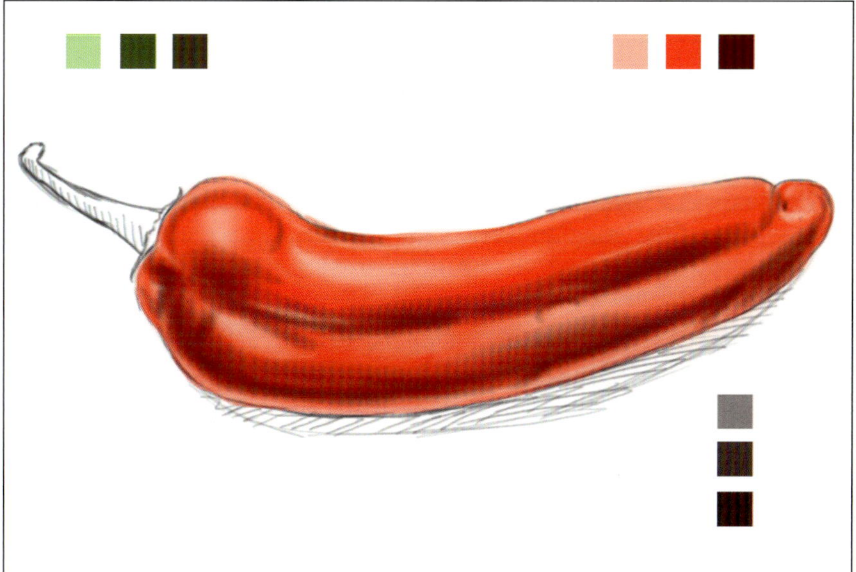

04 Schatten

Mit einem dunkleren roten Farbton können Sie nun Schatten auf die Chilischote bringen. Auch hier benutzen Sie den „Airbrush rund weich“-Pinsel in verschiedenen Größen. Die Deckkraft sowie der Farbfluss sollten bei 30 – 40 Prozent liegen.

05 Farben überarbeiten

Verschmelzen Sie die Farben wieder mit dem „Wischfinger"-Werkzeug. Sind einige Farbbereiche zu dunkel oder zu hell, können Sie sie zum Beispiel mit dem mittleren Rot und einem „Airbrush rund weich"-Pinsel überarbeiten.

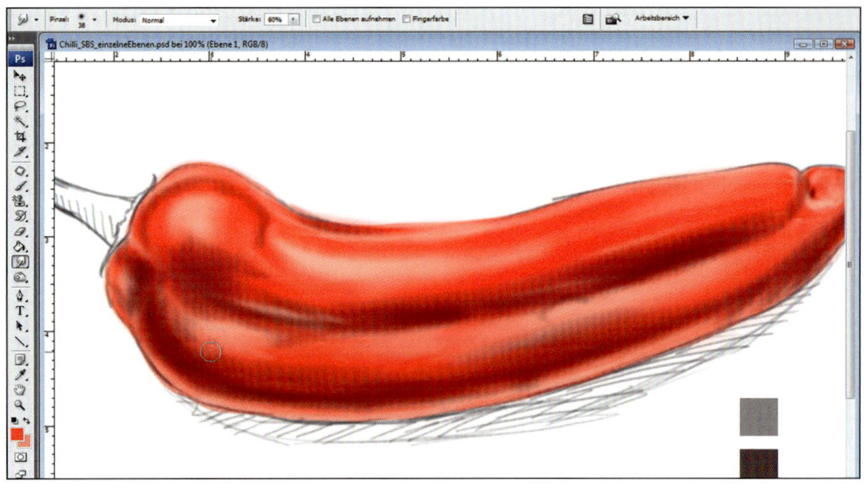

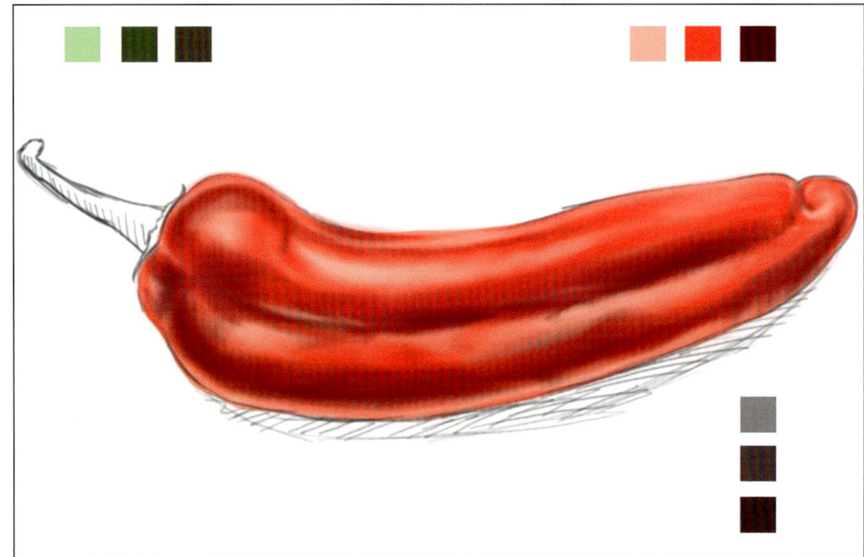

06 Oberfläche und Kontur

Hier sehen Sie ein Zwischenergebnis von der Anwendung der ersten drei Rot-Töne. Licht und Schatten definieren die Oberfläche des Objektes und geben der Chilischote erste Konturen.

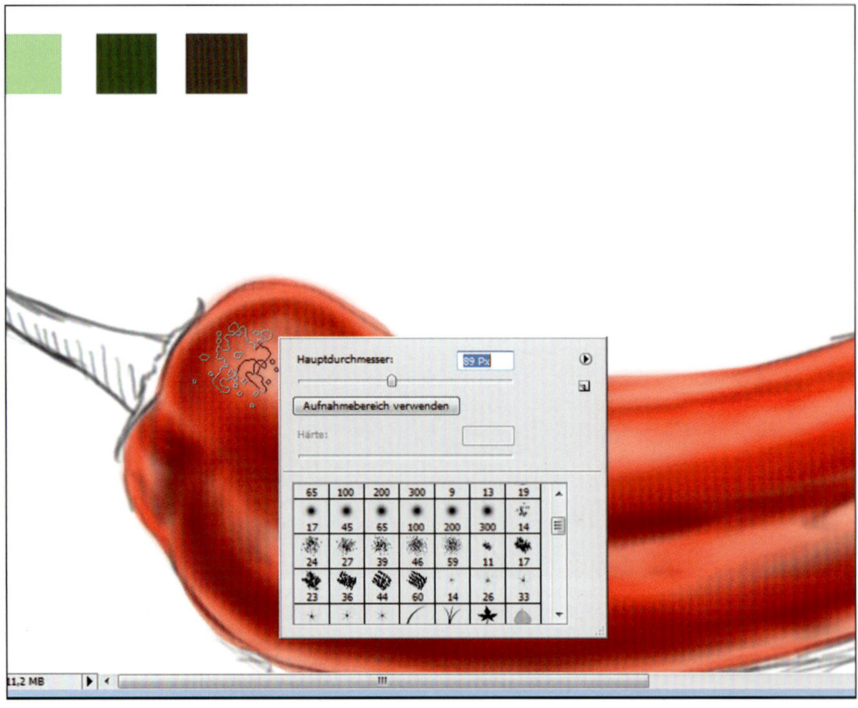

07 Strukturen

Weiter geht es nun mit Strukturen und Reflexionen. Benutzen Sie einen großen Struktur-Pinsel wie zum Beispiel „Spritzer 24", auf die Größe 90/100 Pixel gebracht. Arbeiten Sie mit geringer Deckkraft und Fluss, um nur ganz leichte Strukturen aufzumalen. Drücken Sie vorsichtig mit dem Grafik-Stift auf, um nur wenig Farbe zu verteilen.

08 Reflektionen

Variieren Sie die Größe und Struktur der Pinsel, um die Oberflächenstruktur der Chilischote zu optimieren. Für hellere Reflexionen wechseln Sie zu Weiß oder zu einem zart weißen Rot-Ton. Sollte die Struktur zu stark sichtbar sein, benutzen Sie wieder einen „Airbrush rund weich"-Pinsel und arbeiten mit den roten Farben dezent darüber.

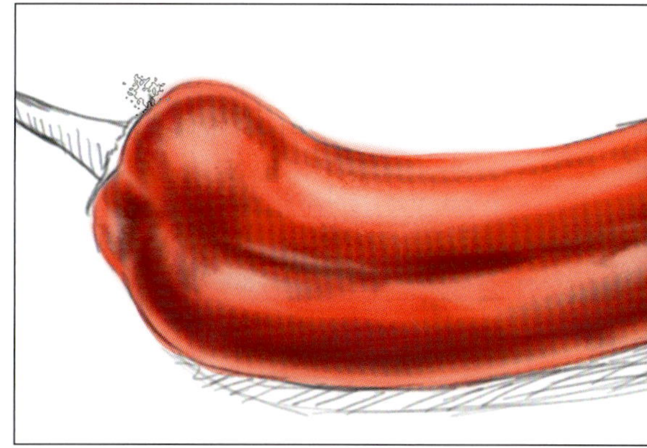

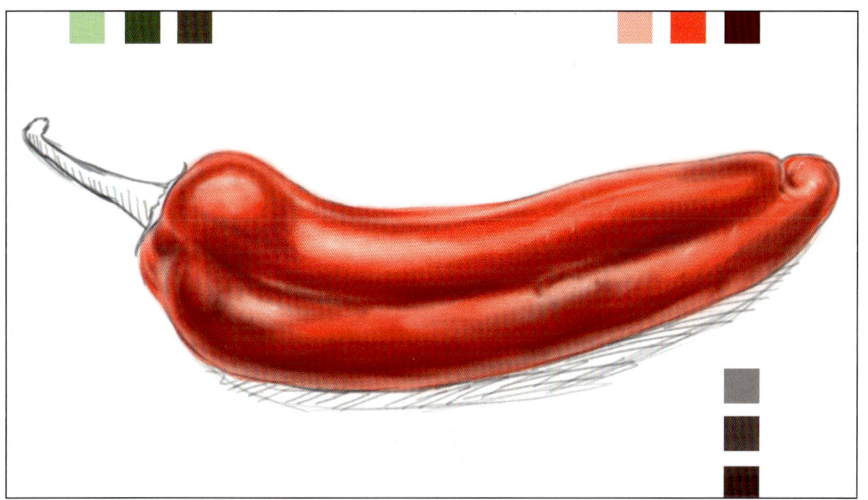

09 Rillen und Furchen

Mit Weiß und einem kleinen Pinsel können Sie noch weitere Licht- und Strukturreflexionen simulieren. Um die Rillen und Furchen in der Schote zu betonen, kann man mit dem dunklen Rot die Tiefen der Schattierungen noch einmal nachzeichnen, falls es nötig sein sollte.

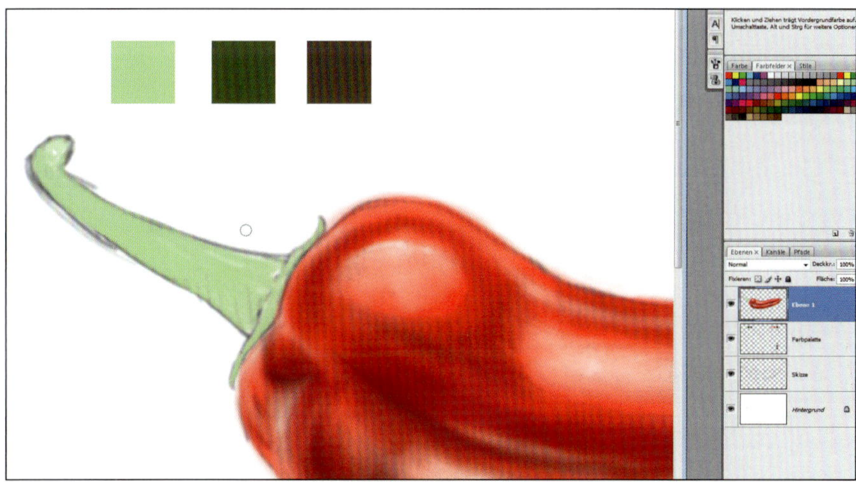

10 Stängelfarbe

Der Stängel bekommt nun seine hellgrüne Grundfarbe. Achten Sie dabei auf ausreichend Deckkraft und Fluss und arbeiten Sie die Fläche des Stängels mit einem „rund weich"-Pinsel aus.

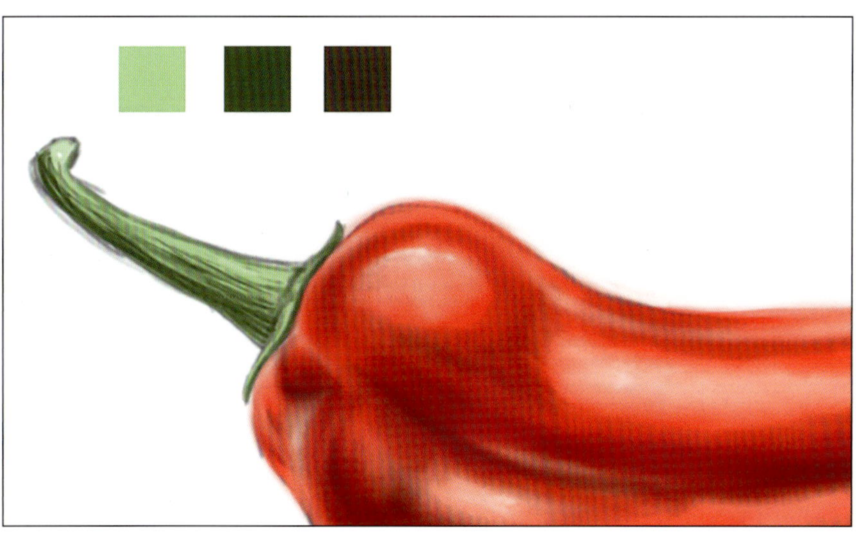

11 Stängelstruktur

Weiter geht es mit dem mittleren grünen Farbton für die Schattierung des Stängels. Wenn Sie auch hier mit einem „rund weich"-Pinsel arbeiten, haben Sie durch den unterschiedlichen Andruck des Grafik-Stiftes die Möglichkeit, die rillenartige Struktur des Stängels schon in diesem Schritt anzudeuten.

12 Details

Mit dem Grün-Braun-Farbton arbeiten Sie die dunklen Details am Stängel weiter heraus. Besonders deutlich zu sehen ist das an der Spitze und an der Schattierung unterhalb des Stängels. Die Skizzenebene wurde hier ausgeblendet, um die Ränder der Schote genau zu überprüfen und gegebenenfalls mit dem Radierwerkzeug etwas scharfkantiger zu definieren.

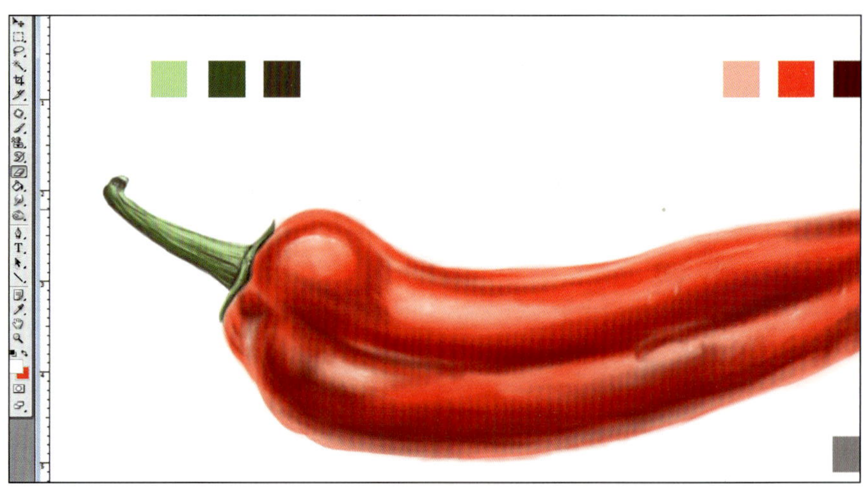

Umfärben eines Objekts in Photoshop CC 2017

Das Schöne an einer Bildbearbeitungs- und Malsoftware ist, daß Sie z.B. ein Farbwechsel eines Objekts auch im Nachhinein noch sehr schnell vornehmen können. Möchten Sie der Schote eine andere Farbe geben, haben Sie über den Menüpunkt [Bild/Farbton/Sättigung] die Möglichkeit dazu.

Seit einigen Versionen arbeitet Photoshop mit Korrekturebenen. Das heißt, Sie können Ihre Farbveränderung jederzeit wieder aufrufen und korrigieren.

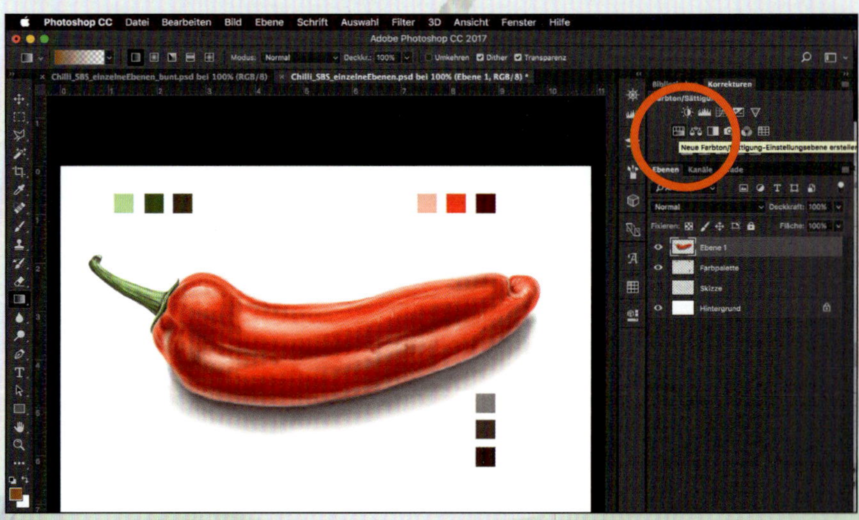

Haben Sie den Knopf für „Farbton/Sättigung“ betätigt, erzeugt Photoshop automatisch eine neue Korrekturebene. Alle darunterliegenden Ebenen werden nun von dieser Farbveränderung betroffen. Sie können das auch nur auf die ausgewähle Ebene beschränken, indem Sie unten links das Quadrat zur Ebenenbeschränkung anwählen.

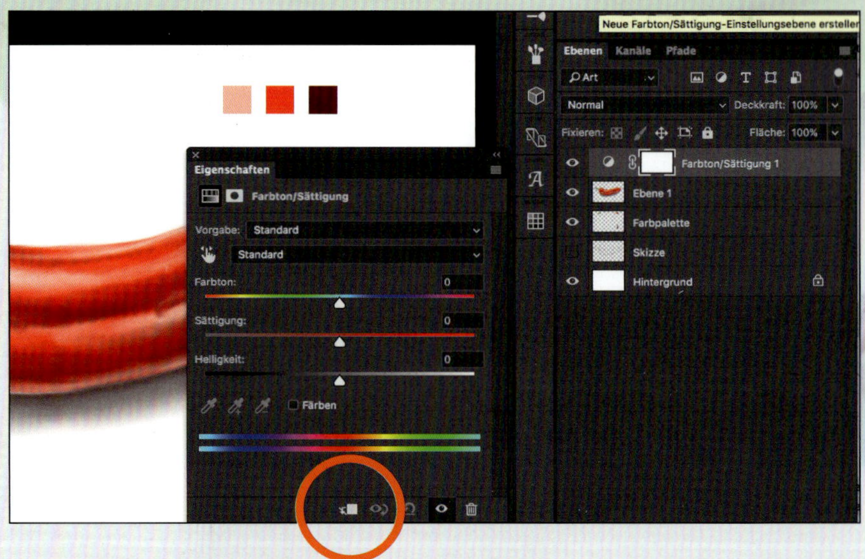

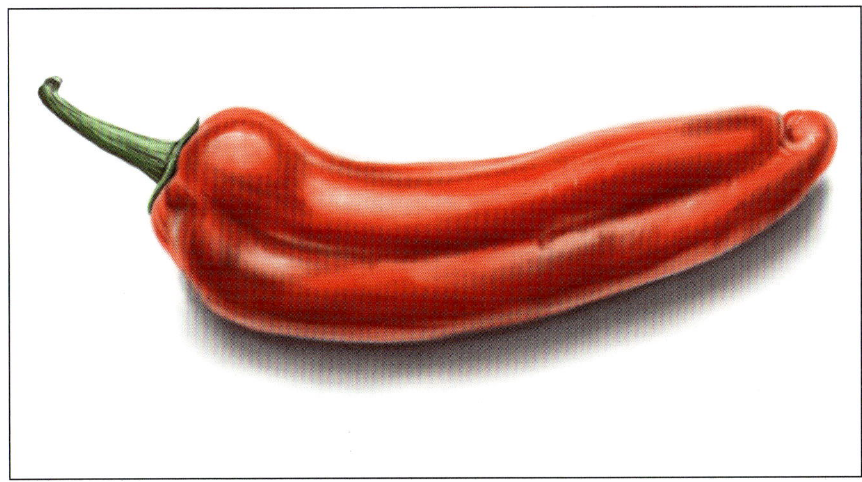

13 Schlagschatten

Nun ist die Chilischote fast fertig. Damit sie sich auf dem Hintergrund schön präsentiert, fehlt noch der Schatten, der sich unterhalb des Objektes befindet. Mit einem „Airbrush rund weich“-Pinsel mit mittlerer Deckkraft und Fluss sowie drei verschiedenen Farbnuancen formen Sie die Schattierung. Malen Sie entweder direkt auf der Ebene mit der Chilischote oder erzeugen Sie eine extra Ebene für den Schatten.

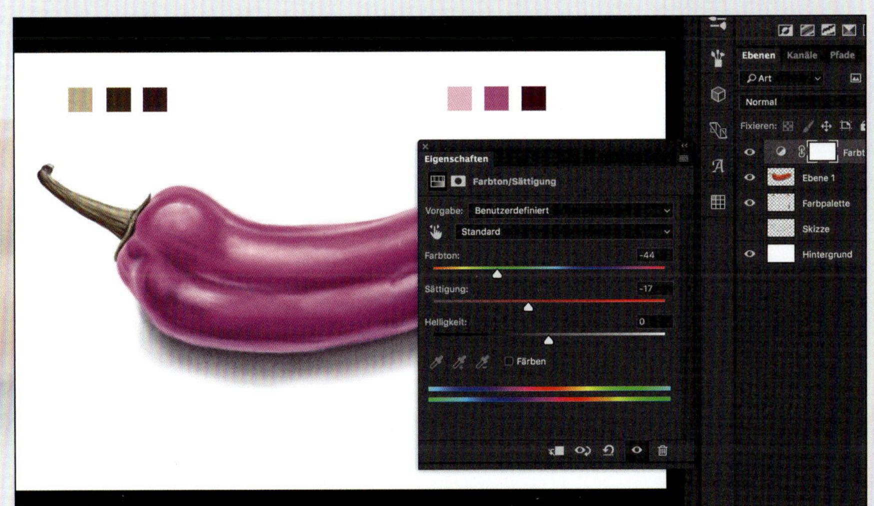

Über den Schieberegler „Farbton“ ändern Sie dann die Farbe der Schote unter der Berücksichtigung von Licht und Schatten. So können Sie schnell aus Rot ein Pink, Grün oder Blau zaubern. Mit dem Schieber „Sättigung“ machen Sie den Farbton noch knackiger und mit „Helligkeit“ können Sie die Schote aufhellen oder abdunkeln.

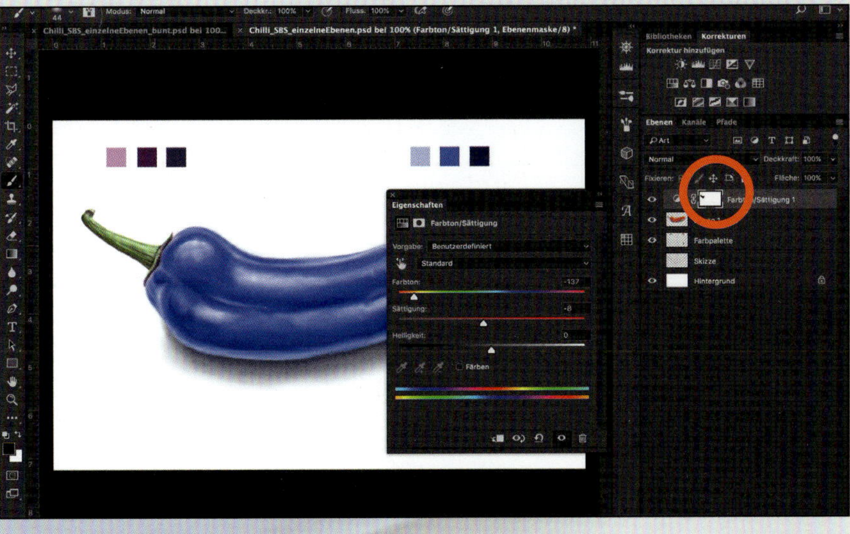

Schote und Schotenstiel sind auf einer Ebene, das bedeutet auch der grüne Stiel erfährt eine Farbänderung. Soll dieser von der Farbspielerei verschont sein, klicken Sie auf das Ebenenmasken-Symbol und Malen mit Schwarz den Bereich im Motiv über, der im Ursprungsfarbton belassen werden soll. Mit Weiß am Pinsel steuern Sie wieder dagegen und begrenzen Ihre Ebenemaske.

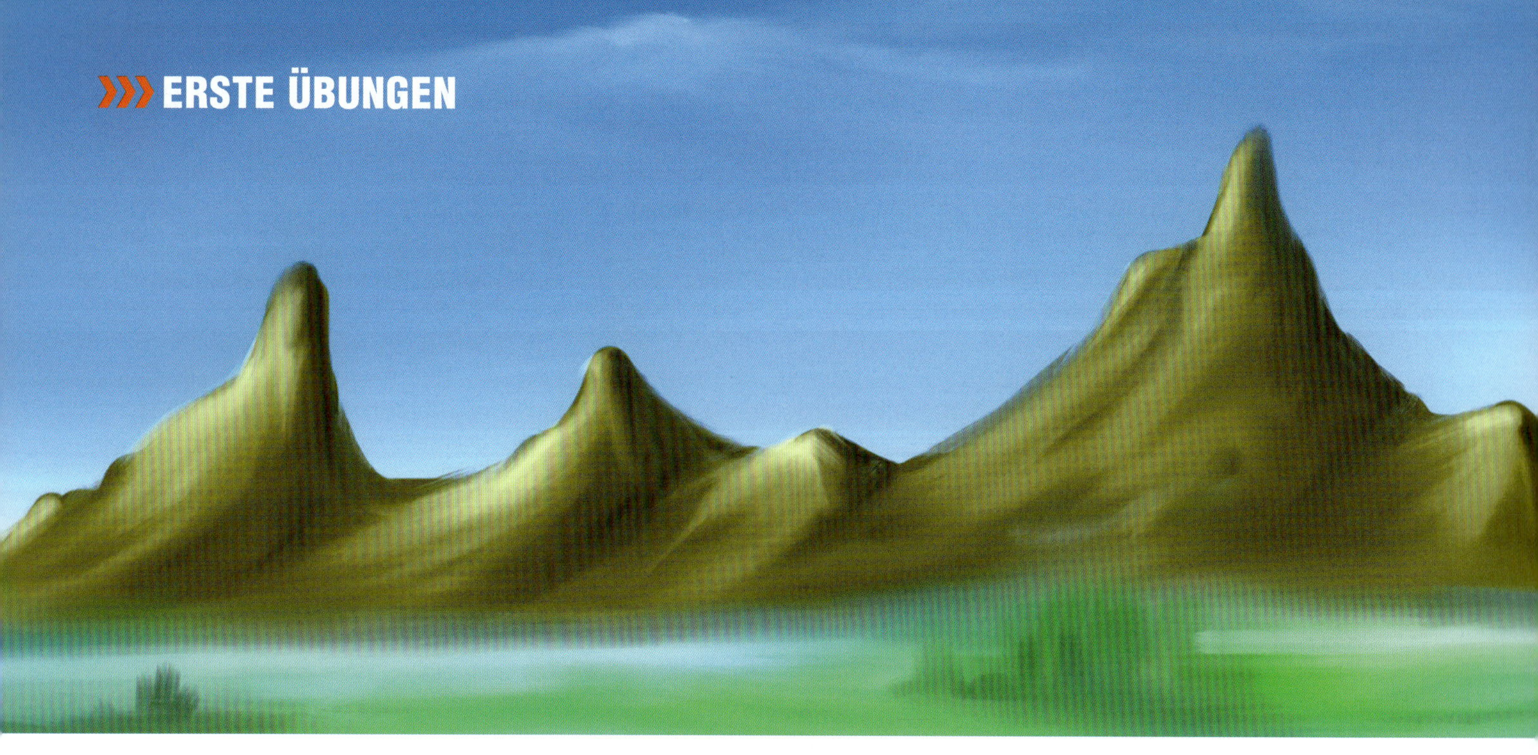

INEINANDERWISCHEN VON FARBEN IN PROCREATE

Ähnlich dem Arbeiten mit feuchten Acryl- oder Ölfarben kann sich auch eine Painting-App verhalten: Das Wischen und Ineinanderblenden von Farben ist so gut wie in jeder Mal-App möglich. Die Funktion wird meistens mit einem Finger, dem Schmierfinger, angezeigt. Anhand der App Procreate lässt sich ganz gut zeigen, wie mit dem Werkzeuge gearbeitet werden kann.

01 Arbeitsfläche öffnen

Starten Sie Procreate und öffnen Sie in der Gallery mit dem Plus-Symbol oben rechts eine neue Malfläche in Retina-Auflösung. Sie erhalten eine komplett weiße Arbeitsfläche.

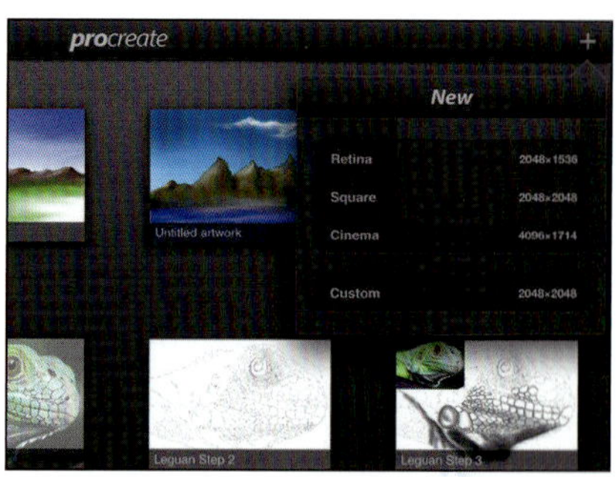

02 Farbverlauf erstellen

Der Hintergrund soll einen Farbverlauf bekommen. Wählen Sie dafür einen Soft Airbrush-Pinsel aus dem Pinselmenü oben. Mit dem Farbwähler oben rechts suchen Sie sich ein helles Blau aus. Stellen Sie dann den Pinsel durch den Regler für die Pinselgröße am rechten Bildschirmrand auf die maximale Größe ein. Reduzieren Sie die Deckkraft des Pinsels auf eine hohe Transparenz. Sie finden diesen Regler genau unter der Größeneinstellung. Tragen Sie dann die Farbe vom oberen Rand aus auf. Je öfter Sie mit dem Pinsel über eine Stelle fahren, desto deckender ist dort der Farbauftrag. Um den Himmel am oberen Rand etwas dunkler zu gestalten, wählen Sie einfach ein dunkleres Blau aus und tragen Sie es in dünnen Schichten auf, bis es Ihnen gefällt.

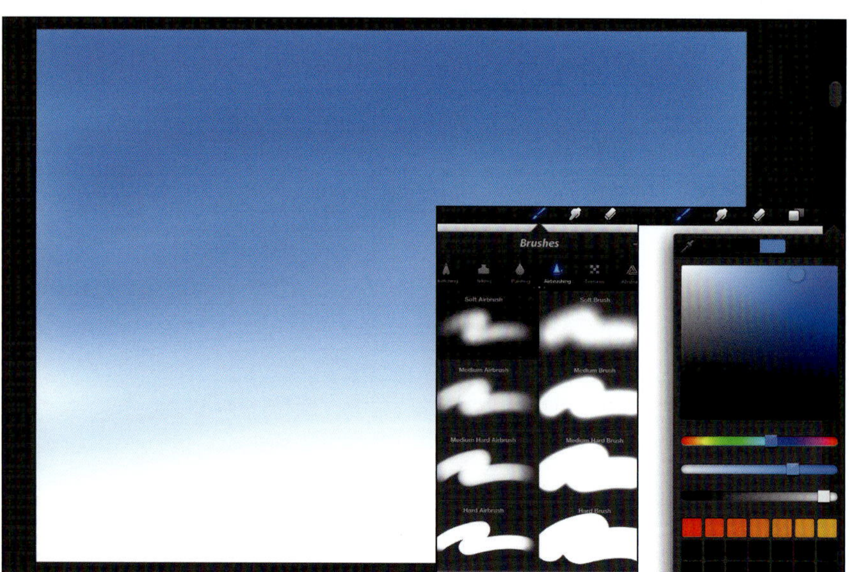

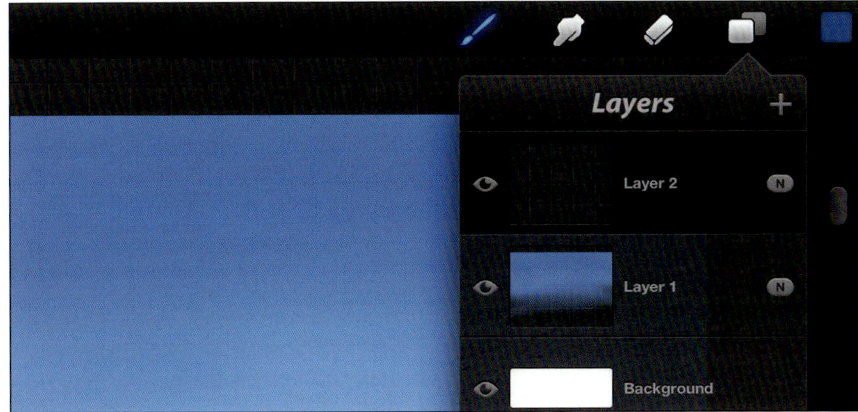

03 Neue Ebene

Klicken Sie auf das Plus in der Ebeneneinstellung, um eine neue leere Ebene in Ihrem Dokument zu erzeugen. Die Transparenz der Fläche wird durch ein dunkelgraues Fliesenmuster dargestellt.

04 Flächen erstellen

Wählen Sie nun den „Medium Hard Airbrush"-Pinsel oder einen ähnlichen aus. Mit einem mittleren Braunton malen Sie die Berglandschaft grob vor und füllen diese mit Farbe aus. Mit einem hellen Braun bzw. Beige setzen Sie ganz grob auf der linken Bergseite einige Highlights. Das darf, wie im Foto, ruhig zunächst recht wild aussehen.

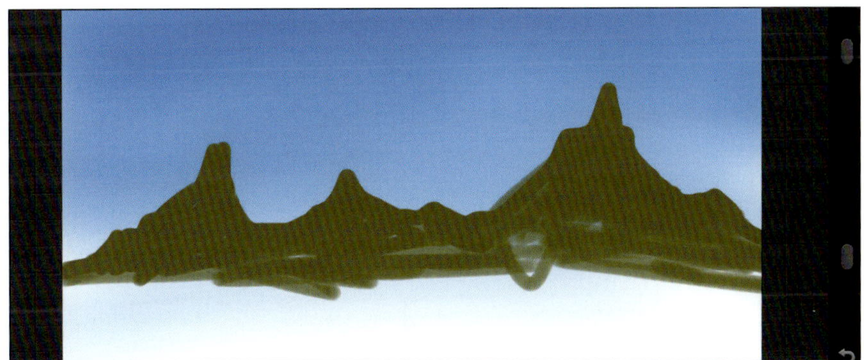

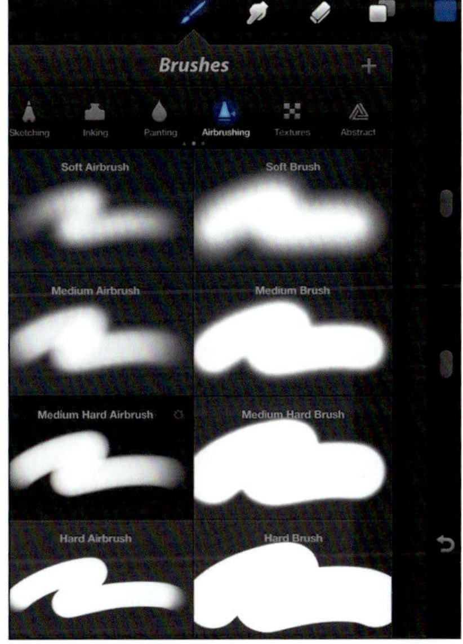

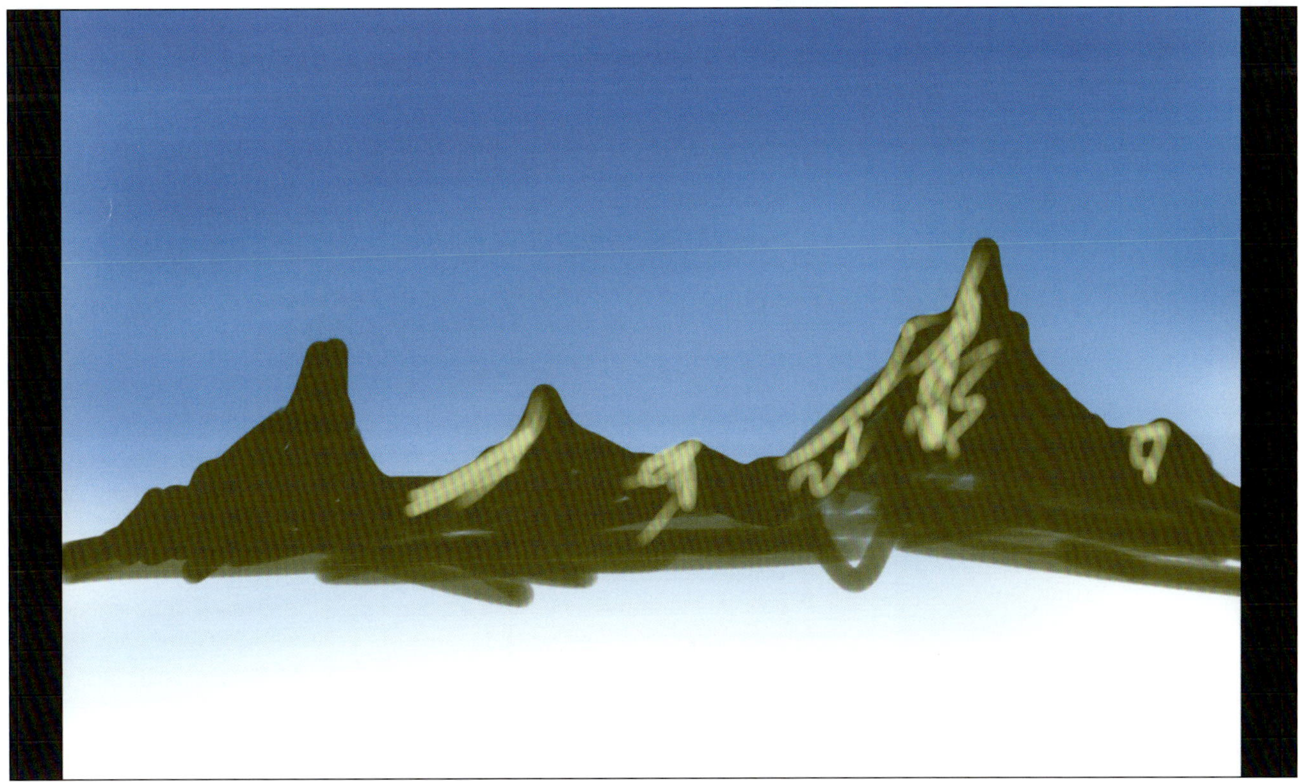

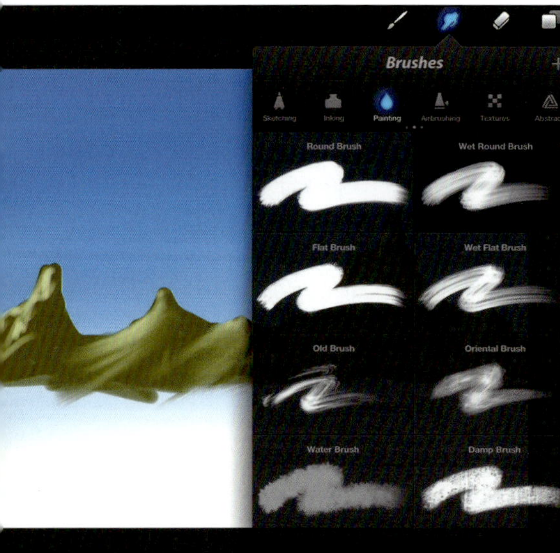

05 Formen mit dem Schmierfinger

Damit das Ganze nun in die passende Form gewischt werden kann, wählen Sie den Wet Round Brush im Schmierfinger-Pinselmenü aus. Mit einer mittleren Pinselgröße und Deckkraft können Sie nun die Farben ineinander wischen. Im Bild sehen Sie die unterschiedlichen Wischrichtungen, die die Berge durch die Licht- und Schattengebung dreidimensional erscheinen lassen.

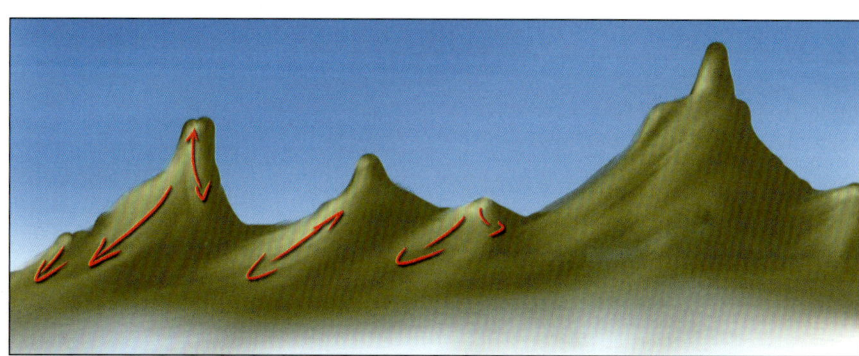

06 Schatten

Um den Schatten noch dunkler zu gestalten, tragen Sie mit einem dunkleren Braun erst wieder grob Farbe auf und nehmen anschließend wieder das Schmierfinger-Werkzeug zur Überarbeitung.

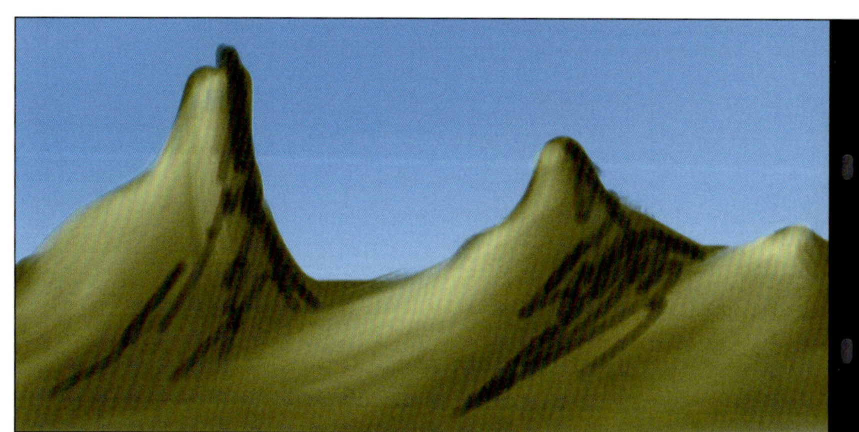

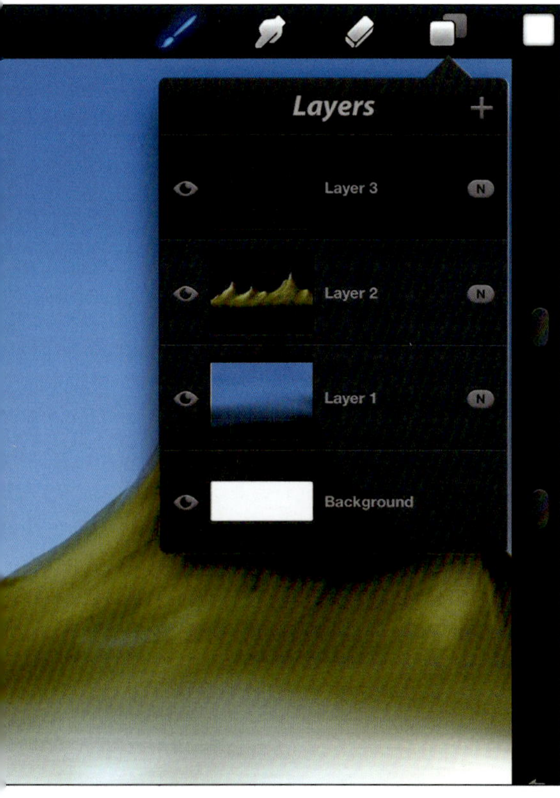

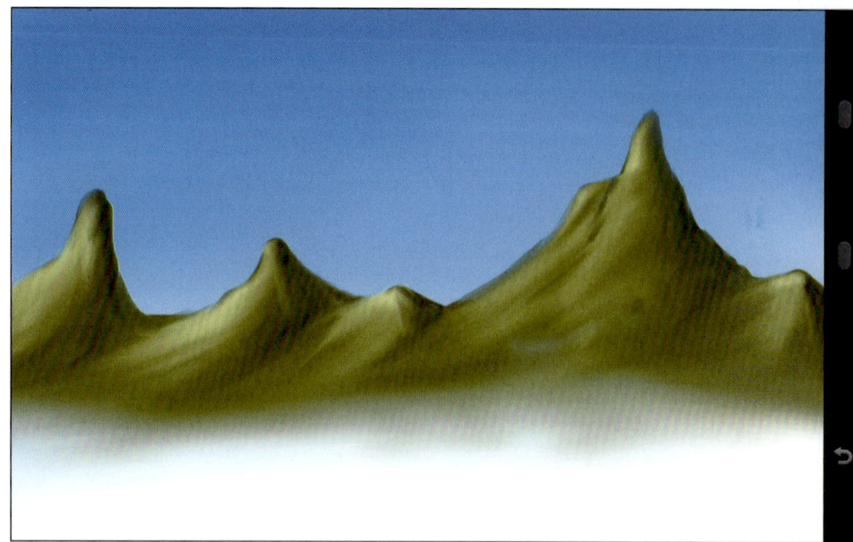

07 Wolken hinzufügen

Das Ineinanderwischen von Farben können Sie außerdem anhand der Gestaltung von Wolken weiter ausprobieren. Erzeugen Sie eine neue Ebene, damit der Hintergrund geschützt bleibt. Tragen Sie dann mit einem kleinen Wet Round Brush zunächst wieder grob die Farbe auf und malen Sie dann die obere Kontur der Wolke ein. Seien Sie mutig und greifen Sie wieder zum Schmierfinger, um die Wolken in die gewünschte Form zu bringen.

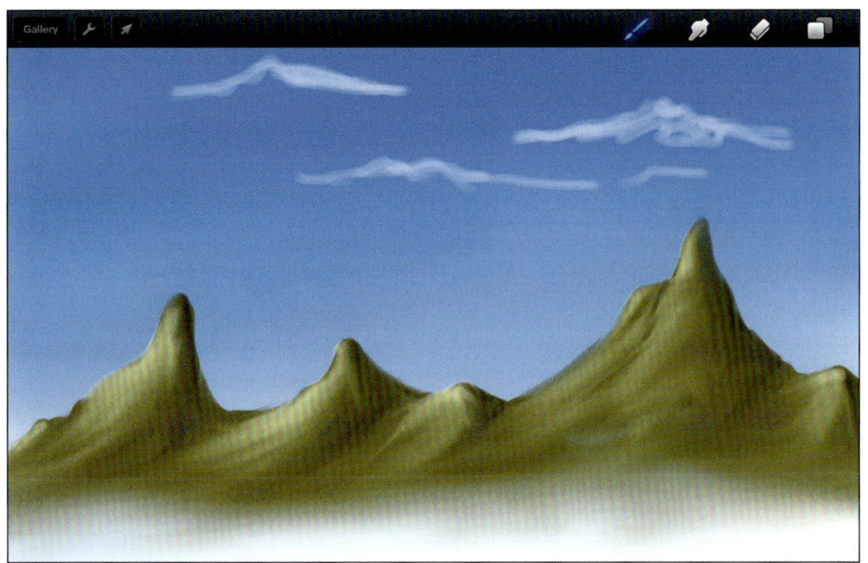

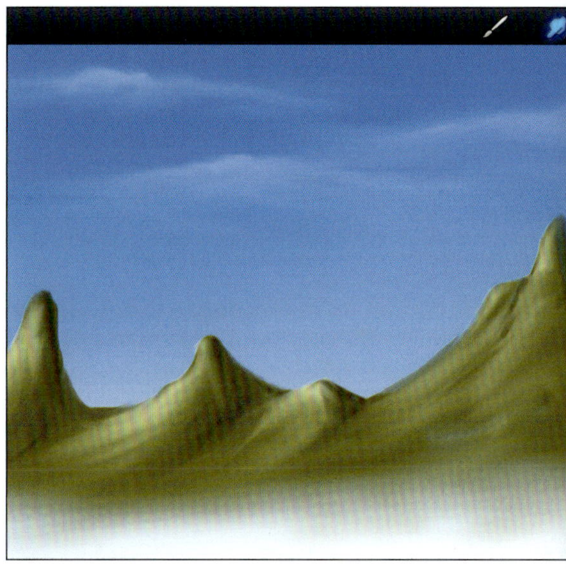

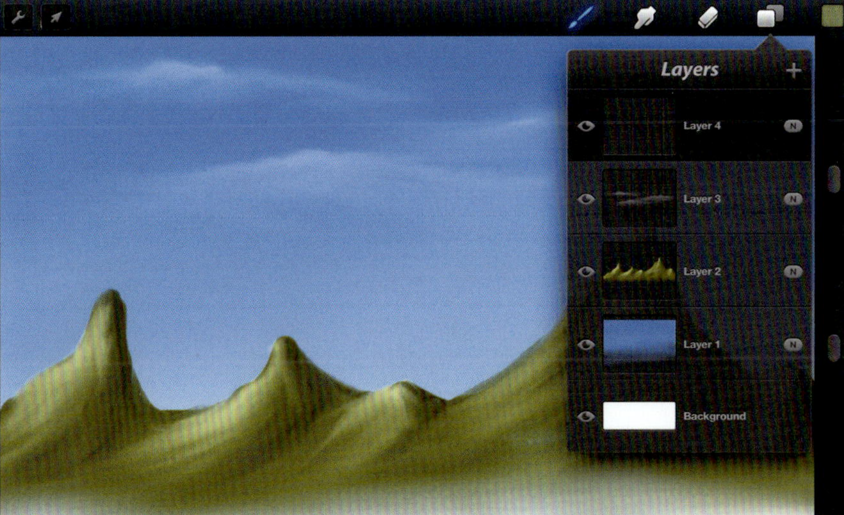

08 Vordergrund

In ähnlicher Technik können Sie ebenfalls sehr schnell einen Vordergrund hinzufügen. Mit einem Tap auf das Plus-Symbol in der Ebenepalette generieren Sie eine neue Ebene und tragen linienförmig ganz grob grüne Farben auf. Danach vermalen Sie diese wie gehabt mit dem Wischfinger. Mit dunkleren Grüntönen und dem Wet Flat Brush lassen sich im Vordergrund noch zusätzliche Grasbüschel integrieren, die ein wenig Vegetation andeuten. Dabei ziehen Sie einfach von unten nach oben die Farbe ins Bild, damit der Graseffekt entsteht.

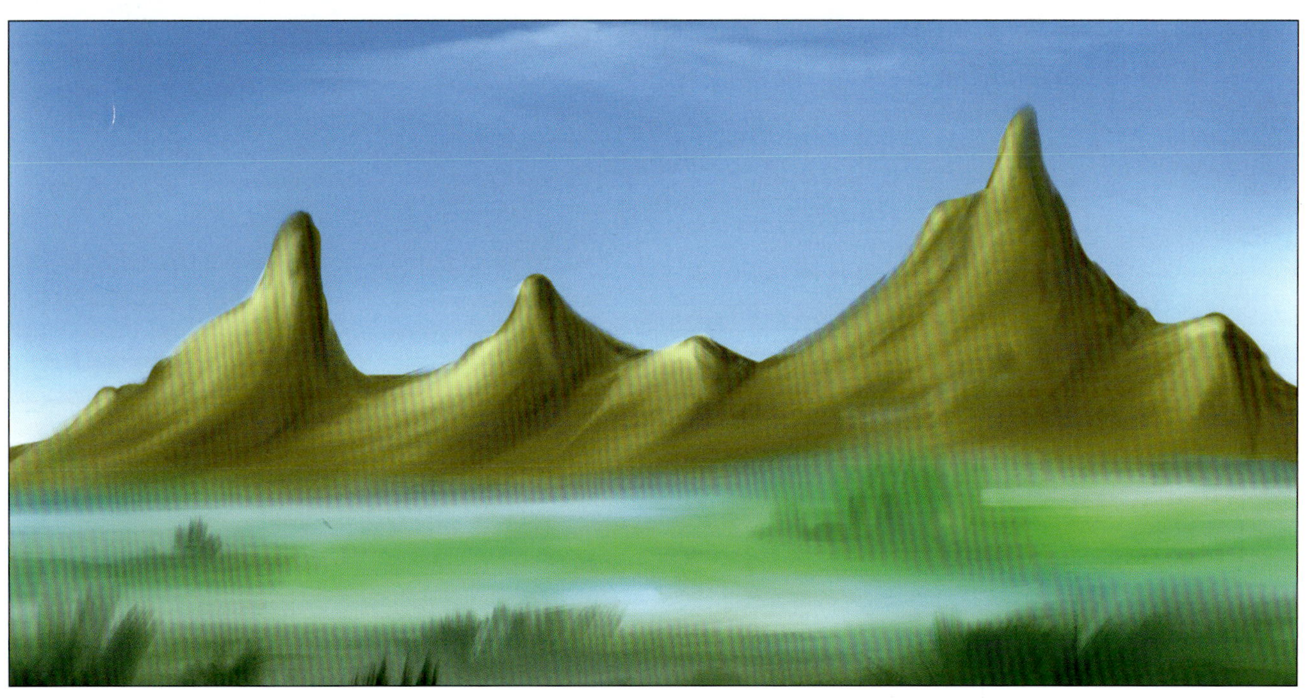

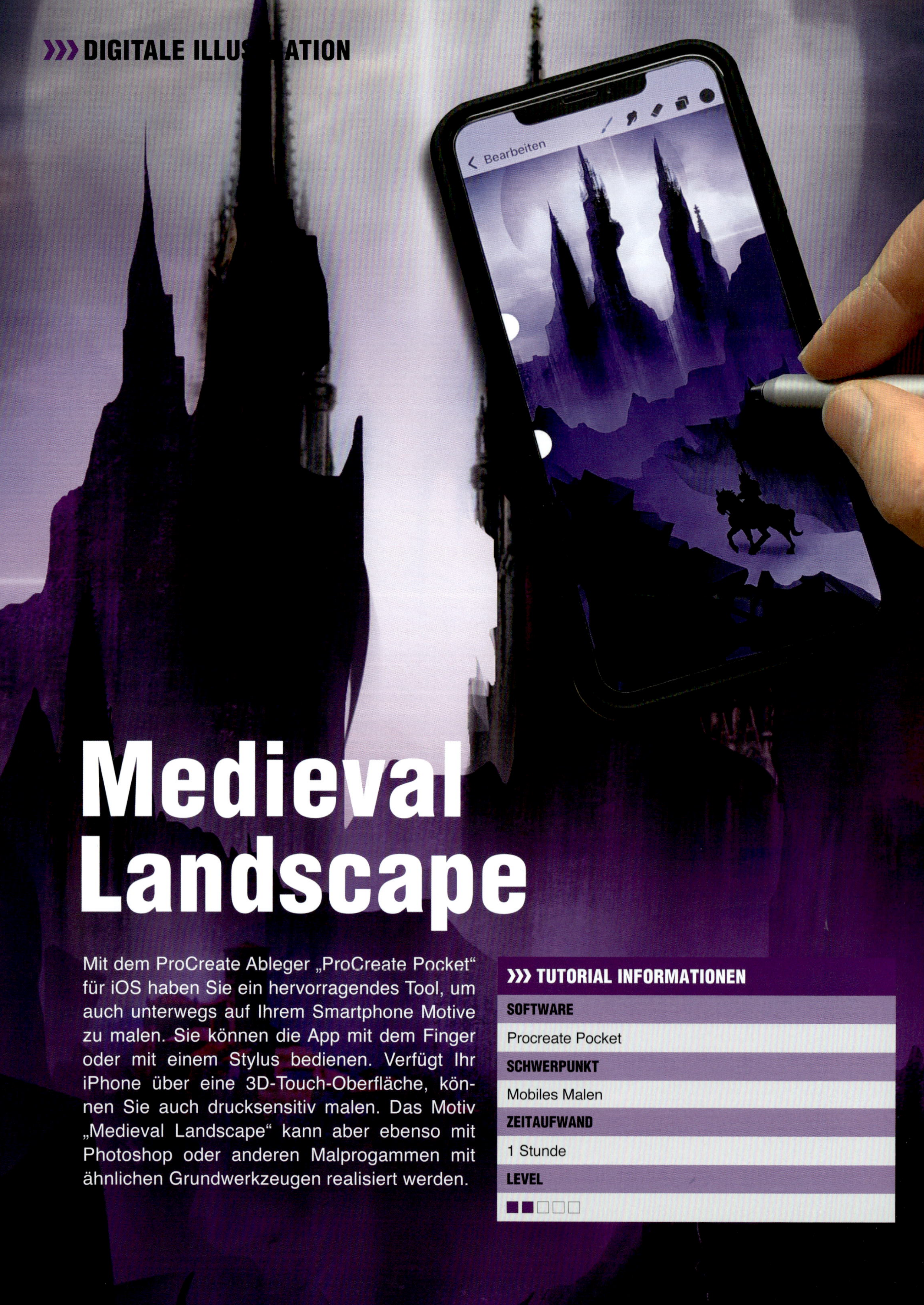

Medieval Landscape

Mit dem ProCreate Ableger „ProCreate Pocket“ für iOS haben Sie ein hervorragendes Tool, um auch unterwegs auf Ihrem Smartphone Motive zu malen. Sie können die App mit dem Finger oder mit einem Stylus bedienen. Verfügt Ihr iPhone über eine 3D-Touch-Oberfläche, können Sie auch drucksensitiv malen. Das Motiv „Medieval Landscape“ kann aber ebenso mit Photoshop oder anderen Malprogammen mit ähnlichen Grundwerkzeugen realisiert werden.

»» TUTORIAL INFORMATIONEN

SOFTWARE
Procreate Pocket
SCHWERPUNKT
Mobiles Malen
ZEITAUFWAND
1 Stunde
LEVEL
■■□□□

01 Farbverlauf

Erzeugen Sie als Erstes eine neue Fläche, indem Sie auf das Plus-Symbol in der Galerie-Übersicht klicken. Wählen Sie die Bildschirmauflösung aus. Mit dem Pinsel „Airbrush Grob Schwach Deckend" malen Sie als Nächstes einen Farbverlauf mit einem Lila-Farbton oder Farbton Ihrer Wahl. Dieser Farbton gibt die Grundfarbigkeit des Motivs vor. Die Pinselgröße und Deckkraft lässt sich mit den Bedienelementen auf der linken Seite justieren. Das gilt auch für den Radierer und den Wischfinger.

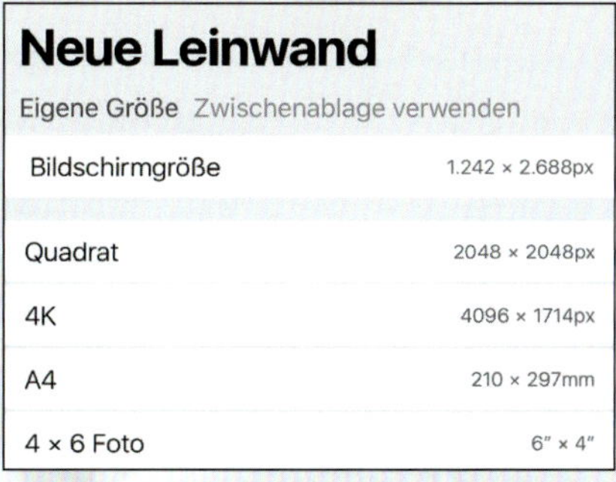

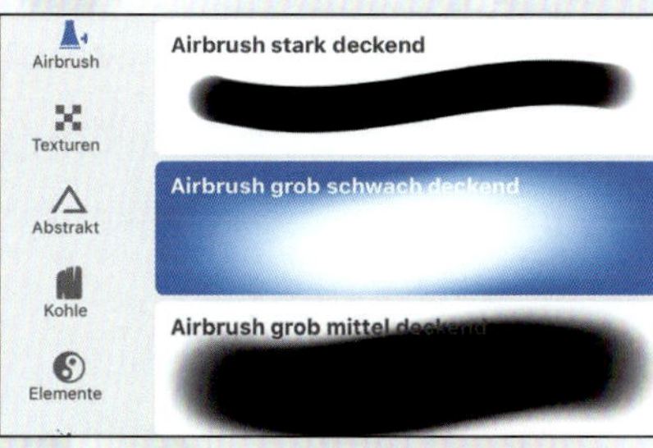

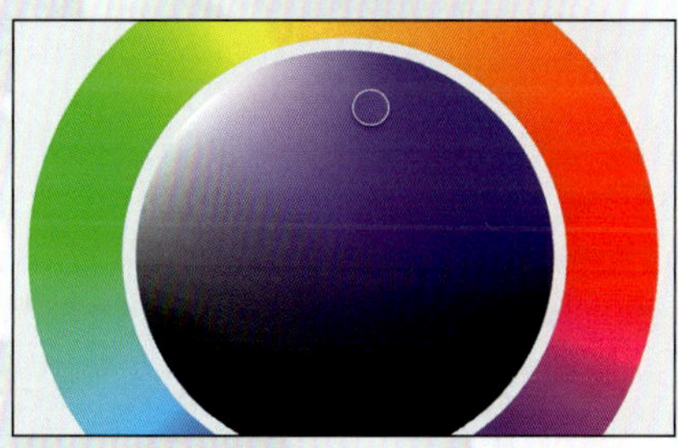

02 Wolken

Mit [Bearbeiten/Aktionen/Bild/Foto einfügen] rufen Sie ein Wolkenfoto auf, um erste schnelle Strukturen im Hintergrund abzubilden. Nach dem Import kann die Größe und Position des Fotos mit einer Zweifingergeste angepasst werden. Das Importieren legt das Wolkenfoto direkt auf eine neue Ebene. Im Ebenenmenü können Sie durch das Anklicken des Buchstaben „N" für normaler Ebenenmodus in die Steuerung der Ebenenmodi gelangen. Hier wählen Sie z.B. „Negativ multiplizieren" aus, dann verbindet sich die Farbigkeit der Wolken mit dem zuvor aufgemalten Hintergrundfarbverlauf. Wenn Sie kein Wolken-Foto zur Hand haben, können Sie auch den „Wolken-Pinsel" aus dem Elemente-Pinsel-Set verwenden. Unter [Bearbeiten/Anpassen/Deckkraft] kann jetzt das Wolkenfoto zusätzlich in der Deckkraft verändert werden.

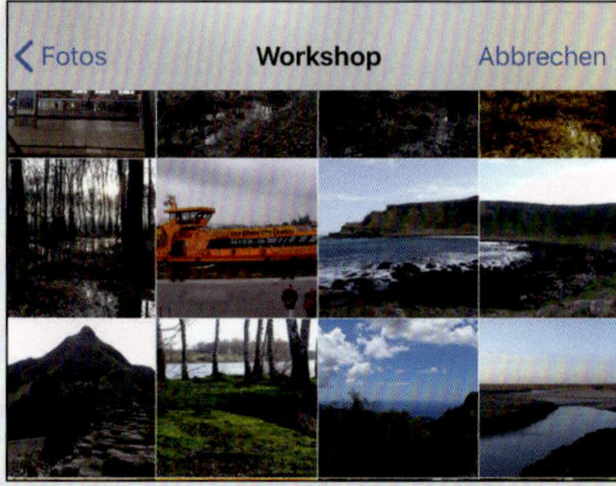

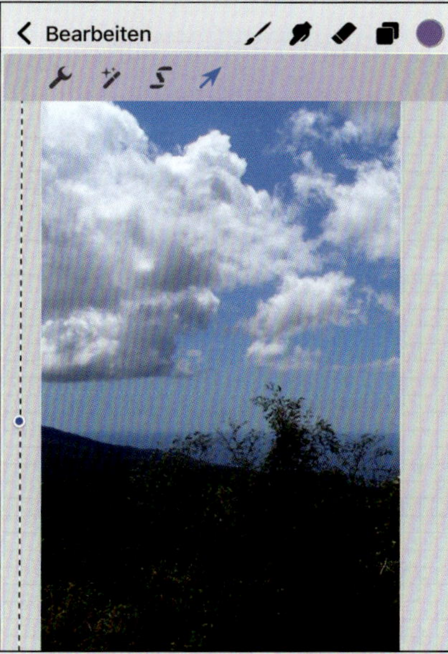

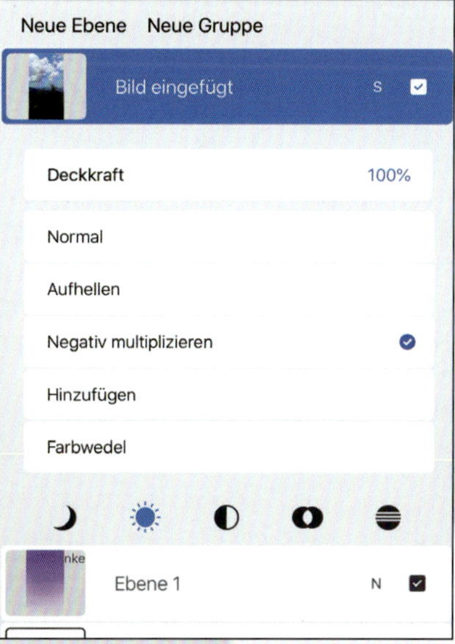

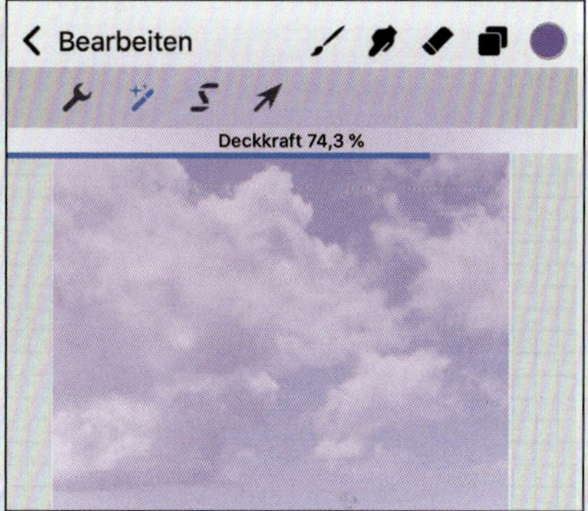

03 Malerische Optik

Mit [Bearbeiten/Verschieben] kann die Wolkenebene jederzeit neu positioniert, verkleinert oder vergrößert werden.

Mit dem Radierer und z.B. dem „Airbrush Grob Schwach Deckend"-Pinsel können Sie überschüssige Bildelemente einfach herausradieren.

Möchten Sie, dass die Fotowolken etwas malerischer daher kommen, dann können Sie jetzt mit dem Wischfinger und zum Beispiel dem „Acryl"- oder „Genski Tusche"-Pinsel die Wolken etwas verwischen.

04 Stadtsilhouette

Erzeugen Sie jetzt mit einem Klick auf [Ebenen/Neue Ebene] eine neue leere Ebene. Jetzt kommt der spaßige Job - unter [Bearbeiten] rufen Sie den Maskiermodus auf. Dieser sollte auf „Freihand" selektiert sein. Dann können Sie die Outline einer Stadtsilhouette zeichnen und legen somit eine Maskierung an.

In dieser Maskierung können Sie nun mit einem „Genski Tusche"-Pinsel malen und bekommen so eine scharfkantige Stadtsilhouette. Malen Sie mit einem mittelgroßen Pinsel von oben nach unten und variieren Sie den Farbton. Wählen Sie einen dunklen Lila-Farbton für die Schattenbereiche. Ist es zu dunkel geworden, arbeiten Sie nach Bedarf wieder mit einem helleren Farbton drüber.

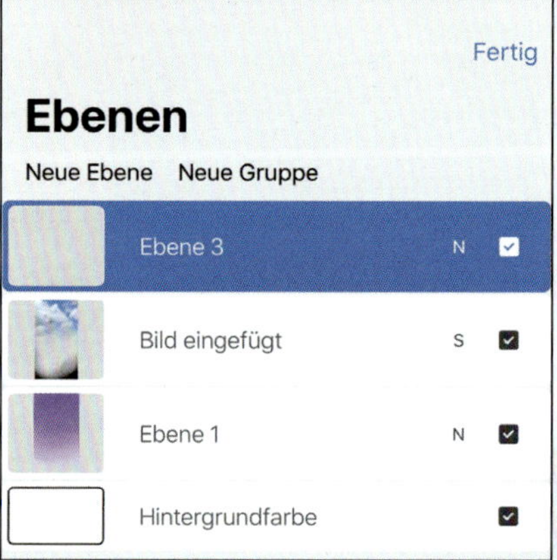

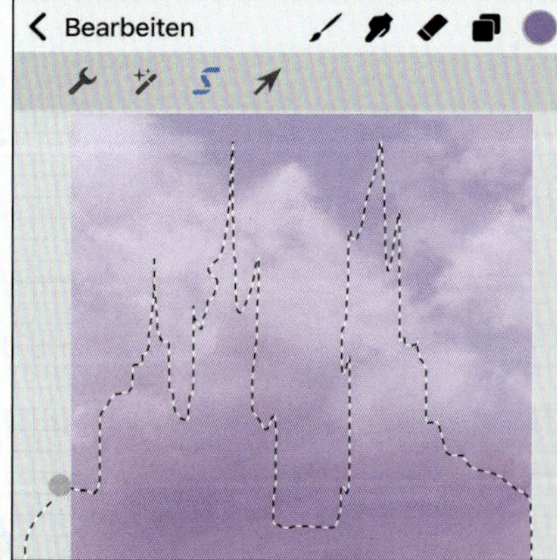

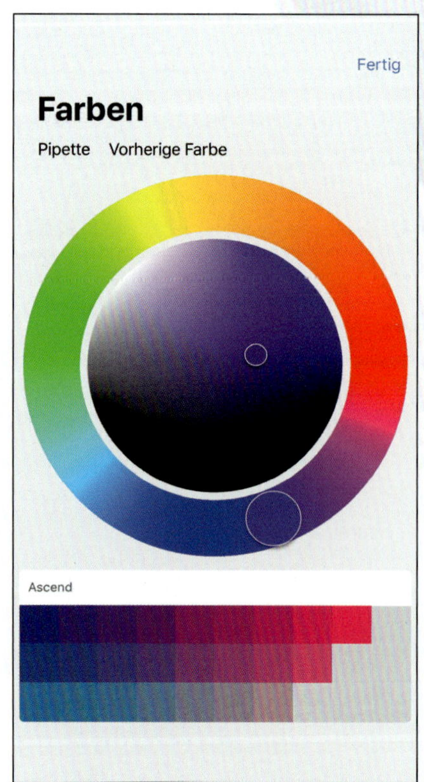

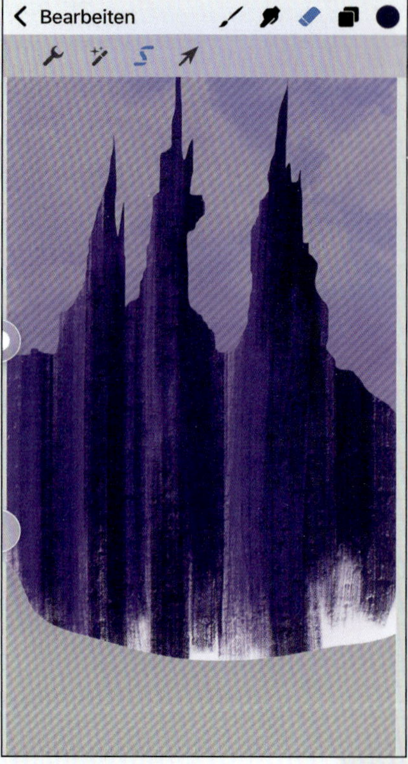

05 Maskierung aufheben

Dann können Sie mit [Bearbeiten/Maskieren] die Maskierung wieder aufheben. Bei Bedarf können Sie mit dem Wischfinger die ggf. entstandene harte Kante im unteren Bereich nach unten hin auswischen, um den Übergang nach unten zu optimieren.
Mit [Bearbeiten/Verschieben] können Sie dann die Gebäudesilhouette noch verschieben und an der Stelle positionieren, wo Sie es möchten.

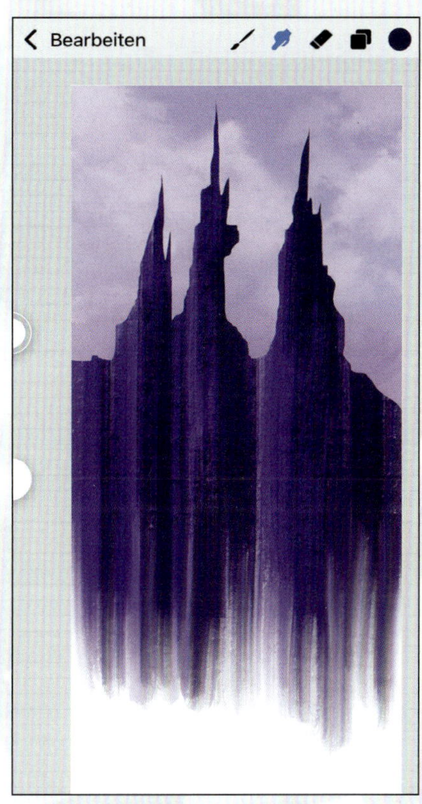

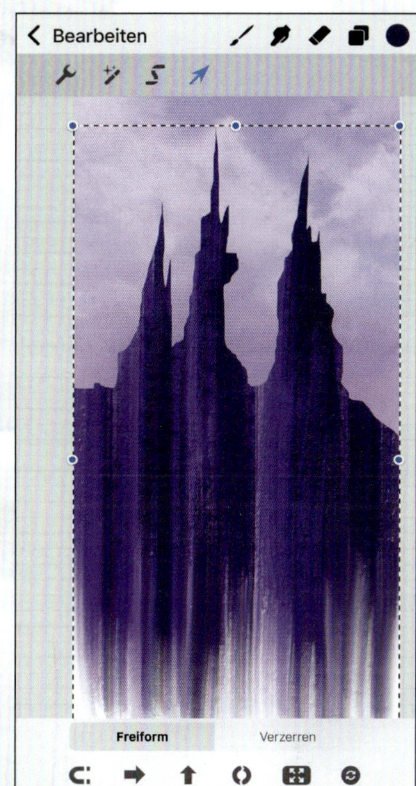

06 Auswahlmaske

Für den Planeten/Mond im Hintergrund brauchen Sie eine runde Auswahlmaske. Da diese Funktion noch nicht in der Pocket-Version integriert ist, behilft man sich mit einem Trick. Also erstmal eine neue Ebene erzeugen, dann den „Harter-Pinsel"-Pinsel im Airbrush-Menü wählen, auf volle Deckkraft und große Größe gehen. Dann einmal auf die Malfläche klicken, um nur einen großen weißen Punkt darzustellen.

Um nun innerhalb dieser weißen Fläche die Mondstrukturen zu malen, wird dafür eine Auswahl benötigt. Daher wieder mit [Bearbeiten/Maskierung] den Maskiermodus aufrufen und diesmal die Funktion „Automatisch" wählen. Dann einmal in die weiße Fläche klicken und schon ist der Mond selektiert. In diesem Fall isr er für kurze Zeit Schwarz markiert.

Wechselt man dann z.B. auf den Pinsel als Werkzeug, sieht man, dass alles andere gesperrt ist und man nur in der runden Fläche gestalten kann.

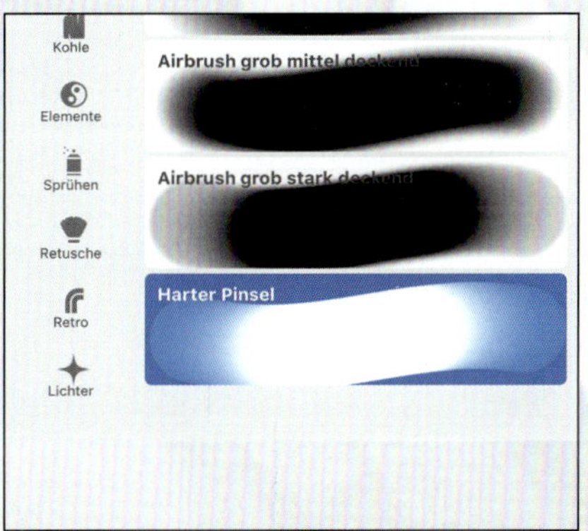

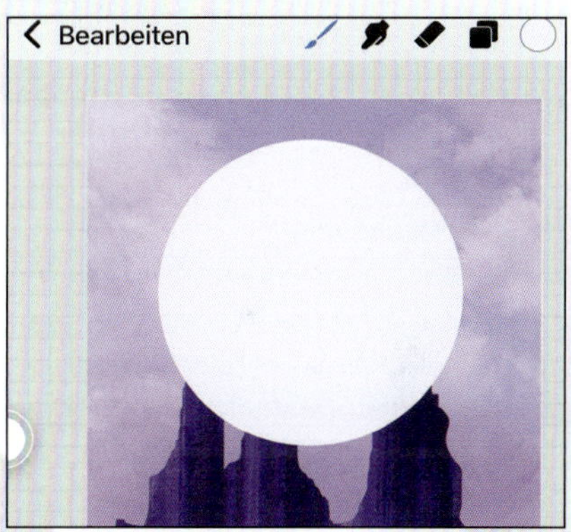

07 Der Mond

Nutzen Sie unterschiedliche Pinsel wie z.B. den „Genski-Tusche“-Pinsel. Es gibt aber auch einen Pinsel mit Namen „Mondlandschaft“ – der schafft ebenfalls interessante Strukturen für die Planetenoberfläche. Mit dem Wischfinger können die Strukturen ineinandergeblendet werden. Wichtig ist, dass der Mond oben etwas dunkler ist und nach unten heller.

Nun kann der Mond hinter die Stadtsilhouette gebracht werden. Vorher noch den Maskiermodus aufheben und dann in der Ebenenübersicht die Mondebene mit dem Finger unter die Stadtsilhouette schieben. Durch [Bearbeiten/Verschieben] kann der Mond jetzt positioniert und durch Aufziehen mit der Zwei-Finger-Geste verkleinert bzw. vergrößert werden.

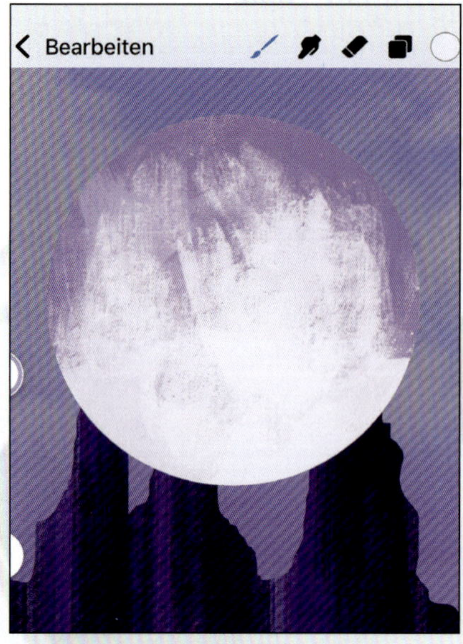

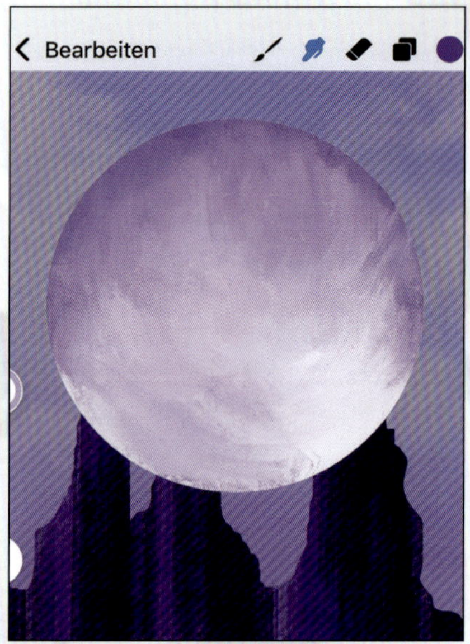

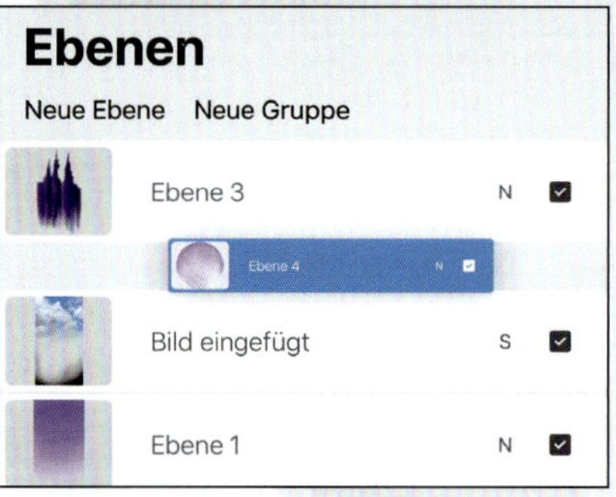

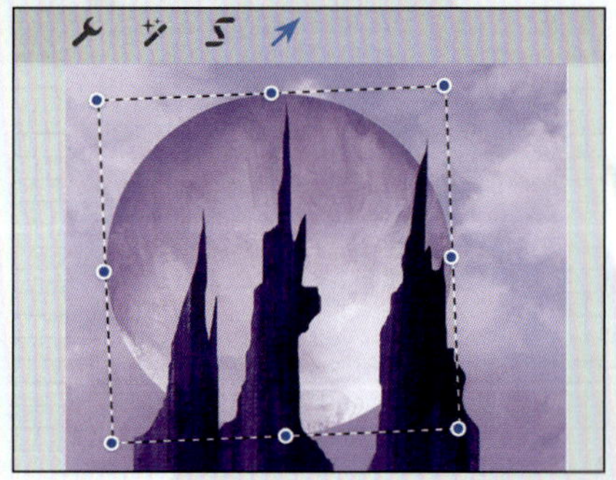

08 Wolkenebene

Damit der Planet hinter den Wolken etwas verschwindet, dupliziere ich die Wolkenebene. Das funktioniert etwas versteckt, indem man mit dem Finger auf der Wolkenebene nach links wischt und dann „Duplizieren“ auswählt. Dann nur noch die neue Wolkenebene über den Mond schieben und die Ebenenansicht wieder ausblenden. Durch [Bearbeiten/Anpassungen/Deckkraft] kann die oben liegende Wolkenschicht etwas zurückgenommen werden. Und mit einem „Airbrush“-Radierer kann der Planet nach unten hin ausgeblendet werden. Dafür vorher natürlich auf die Mond-Ebene wechseln.

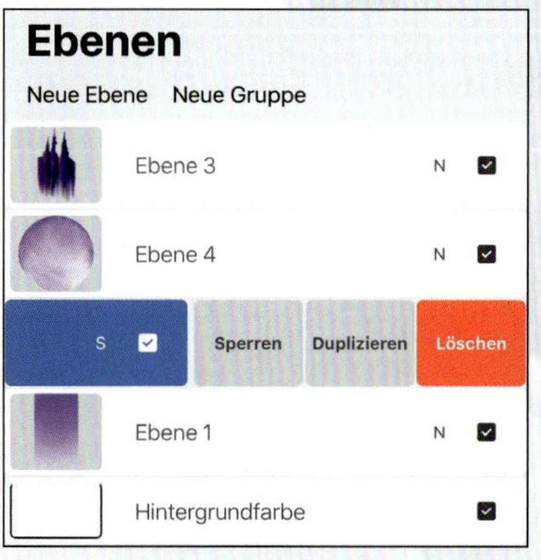

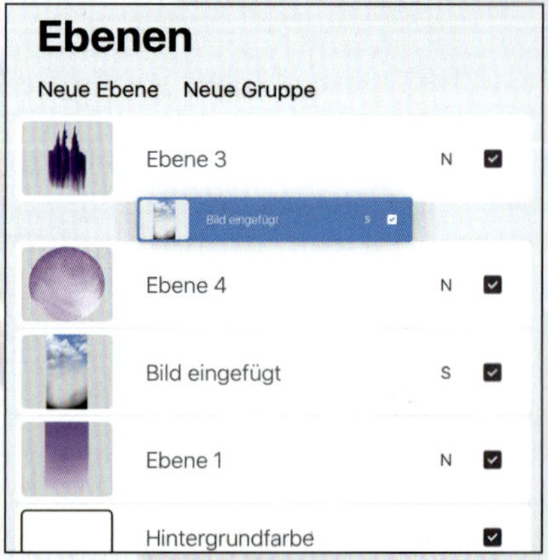

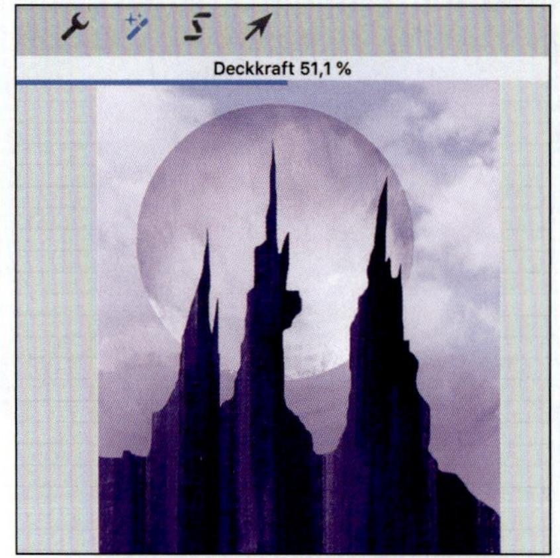

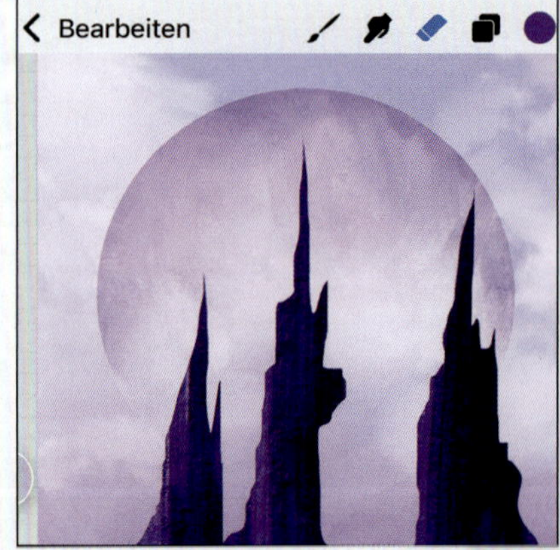

09 Bergebene

Erzeugen Sie jetzt eine neue Ebene. Diese sollte ganz oben aufliegen. Malen Sie mit dem „Wolken“-Pinsel einen Nebel über die Stadtsilhouette.

Auf einer weiteren neuen Ebene malen Sie mit dem Freihand-Maskierwerkzeug eine Bergsilhouette auf, die etwas unterhalb der Stadt liegt, aber auch den einen oder anderen Teil überdecken darf. Wechseln Sie zum „Genski-Tusche-Pinsel“ und malen Sie die Fläche von oben nach unten mit Streifen aus. Farblich darf es ruhig etwas dunkler sein. Danach gerne wieder eine weitere Ebene mit einem wolkigen Nebel darüber bringen.

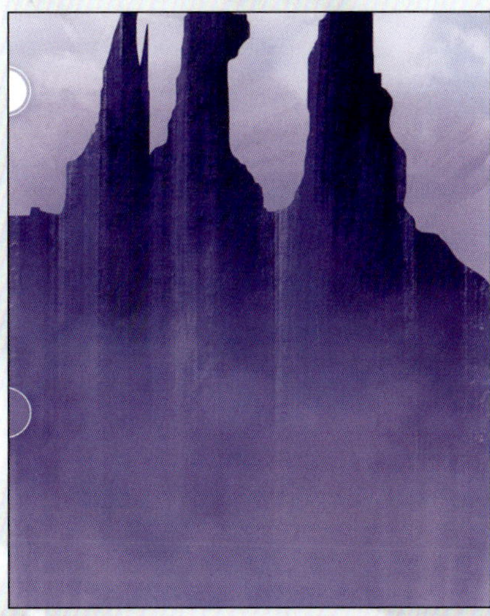

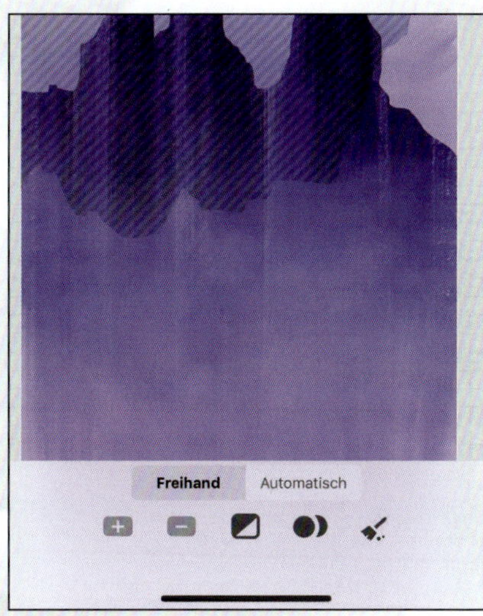

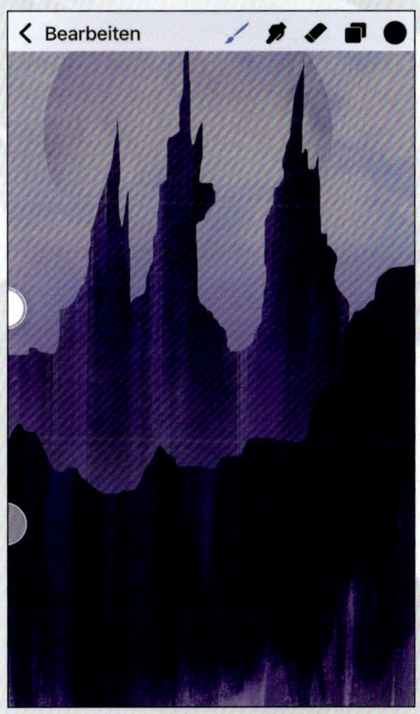

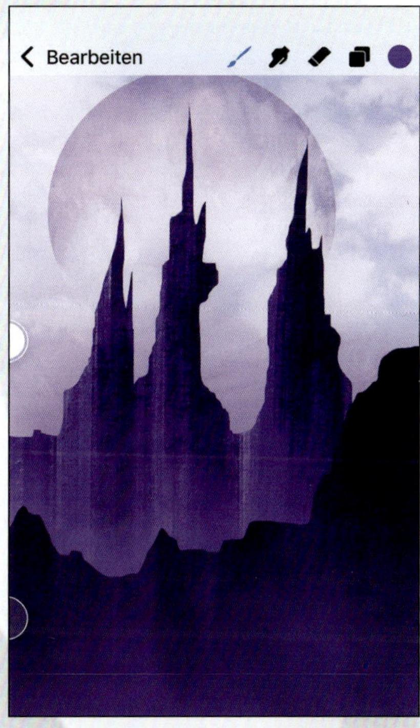

10 Zusätzliche Ebenen

Da nach unten genug Platz ist, gibt es noch eine weitere Ebene. Diesmal füllen Sie die bergige Silhouette erst mit heller Farbe und diagonalen Streifen und dunkeln dann die oberen Spitzen der Bergkanten ab.

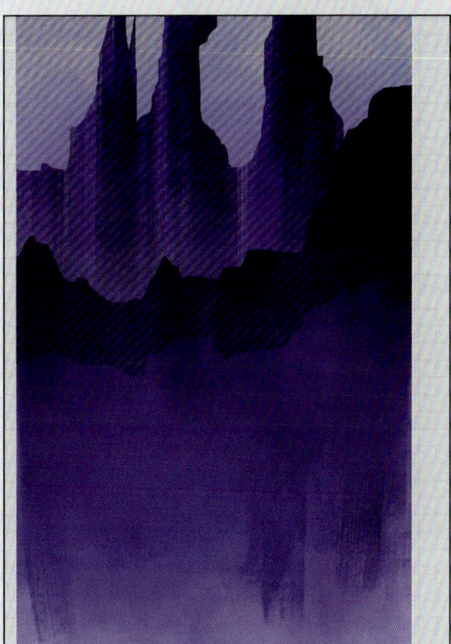

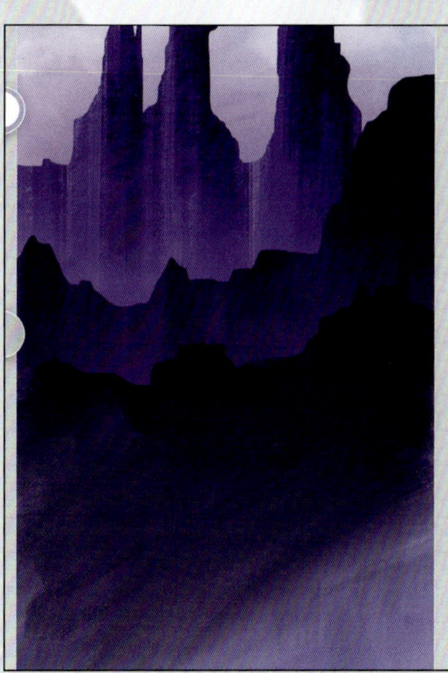

11 Der Weg

Mit einen „Triangulum“-Pinsel aus der Pinselgruppe „Abstrakt“ können Sie auf einer weiteren neuen Ebene mit dunkler Farbe den felsigen Vordergrund definieren. Probieren Sie das Verhalten des Pinsels vorher kurz aus und malen Sie dann anschließend zwei Felsformationen, bei denen in der Mitte ein Weg offen ist.

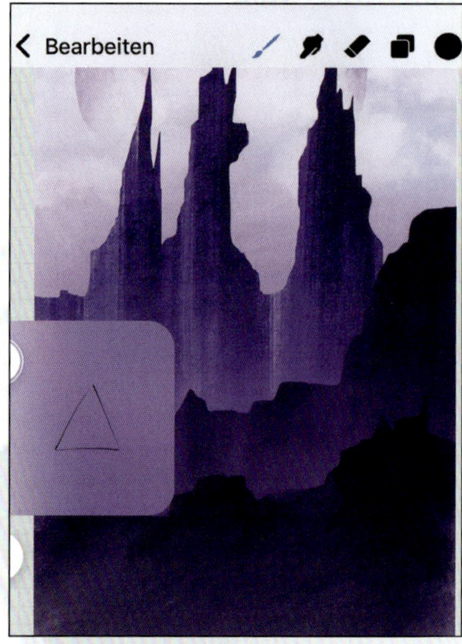

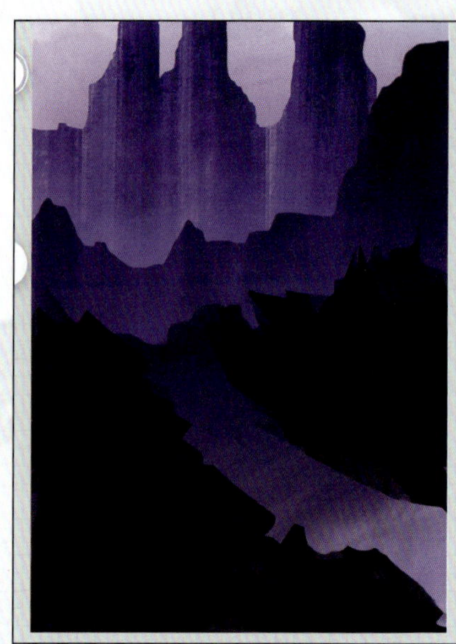

12 Kathedralenoptik

Jetzt kommt der experimentelle Teil. Laden Sie mit [Bearbeiten/Bild/Foto einfügen] ein Bild einer Kathedrale. Meist sind solche Kirchenaufnahmen gegen das Licht fotografiert, somit können Sie das Foto durch Ändern des Ebenenmodis auf „Multiplizieren“ (oder ähnlichen) als Struktur nutzen und mit dem Verschiebewerkzeug auf die zuvor gemalte Stadtsilhouette positionieren. Überschüssige Bildelemente radieren Sie einfach weg.

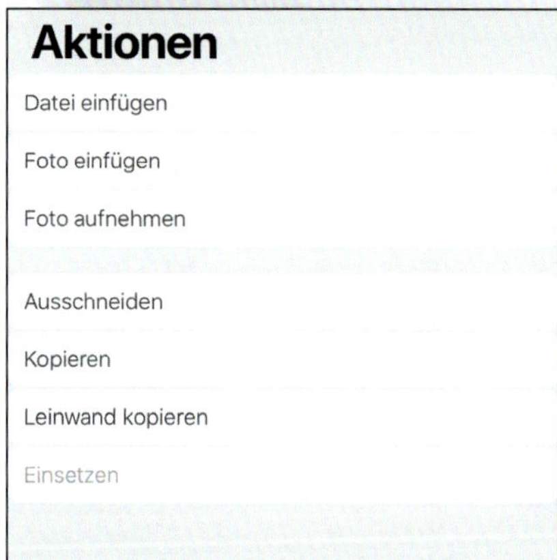

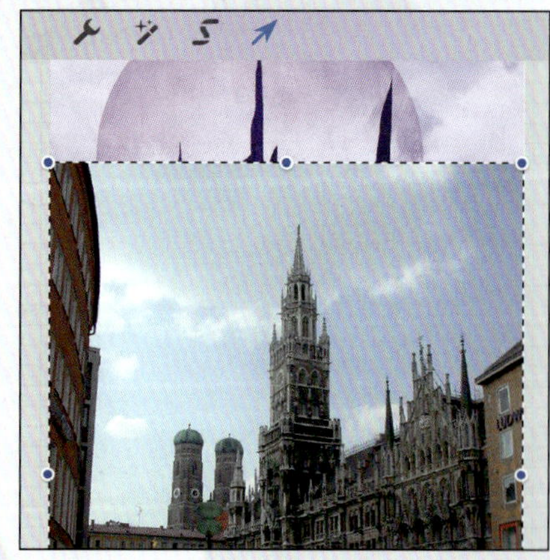

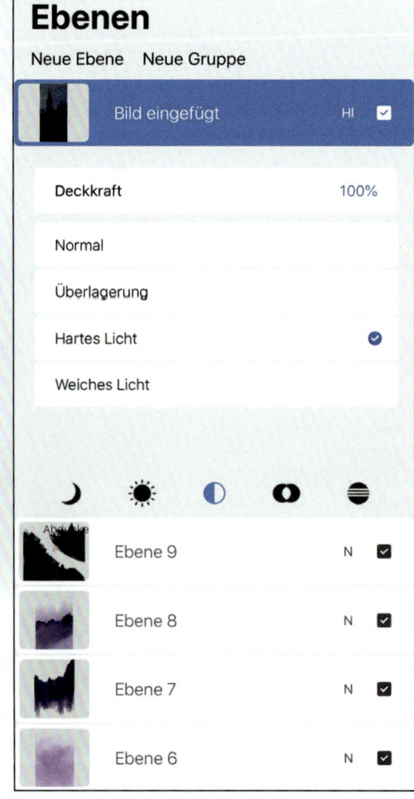

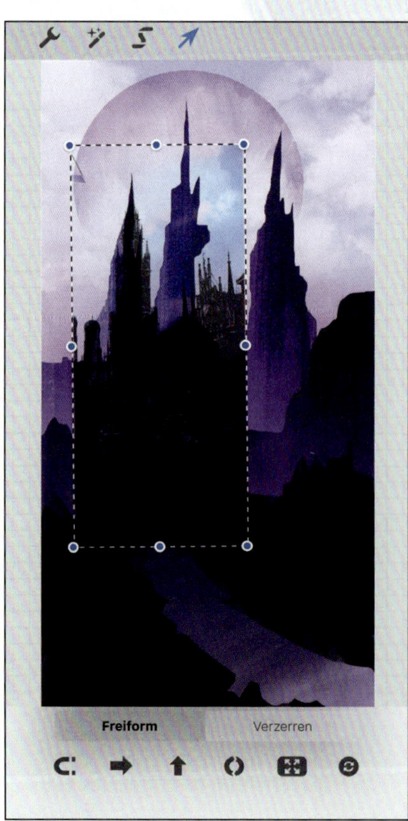

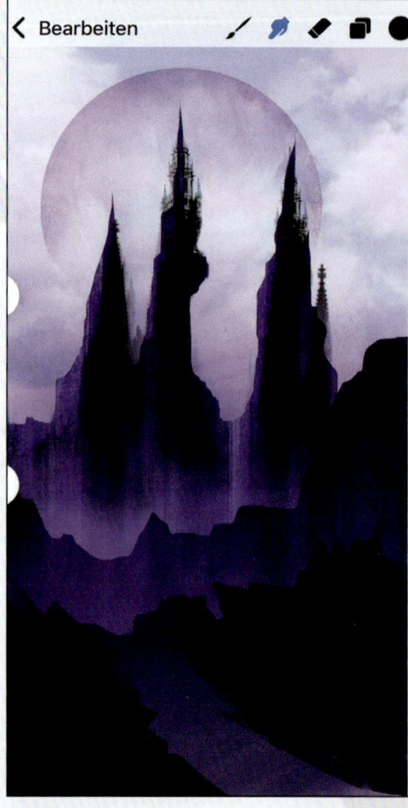

13 Lichteffekte

Wenn Sie möchten, können Sie auf einer neuen Ebene unter der Stadtsilhouette einen Lichtschein integrieren. Sie finden in der Pinselpalette „Lichter/Lichtblitz“ einen passenden Pinsel. Tupfen Sie mit Weiß einmal auf und vergrößern Sie den Schein mit dem Verschiebewerkzeug. Erzeugen Sie einen zweiten Lichtblitz auf einer separaten Ebene, den Sie dann vertikal anordnen.

Oberhalb des Mondes darf der Himmel gerne noch etwas dunkler werden. Laden Sie entweder ein weiteres Wolkenbild hinzu oder malen Sie ein paar dunkle Flächen mit einem Airbrush-Pinsel vorsichtig darüber, um den Bereich abzudunkeln.

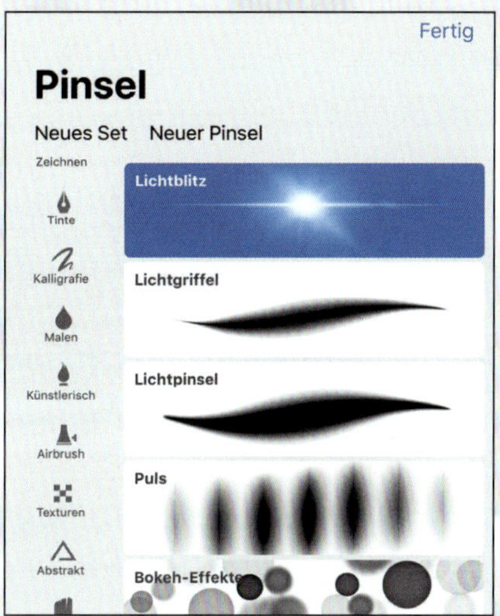

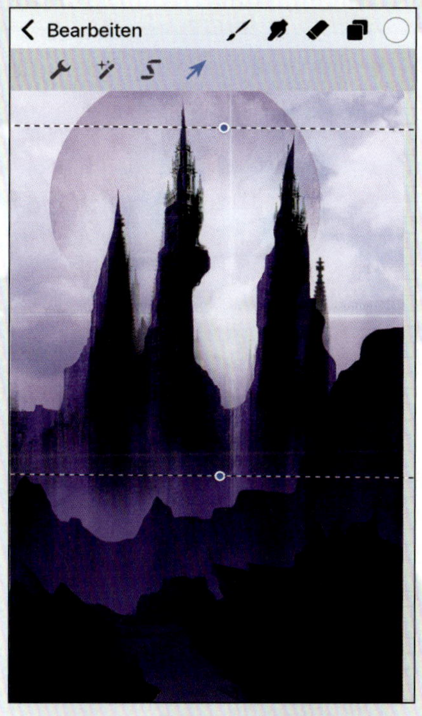

14 Ritter

Ergänzen Sie weitere Details, wie z.B. einen Ritter, um dem Motiv eine Story zu geben. Der Ritter wurde separat gezeichnet und dann als Foto importiert. Mit dem Ebenenmodus „Multiplizieren“ wird dann der weiße Bereich automatisch durchsichtig und nur die Silhouette des Ritters bleibt sichtbar. Viel Spaß beim Malen eigener mittelalterlichen Fantasy-Landschaften!

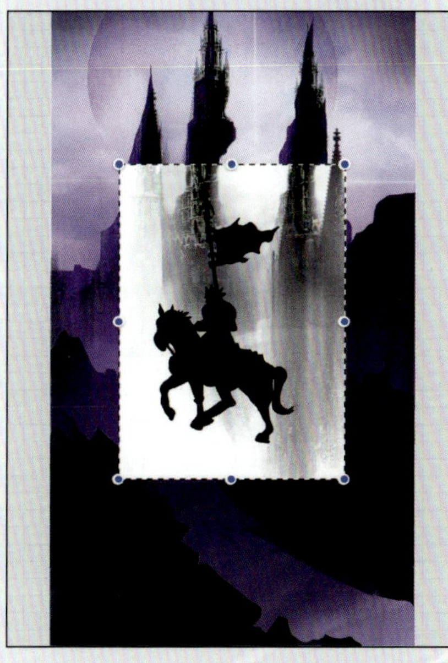

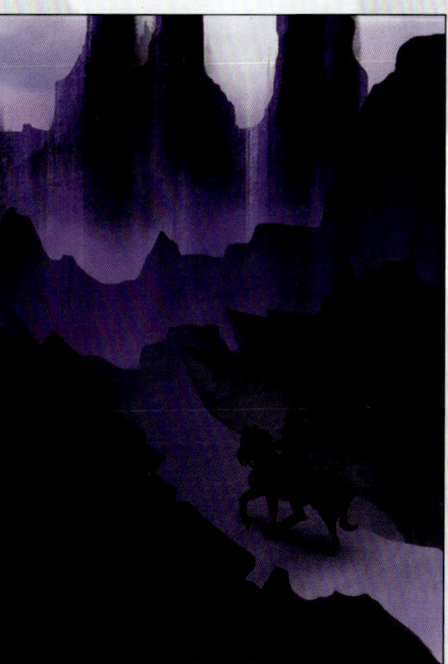

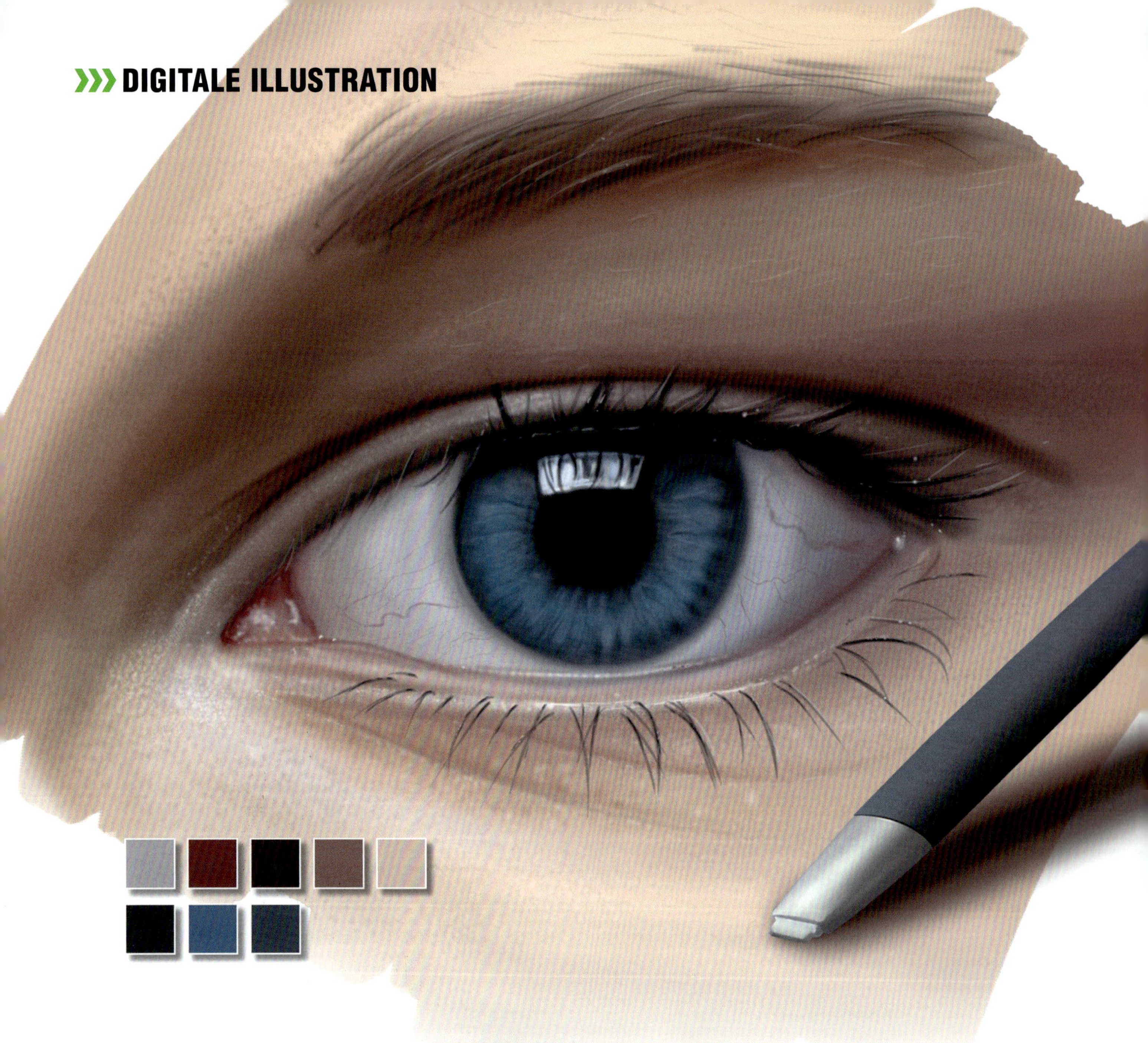

Details: Das Auge

In dieser Schritt-für-Schritt-Anleitung für die digitale Portrait-Maltechnik geht es zunächst um einen Bildausschnitt, genauer gesagt, um die Entstehung eines Auges. Dabei werden Sie mit einem Bildaufbau von grob nach fein arbeiten. Sie werden sehen, wie unterschiedliche Pinsel für verschiedene Effekte und Strukturen eingesetzt werden können. Dadurch kann der Malprozess erleichtert werden und Sie lernen Techniken kennen, die für die Realisierung von Hautstrukturen wichtig sind.

»» TUTORIAL INFORMATIONEN
SOFTWARE
Adobe Photoshop oder Photoshop Elements
SCHWERPUNKT
Farben und Pinselwerkzeug
ZEITAUFWAND
2-3 Stunden
LEVEL
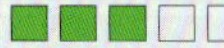

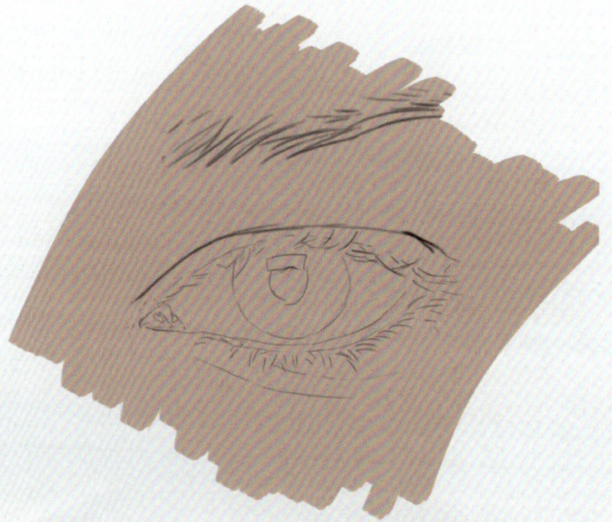

01 Basisfarbton
Starten Sie für die Übung mit einem Basisfarbton im Hintergrund. Die Wahrnehmung und die Arbeitsgeschwindigkeit kann so optimiert werden, weil die Basisfarbe eine permanente Referenz bietet. Verwenden Sie zum Beispiel den Farbton RGB [211/183/169] und einen harten Pinsel mit 100 Prozent Deckkraft.

02 Skizzen
Nun werden die Konturen skizziert. Benutzen Sie dafür z.B. einen „Weich-Rund-Druck-Deckkraft"-Pinsel und Schwarz. Sie können die Grobskizze entweder „freihand" aufmalen oder Sie zeichnen die Konturlinien von einer Fotovorlage durch.

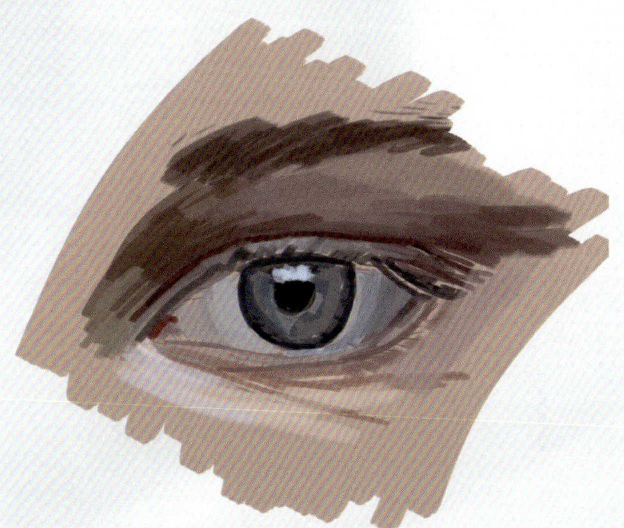

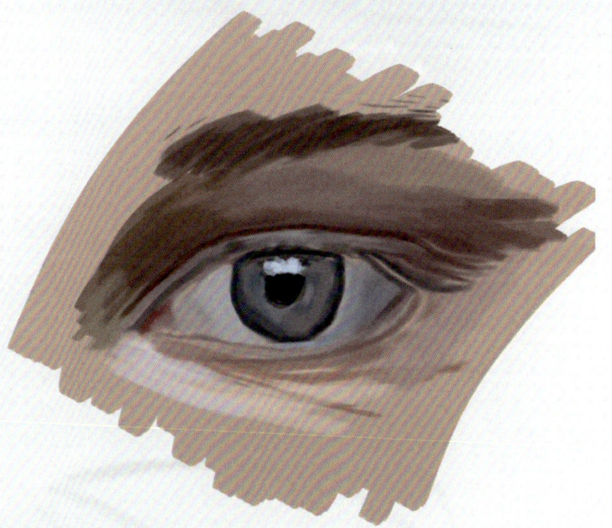

03 Farben auftragen
Mit einem „Kreide"-Pinsel tragen Sie nun grob die weiteren Haut- und Augenfarben auf. Als Farbquelle dient Ihnen zum Beispiel eine Fotoabbildung. Dort können Sie mit dem „Pipetten"-Werkzeug die Farben einfach entnehmen. Achten Sie bei der Auswahl auf Licht- und Schattenfarbtöne. Mit diesen Techniken können Sie innerhalb kürzester Zeit einen groben Überblick über das Motiv erzeugen.

04 Farben verbinden
Die unterschiedlichen Farbfelder und Nuancen sollen nun miteinander verbunden werden. Das klappt im Groben schon mal sehr gut mit dem „Wischfinger"-Werkzeug. Verwenden Sie dafür zum Beispiel die Einstellung „Weich-Rund-Druck-Deckkraft" und den Schwellenwert von 50–75 Prozent. Passen Sie die Werkzeug-Größe der Formgebung an. Bei größeren Flächen wählen Sie eine größere Einstellung, bei kleineren Flächen wie der Iris und der Bindehaut eine kleinere. Durch das Ineinanderwischen entsteht eine Überblendung der einzelnen Farben. Dabei sollte man die Formgebung beachten. Verwenden Sie das Werkzeug, als wenn Sie Farbe auftragen.

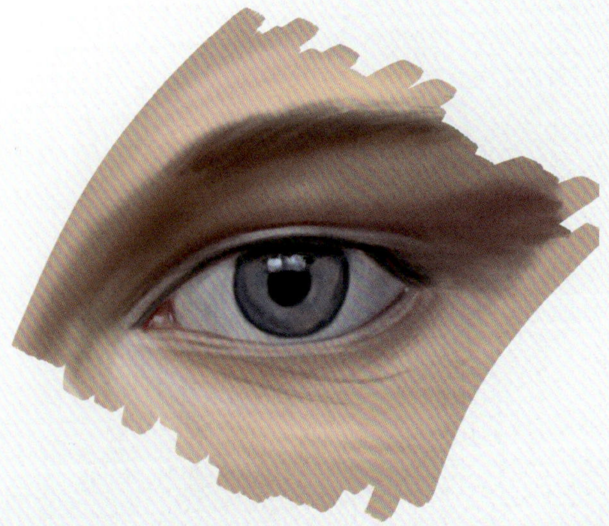

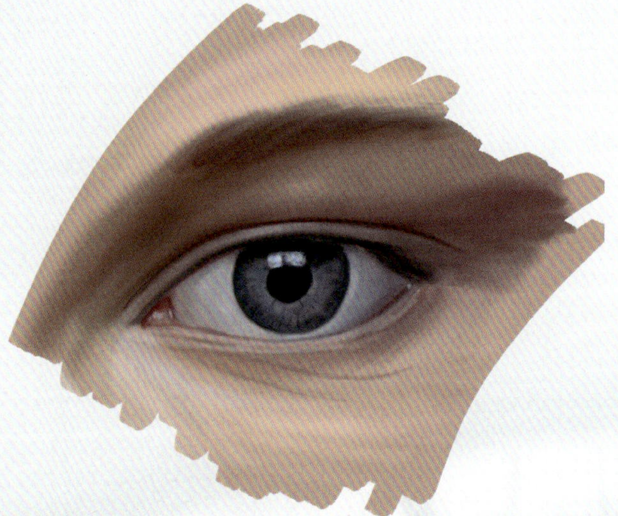

05 Weiche Übergänge

Jetzt kommen weichere Übergänge und zusätzliche Details dazu. Dafür eignet sich der „Weich-Rund-Druck-Deckkraft"-Pinsel. Auch hier wird die Pinselgröße orientiert an Formgebung und Farbflächengröße eingestellt. Kleinere Details und Linien malen Sie mit einem kleineren Pinsel, größere Farbflächen überblenden Sie mit größeren. Die Farbe entnehmen Sie jeweils dem Motiv. Beachten Sie neben den Farbtönen auch immer die Proportionen der einzelnen Bildmerkmale. Zudem überprüfen Sie mit dem „Pipetten"-Werkzeug kontinuierlich die Farben des Motivs mit denen des Referenzfotos und korrigieren Sie sie, falls nötig.

06 Von hinten nach vorne

Das Motiv wird von unscharf nach scharf und von hinten nach vorne gestaltet. Das bedeutet, alle Glanzpunkte und kleinen Details wie Wimpern kommen erst in den nächsten Schritten dazu. In diesem Schritt überprüfen Sie nochmal die wichtigsten bisherigen Formen und Linien. Die Iris ist für den Betrachter ein wichtiges Bildelement, daher sollten hier jetzt noch ein paar weitere Ergänzungen und Korrekturen einfließen.

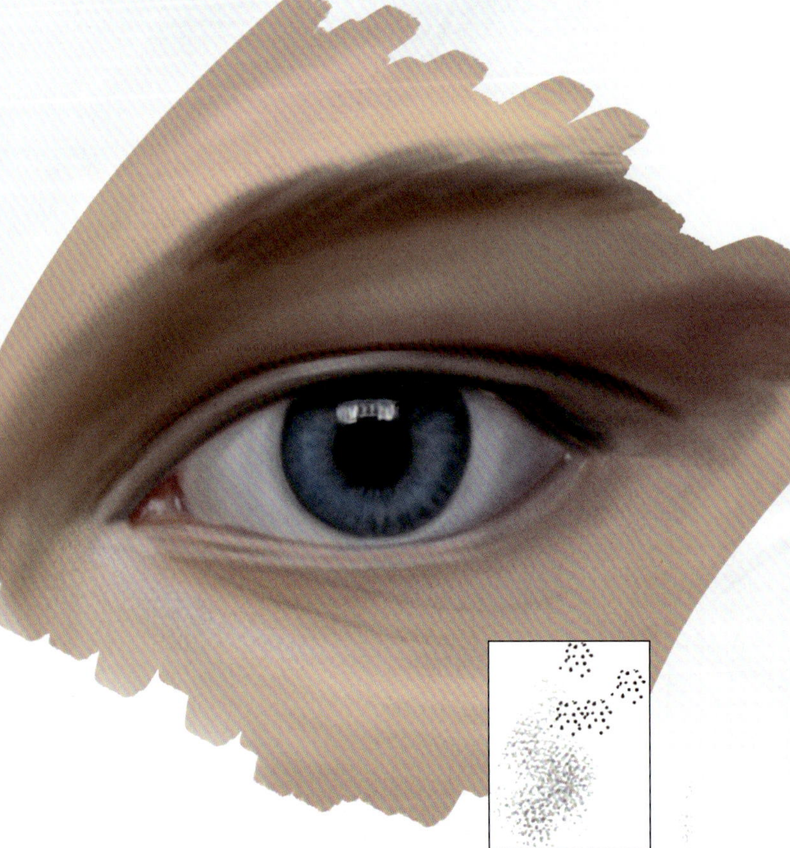

07 Hautstruktur

Bei einer Detailaufnahme darf natürlich nicht die Hautstruktur fehlen. Damit Sie nicht jede Pore einzeln aufmalen müssen, sollte dieser Prozess ein wenig automatisiert werden. Legen Sie sich einen eigenen Pinsel mit gepunkteter Struktur an. Wie das geht, lesen Sie im Kapitel „Pinsel in Photopshop erzeugen" (S. 42). Im Menü für die Pinselvorgaben aktivieren Sie eine Streuung von 75 Prozent. Setzen Sie ebenfalls einen Haken bei „Andere Einstellungen", damit der „Deckkraft"- und „Fluss-Jitter" aktiviert werden. Zum Schluss müssen Sie noch den Haken bei „Glättung" wählen, dann kann es los gehen. Beachten Sie beim Auftragen der Farbe, dass Sie einen Frabton wählen, der entweder ein paar Nuancen heller oder dunkler ist. Die Farbe wählen Sie jeweils recht zügig mit dem „Pipetten"-Werkzeug [ALT-Taste] aus dem Motiv oder dem Referenzfoto aus. Variieren Sie auch die Pinselgröße und die Deckkraft, um die Oberfläche der Haut unregelmäßig zu gestalten. Die aufgetragenen Hautstrukturen können Sie mit dem „Airbrush rund weich"-Pinsel wieder leicht zurücknehmen. Die Iris wurde mit Blau-Türkis und mit ein paar transparenten Pinselstrichen leicht eingefärbt.

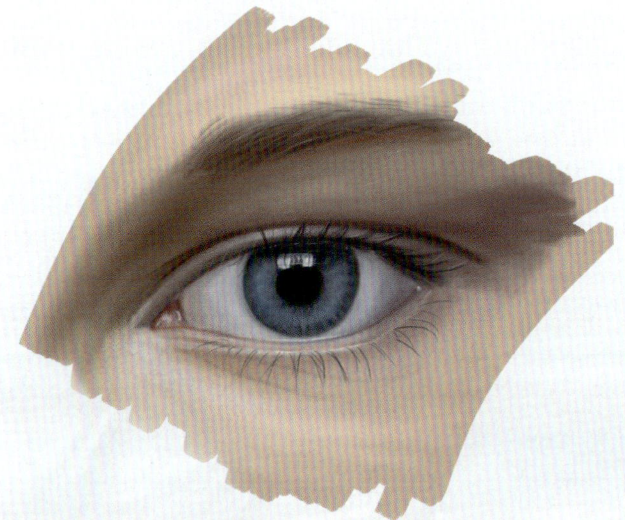

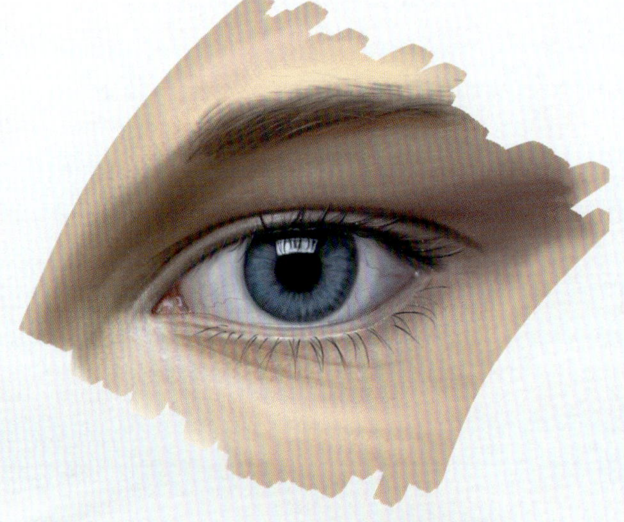

08 Braue und Wimpern

Ist die Hintergrundgestaltung abgeschlossen, können Sie nun in den letzten Schritten zusätzliche Details integrieren. Augenbrauen und Wimpern malen Sie mit dem „rund weich“-Pinsel, da diese Objekte zum Ende hin spitz auslaufen. Für Lichtreflexionen und weitere Details an der Iris und an der Pupille, kommt dann wieder der „Weich-Rund-Druck-Deckkraft“-Pinsel zur Anwendung. Orientieren Sie sich bei den Augenbrauen und Wimpern an Ihren Fotovorlagen. Die Wimpern sollten auf keinen Fall zu gleichmäßig „wie ein Gartenzaun“ aussehen. Lichtkanten und Schatten dürfen Sie sogar auch unterbrochen auftragen, da das Auge des Betrachters die Struktur automatisch im Gehirn verbindet. Verwenden Sie für die Härchen ruhig unterschiedliche Farben. Die Augenbrauen können eine andere Farbigkeit haben als die kleinen, feinen Härchen auf der Hautstruktur.

09 Details

Im letzten Schritt kommen noch weitere Details dazu. Schatten und Irisfasern malen Sie mit einem „Weich-Rund-Druck-Deckkraft“-Pinsel, die Äderchen auf den Augapfel mit einem „rund weich“-Pinsel ein. Zusätzliche Hautstrukturen und Lichtpunkte machen dieses Motiv noch realistischer. Sie entscheiden je nach Größe und optischer Darstellung den Detailgrad Ihres Motivs.

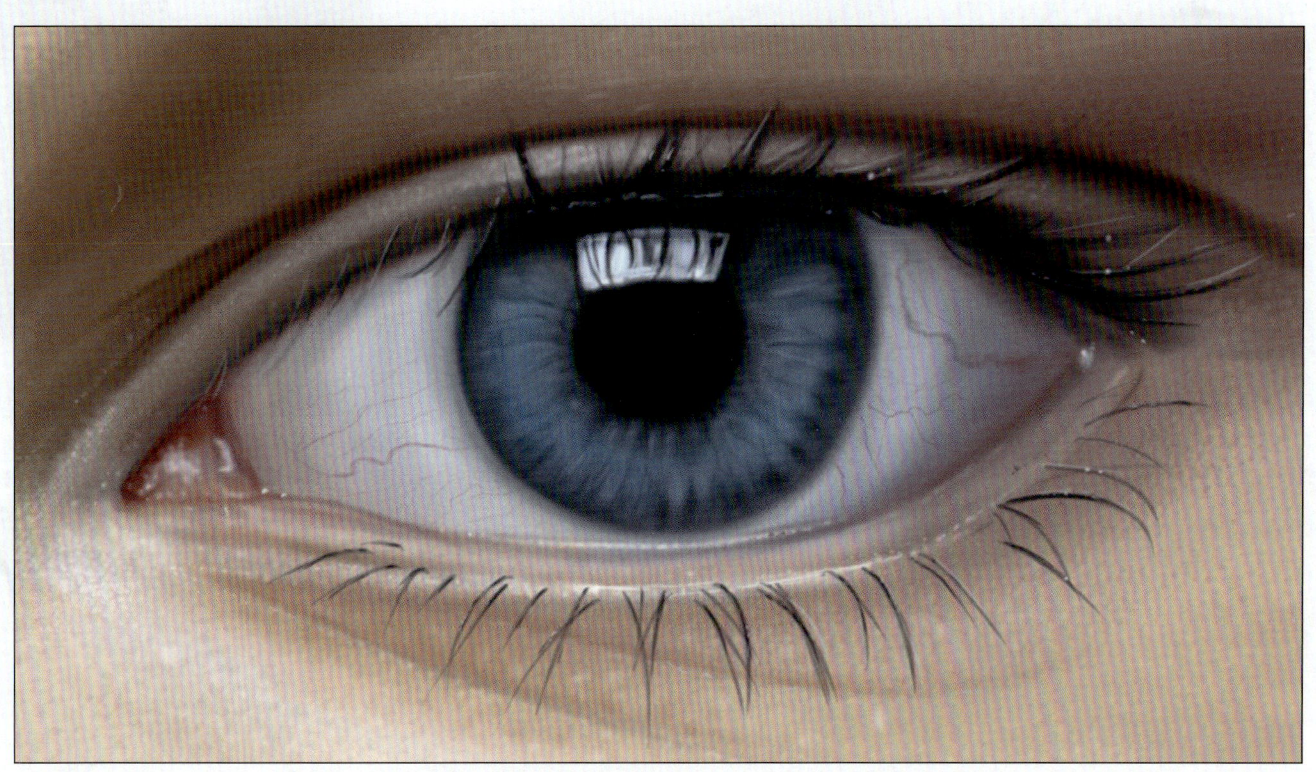

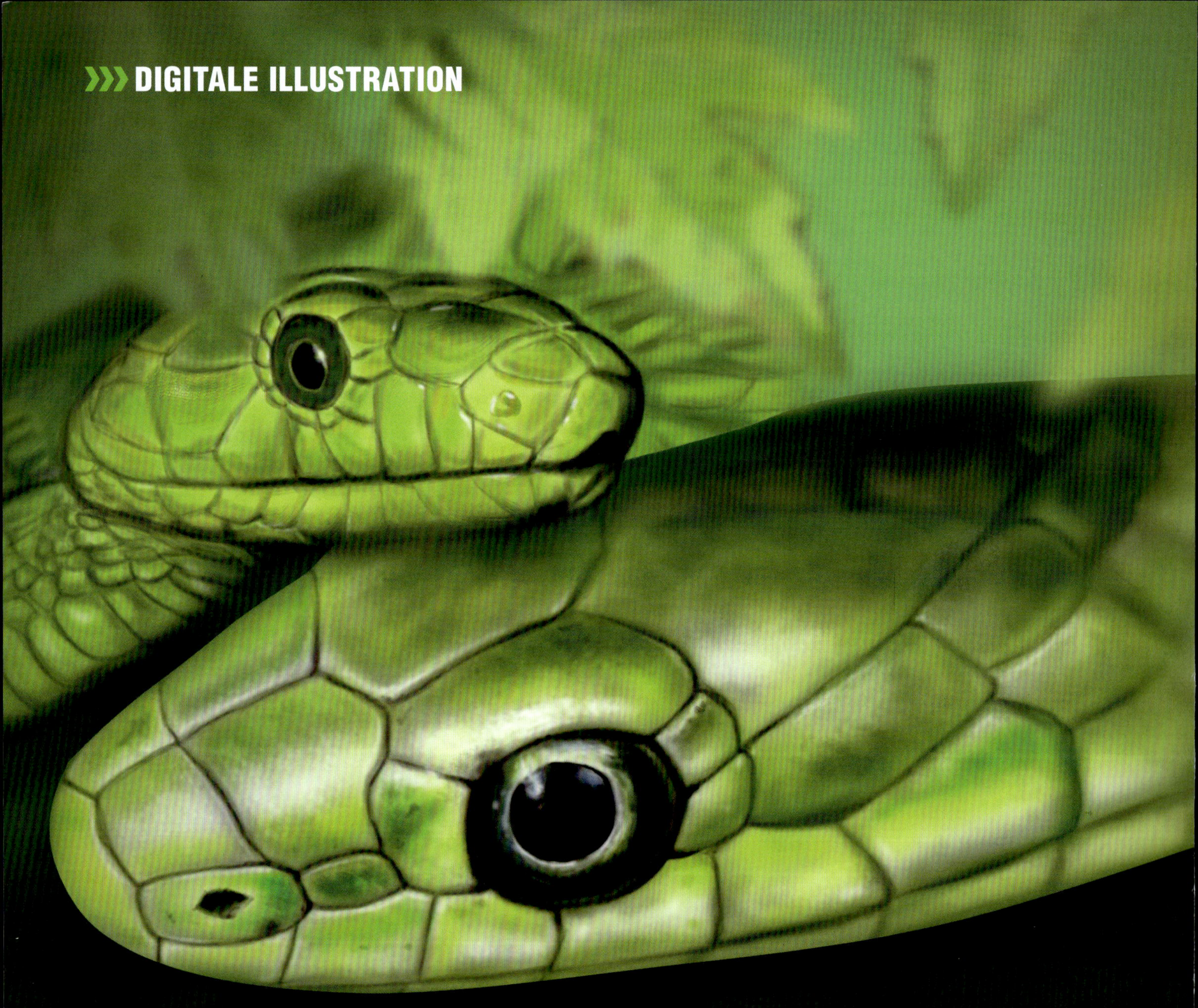

Schlangenhaut

Die Schlangenhaut sieht immer kräftig, glatt und glänzend aus. Die einzelnen Hautschuppen können bei einem Tier die verschiedensten Farben und Formen haben. In diesem Step by Step erfahren Sie, wie Sie das feine Schuppengeflecht mit Licht- und Schatten darstellen können. Anders als beim vorherigen Motiv werden die Farbwerte erst monochrom erarbeitet und dann die Farbe „lasierend“ aufgetragen.

››› TUTORIAL INFORMATIONEN

SOFTWARE

Adobe Photoshop oder Photoshop Elements

SCHWERPUNKT

Licht & Schatten, Übung mit Pinsel und Farbauftrag

ZEITAUFWAND

2,0 Stunden

LEVEL

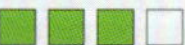
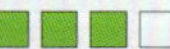
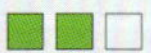

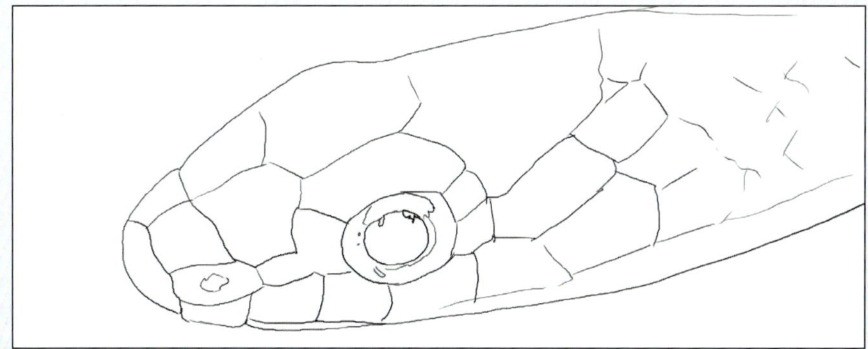

01 Skizzen

Beginnen Sie zunächst mit einer Vorzeichnung. Laden Sie dafür entweder die Skizze von der zum Buch gehörigen Webseite herunter oder benutzen Sie ein eigenes Motiv, um die Konturen zu übertragen. Legen Sie die Vorzeichnung auf einer neuen Ebene an und arbeiten Sie mit einer Pinselspitze in der Größe 10 bei einer Auflösung von 300 dpi.

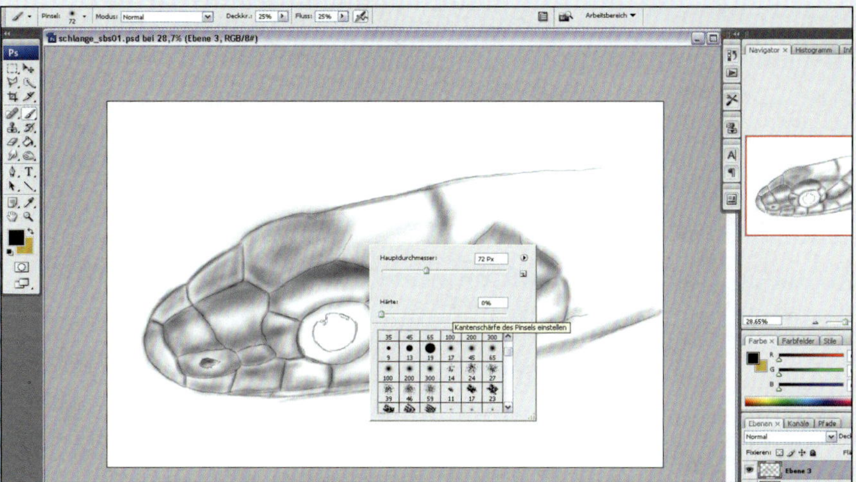

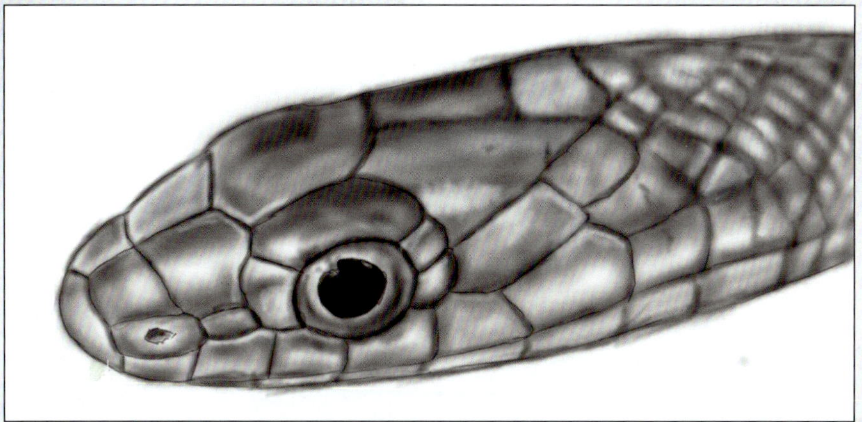

02 Licht und Schatten

Für die Licht- und Schattengebung im Motiv erzeugen Sie am besten eine neue Ebene [Umschalten + Strg + N]. Benutzen Sie Schwarz und einen runden, weichen Pinsel aus der Pinselpalette. Für einen schattierten Farbauftrag ist es notwendig, dass Sie die Deckkraft und den Fluss auf ca. 25 Prozent einstellen. Sie finden diese Einstellungen oben im Pinselmenü. Durch die Druckempfindlichkeit des Grafiktabletts, beziehungsweise des Stiftes, haben Sie zusätzlich die Möglichkeit, die Intensität des Farbauftrags zu regulieren. Arbeiten Sie erst mit einem kleineren Pinsel (z.B. 75 px), um die Schuppenkonturen und deren Schattierung einzuarbeiten. Für flächigeren Schattierungen in den Schuppen greifen Sie auf einen größeren Pinsel zurück (z.B. ab 100 px). Haben Sie zu viel Farbe aufgetragen, können Sie mit dem „Radierer“-Werkzeug oder mit Weiß gegensteuern. Lichter und Reflektionen, die typisch für den feucht aussehenden Schlangenkörper sind, werden hell gelassen oder mit Weiß oder dem „Radierer“-Werkzeug eingebaut.

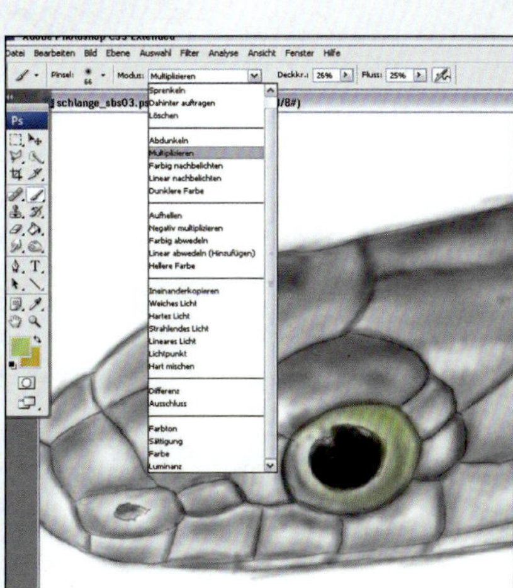

03 Auge

Für die Farbgebung im Auge legen Sie eine weitere Ebene an. Mit Schwarz und höherer Deckkraft und Fluss wird die Pupille des Schlangenauges eingemalt. Beachten Sie dabei, dass einige kleinere Details, die später als Reflexion wahrgenommen werden, frei zu lassen sind. Danach schalten Sie den Malmodus von „Normal“ auf „Multiplizieren“ und färben die Iris mit einem hellen Grünton ein. Mit einem dunkleren Grün geht es innerhalb der Iris weiter. Ebenfalls in der Einstellung „Multiplizieren“ übermalen Sie die hellen Stellen mit Hellblau. Lichtere Bereiche im Auge können Sie entweder mit dem „Abwedler“-Werkzeug oder mit Weiß und einer geringen Deckkraft aufhellen.

04 Einfärben

Jetzt geht es zügig weiter. Sicherheitshalber legen Sie eine neue Ebene an. Wählen Sie einen hellen Grünton aus (z. B. R219/G244/B88) und bleiben Sie im Modus „Multiplizieren". Die Licht- und Schattenkonstruktion bleibt erhalten, wird durch das Grün aber transparent eingefärbt. Deckkraft und Fluss können auf mindestens 30 Prozent im Pinselmenü oben reguliert werden. Die hellen Bereiche sparen Sie möglichst beim Einfärben aus. Mit einem etwas dunkleren Grün betonen Sie die Schattenpartien. Wechseln Sie die Pinselgröße je nach Bedarf, ob es einen flächigen Auftrag gibt oder nur die Schuppenbegrenzungen betont werden soll.

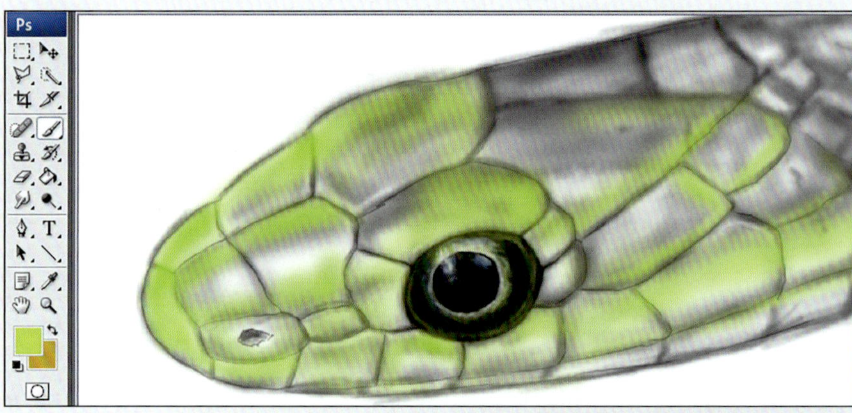

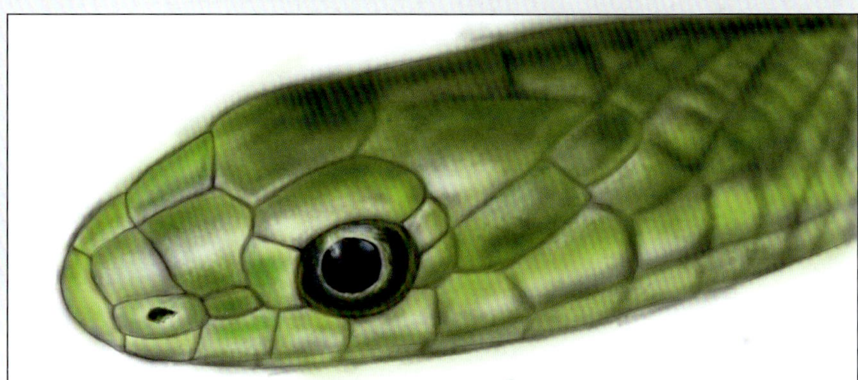

05 Struktur

Eine neue Ebene kann auch für die nächsten Schritte nicht schaden. Damit die Schlange nicht zu glatt aussieht, sondern etwas realistischer wirkt, muss dem Schuppenkleid noch etwas Struktur gegeben werden. Mit einem Kreidepinsel aus der Pinselpalette in großer Größe und einem dunklen Grünton mit 20–35 Prozent Deckkraft können Sie mit dem Grafiktablett-Stift vorsichtig Strukturen hineintupfen. Benutzen Sie verschiedene Grüntöne in unterschiedlichen Pinselgrößen für Strukturen im Schatten oder auch Weiß für Strukturen in lichten Bereichen. Dauert Ihnen das Strukturieren mit dieser Methode zu lange, können Sie den Kreidepinsel in den Pinselvorgaben noch optimieren.

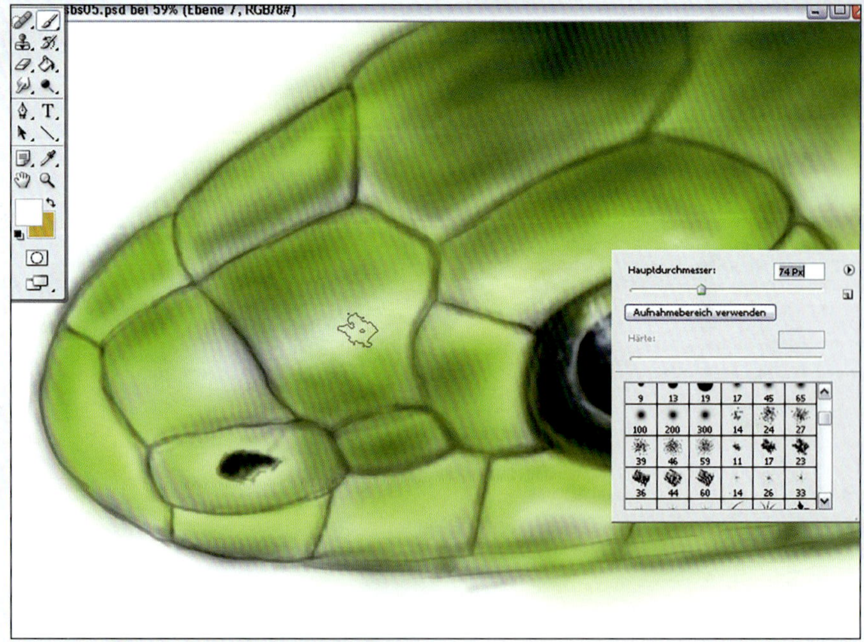

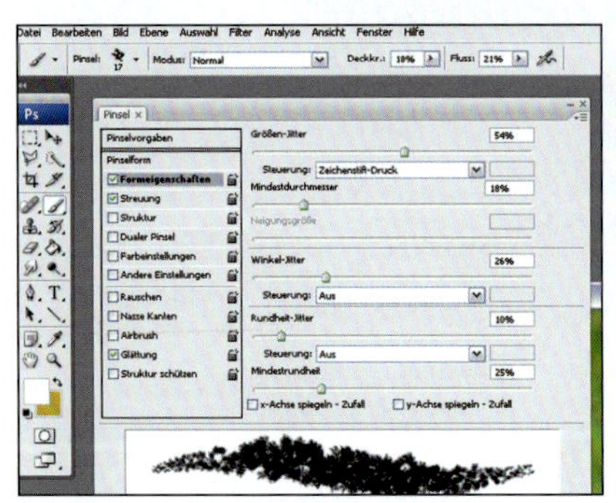

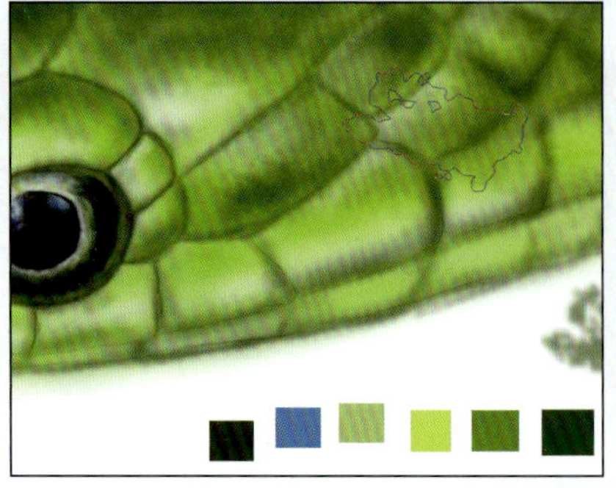

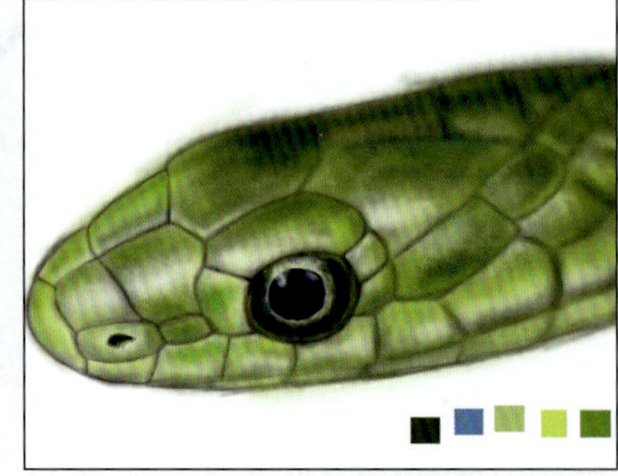

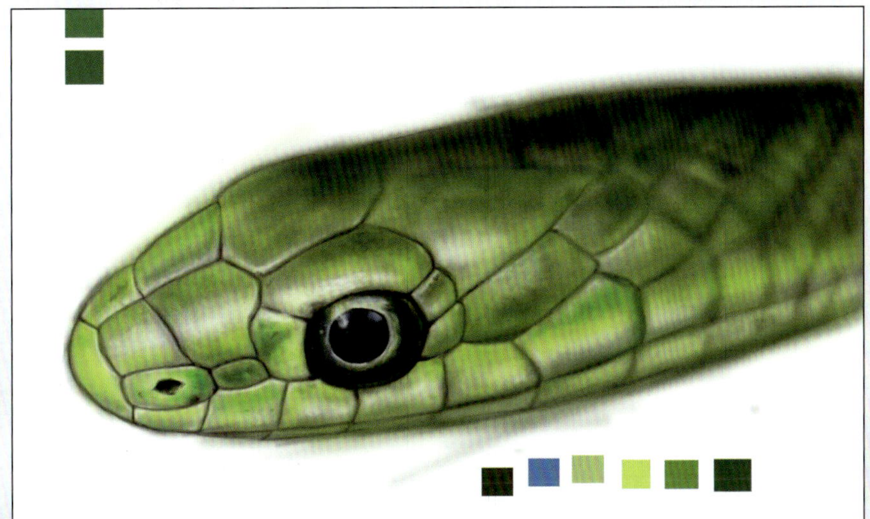

06 Highlights

Im nächsten Schritt werden die Schatten und Lichtstellen weiter herausgearbeitet. Dunkle Grüntöne verleihen dem Konstrukt mehr Tiefe und auch die Schuppenumrandungen können damit verstärkt werden. Benutzen Sie dafür wieder den Airbrush-Pinsel „rund weich" mit reduzierter Deckkraft und Fluss. Für die Lichtkanten der einzelnen Schuppen benutzen Sie Weiß. Alternativ können Sie alle Ebenen auf die Hintergrundebene reduzieren und mit dem „Abwedler"-Werkzeug arbeiten.

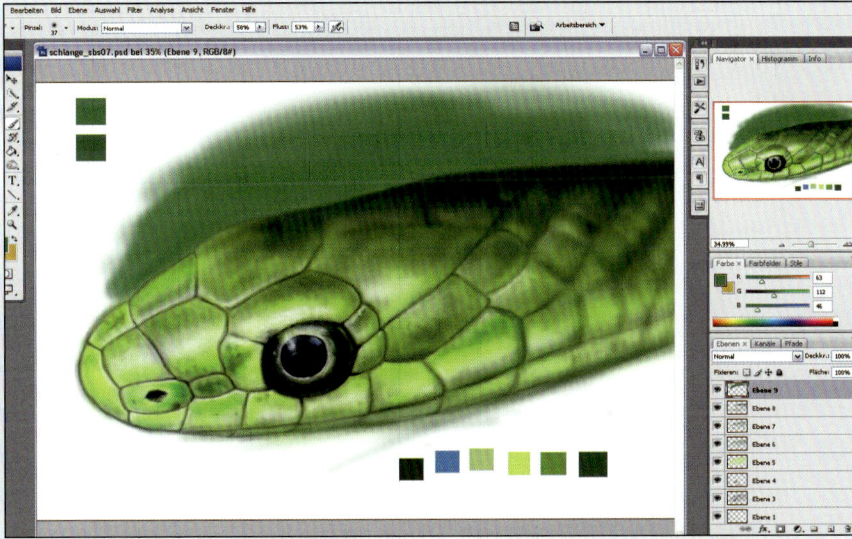

07 Hintergrund

Jetzt ist der Hintergrund dran. Benutzen Sie unterschiedliche Grüntöne, um den Hintergrund ebenfalls mit einem Airbrush-Pinsel auszufüllen. Arbeiten Sie den Hintergrund auf einer eigenen Ebene aus, damit Sie mit dem „Radierer"-Werkzeug eventuelle Korrekturen schnell vornehmen können. Im oberen Bereich ist es ein helleres Grün, nach unten hin wird es etwas dunkler. So passt sich die Hintergrundfarbe der Licht- und Schattengebung der Schlange an. Ein paar diagonal gezogene Lichtstrukturen, kombiniert mit ein paar Reflektionen, erzeugen einen interessanten Background.

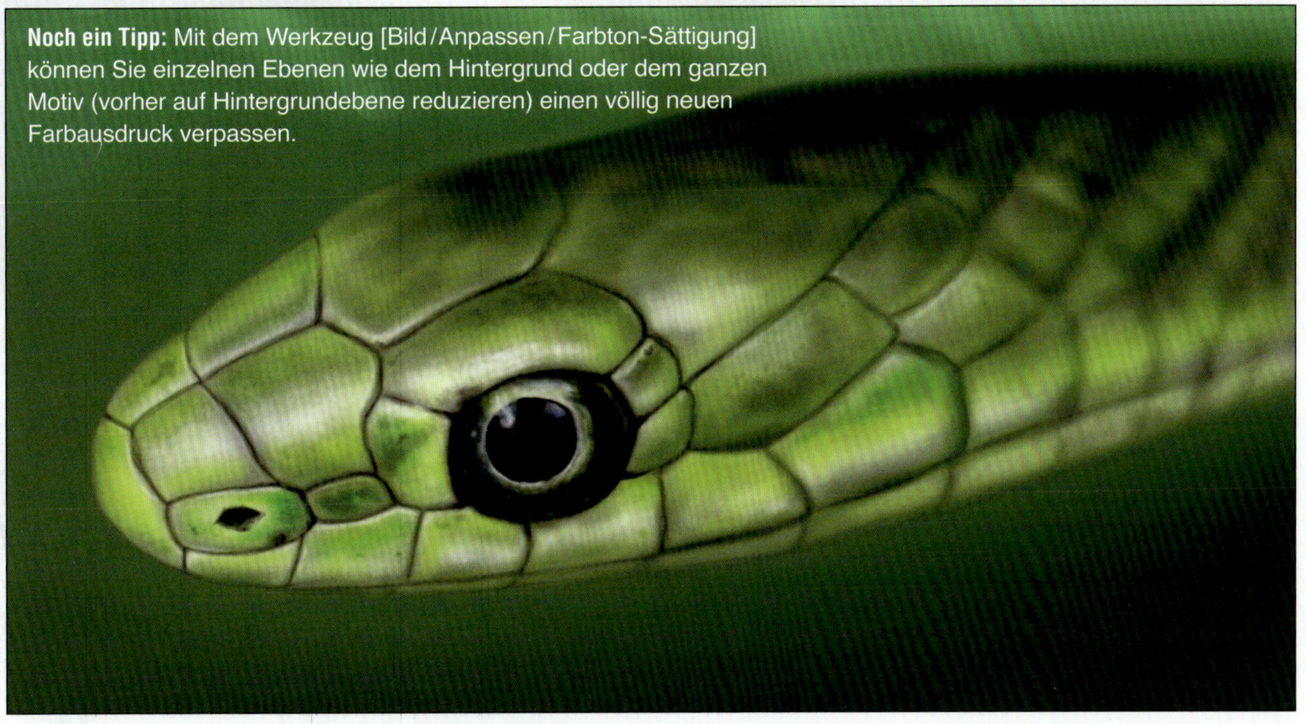

Noch ein Tipp: Mit dem Werkzeug [Bild/Anpassen/Farbton-Sättigung] können Sie einzelnen Ebenen wie dem Hintergrund oder dem ganzen Motiv (vorher auf Hintergrundebene reduzieren) einen völlig neuen Farbausdruck verpassen.

Warrior Girl

Die Ausgangsbasis für diese Illustration ist eine Fotovorlage des Fotografen Thorsten Warnke. Zusammen mit dem Modell Bella und ihrem selbstgenähten Kostüm entstand diese Aufnahme nicht im Studio, sondern draußen. Das vorherrschende Licht ist also natürlich und liefert eine gute Zeichnung und viele Details am Gewand und im Gesicht. Hat man eine solche Fotovorlage, ist die malerische Umsetzung viel einfacher, als wenn man von Grund auf alles konstruieren und malen müsste. Dennoch gibt es auch hier ausreichend Freiheiten, um seine Idee, den gewünschten Look und eine Geschichte umzusetzen.

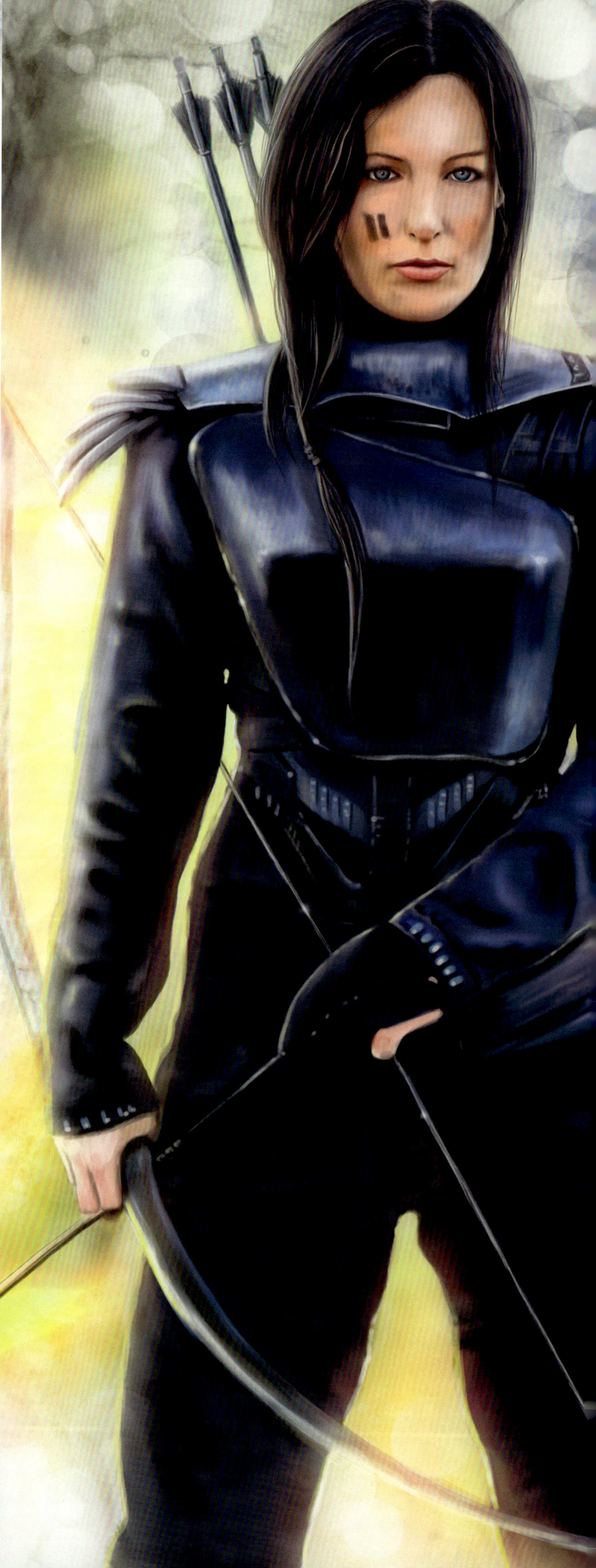

TUTORIAL INFORMATIONEN

SOFTWARE

Adobe Photoshop oder Photoshop Elements

SCHWERPUNKT

Fantasy-Illustration und Effekte

ZEITAUFWAND

8,0 Stunden

LEVEL

■■■■■

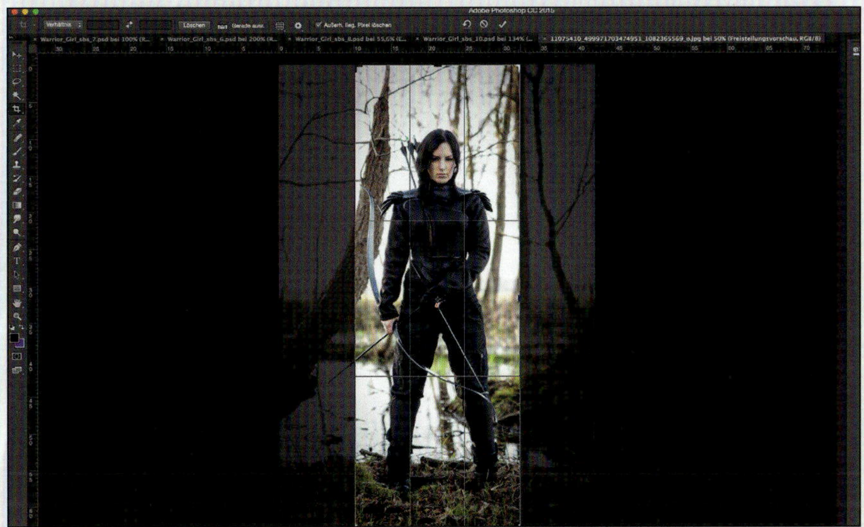

01 Ausschnitt suchen

Als Erstes suche ich mit dem Freistellungswerkzeug einen passenden Ausschnitt. Das Mädchen samt Bogenwaffe soll im Vordergrund stehen. So entsteht ein ungewöhnliches Bildformat. Das fertige Motiv wird später auf eine Leinwand gedruckt, daher suche ich bei einem Dienstleister nach entsprechenden Druckformaten zur Druckrealisierung. Ich entscheide mich später für das Format 40 x 120 cm.

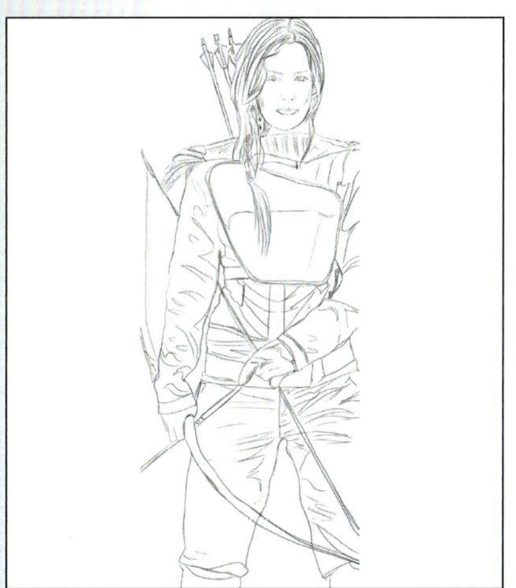

02 Konturzeichnung

Im nächsten Schritt erzeuge ich eine neue Ebene und fülle diese mit Weiß. Dann reduziere ich die Deckkraft der weißen Ebene, so dass das Foto von unten durchscheint. Auf einer neuen Ebene erstelle ich mit einem feinen Pinsel (z. B. Rund-Hart-Druck-Größe-Pinsel) eine Konturzeichnung. Ich skizziere alle wichtigen Konturen und Details, um daraus meine Illustration anzufertigen. Dieser Prozess hat den Vorteil, dass man perfekte Proportionen bekommt und die Realisierung recht schnell geht. In diesem Prozess hat man auch schon die Möglichkeit, zusätzliche Details hinzuzufügen oder andere Elemente des Gesamtbildes wegzulassen.

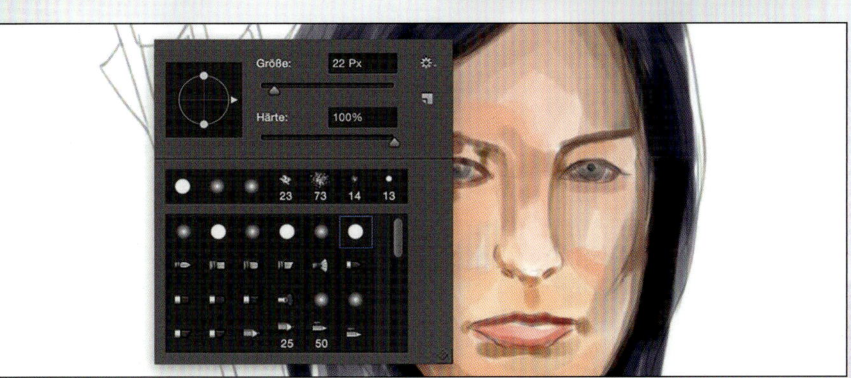

03 Farben übertragen

Wenn die Outline steht, geht es an den ersten Farbauftrag. Damit die Skizze nicht zerstört wird, kann man an dieser Stelle eine neue Ebene [Ebene/Neu/Ebene] erzeugen. Die Grundfarben für das Gesicht hole ich aus der zuvor farbgesättigten Fotovorlage. Zunächst wähle ich den Photoshop-Grundpinsel „Rund, Hard, Druck, Deckkraft“ im Pinselmenü und dazu eine Fluss- und Deckkraft mit ca. 50 %. Bei gedrückter Alt-Taste (Options-Taste Mac) wechselt sich das Pinselsymbol in die Farbpipette, und man kann die Farben aus dem Gesicht auswählen. Dann werden die Farben aus der Fotovorlage grob in das Porträt übertragen. Der Farbauftrag erfolgt jeweils immer in der Formgebung. Springen Sie dabei immer wieder in die Fotovorlage, nehmen Sie die nächste Farbe auf und malen Sie diese ein. So entsteht schon der erste Eindruck von Licht und Schatten. Im Bereich von Augen, Lippe und Nase ändern Sie die Pinselgröße, um hier detaillierter die Grundfarben aufzutragen.

04 **Farben ineinander wischen**
Wechseln Sie nun zum Wischfinger und wählen Sie einen „Spritzer" Pinsel aus. Mit einem voreingestellten Andruckwert von 50 % werden nun die Farben ineinander gewischt. Dabei werden die zuvor grob aufgetragenen Farben zu weicheren Farbübergängen transformiert und je nach Wischrichtung bekommt der Farbauftrag auch einen malerischen Look.

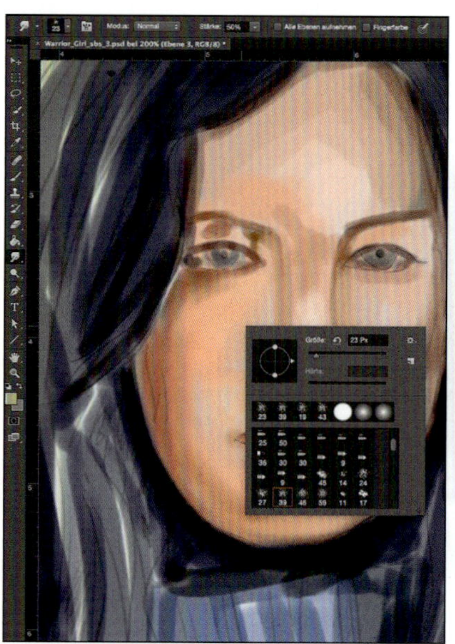

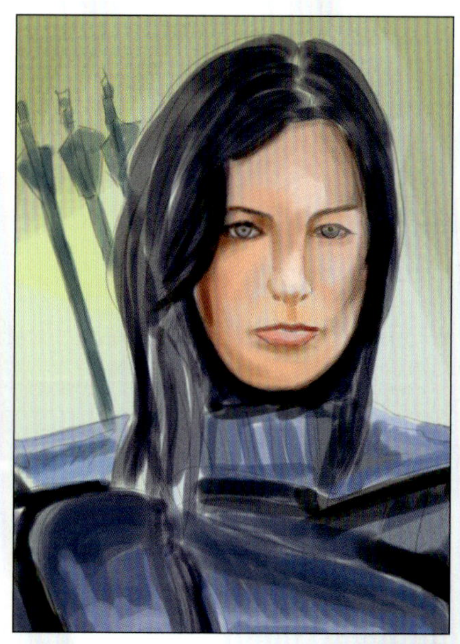

05 **Körper, Haare und Hintergrund**
Nun bekommt der gesamte Körper, Haare und Hintergrund ebenfalls einen ersten groben Anstrich. Es werden Falten in der Kleidung angedeutet und Formen definiert.

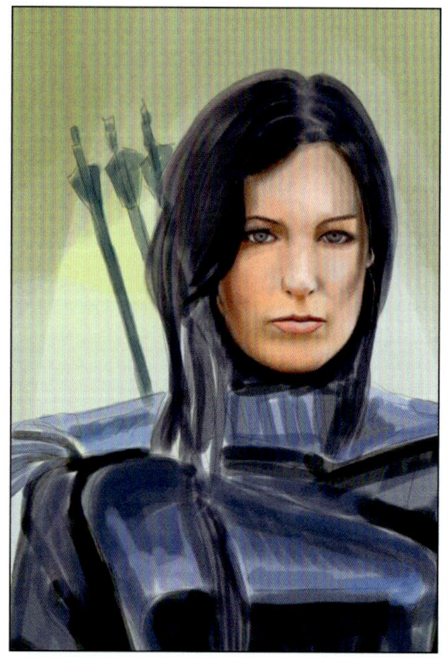

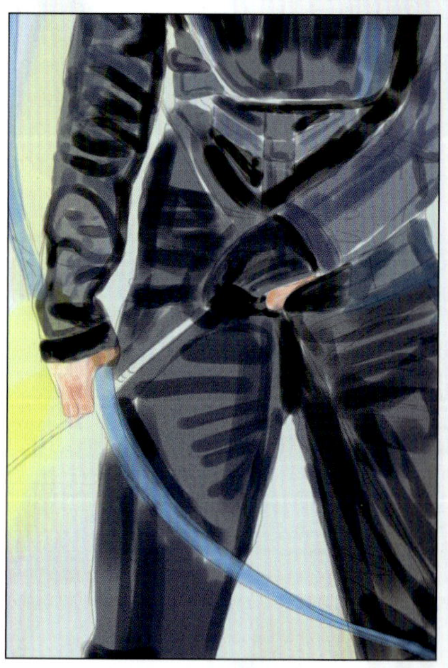

06 **Übergänge schaffen**
Mit einem Rund-Weich-Pinsel können die harten Übergänge weich übermalt werden, je nach gewünschtem malerischen und realistischen Look des Motivs. Benutzen Sie im Malprozess immer wieder die Pipette, um die jeweiligen Farbtöne und Abstufungen aufzunehmen und dann der Formgebung entsprechend aufzumalen. Starten Sie dabei im Gesicht und reduzieren Sie Deckkraft und Fluss des Pinsels auf ca. 50 %.

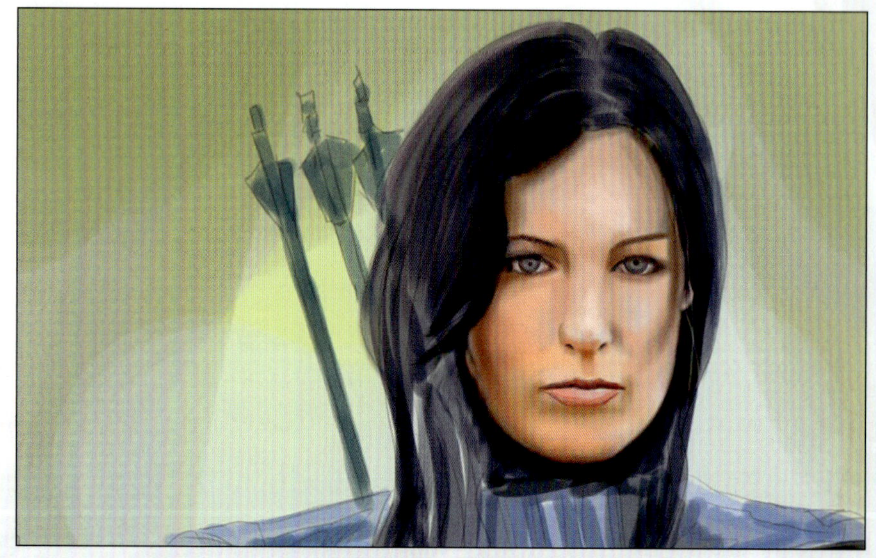

07 Gesichtsdetails

Mit kleineren Pinselgrößen werden die Augen, Nase und Lippe mit Details angereichert. Augenbrauen und Nasenlöcher werden mit dunklen Brauntönen angedeutet. In den Augen bekommt die Iris erste Details. Die Ohren werden angedeutet und mit feinen Strichen erste dünne Haarsträhnen über dem Ohr erstellt.

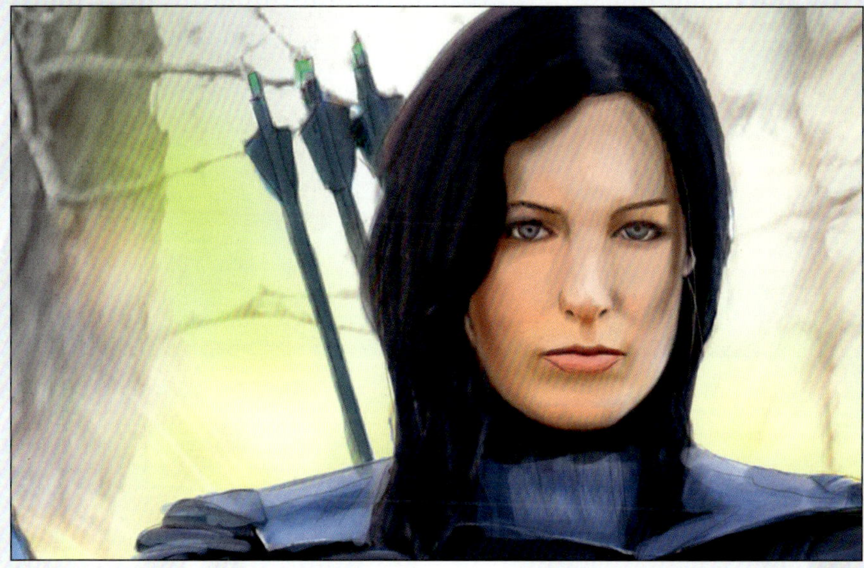

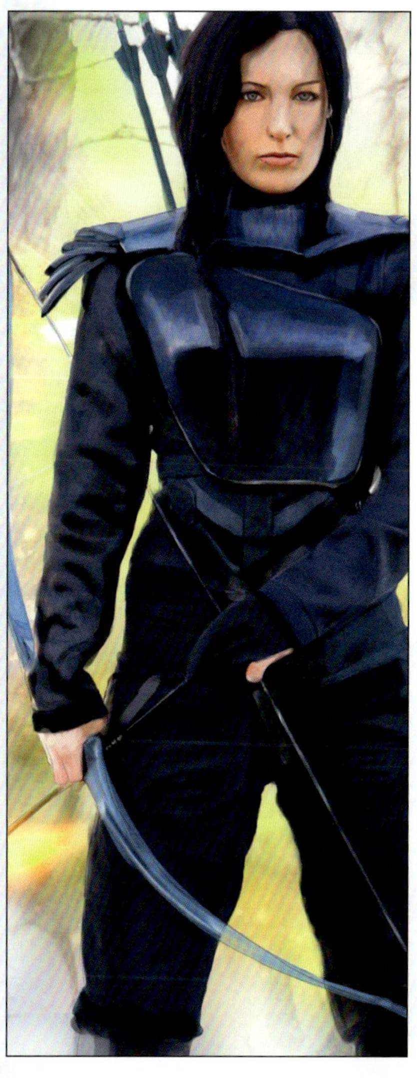

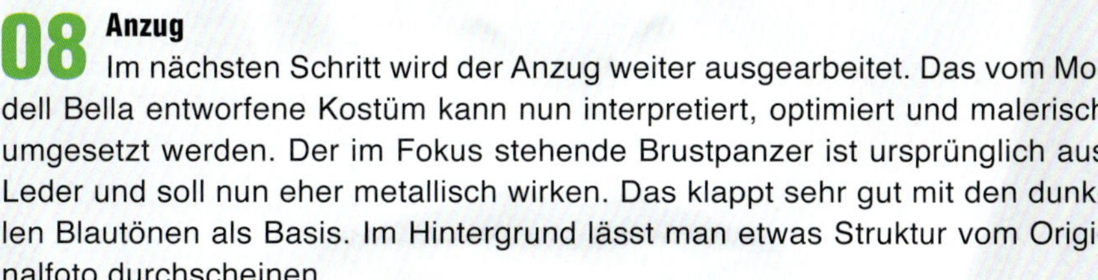

08 Anzug

Im nächsten Schritt wird der Anzug weiter ausgearbeitet. Das vom Modell Bella entworfene Kostüm kann nun interpretiert, optimiert und malerisch umgesetzt werden. Der im Fokus stehende Brustpanzer ist ursprünglich aus Leder und soll nun eher metallisch wirken. Das klappt sehr gut mit den dunklen Blautönen als Basis. Im Hintergrund lässt man etwas Struktur vom Originalfoto durchscheinen.

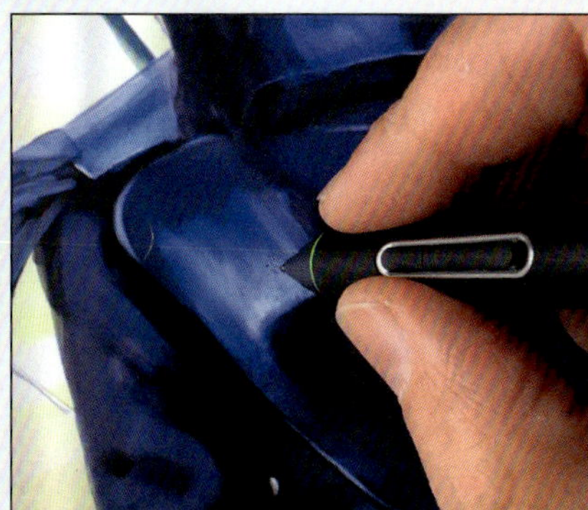

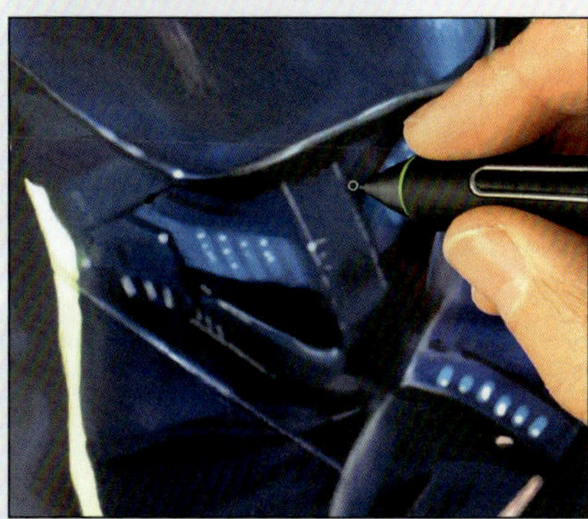

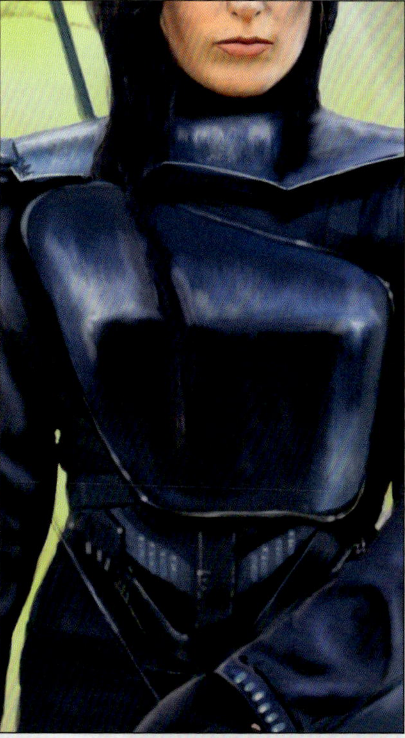

09 Metalllook

Der Metalllook des Brustpanzers wird realistisch, wenn die Farbe mit dem Wischfinger-Werkzeug und z. B. dem Spritzerpinsel in Formgebung gewischt wird. Zusätzliche Farbstrukturen können erst mit dem Spritzerpinsel aufgetupft und anschließend bei Bedarf nochmal gewischt werden. Außerdem entsteht nun auch die Umrandung des Brustpanzers mit kleinen Pinseln. Hier werden auch erste Lichtpunkte realisiert, die dem Metall eine leichte Reflexion geben. Die Schulterplatten und der Halsschutz werden in diesem Schritt ebenfalls grob angedeutet und anschließend mit dem Wischfinger bearbeitet. Die Riemen und Gürtel werden konturiert und mit Schatten und ersten Details versehen, so dass diese deutlich sichtbar sind und der Betrachter sehen kann wo diese verlaufen.

10 Gesicht und Haare

In diesem Schritt bekommt das Gesicht mehr Details und auch die Haare werden mit weiteren Strukturen versehen. Die Haarsträhnen werden mit einem kleinen Basispinsel (Weich-Rund-Druck-Größe) in Wuchsrichtung gezogen. Die helleren Farbtöne für die Strähnen sind braune und blaue Farben, die direkt mit der Pipette aus dem Motiv herausgenommen werden. Der herausragende Zopf bekommt ebenfalls grob seine Strähnen und die Lippen bekommen zusätzliche Strukturdetails, so dass diese plastischer aussehen.

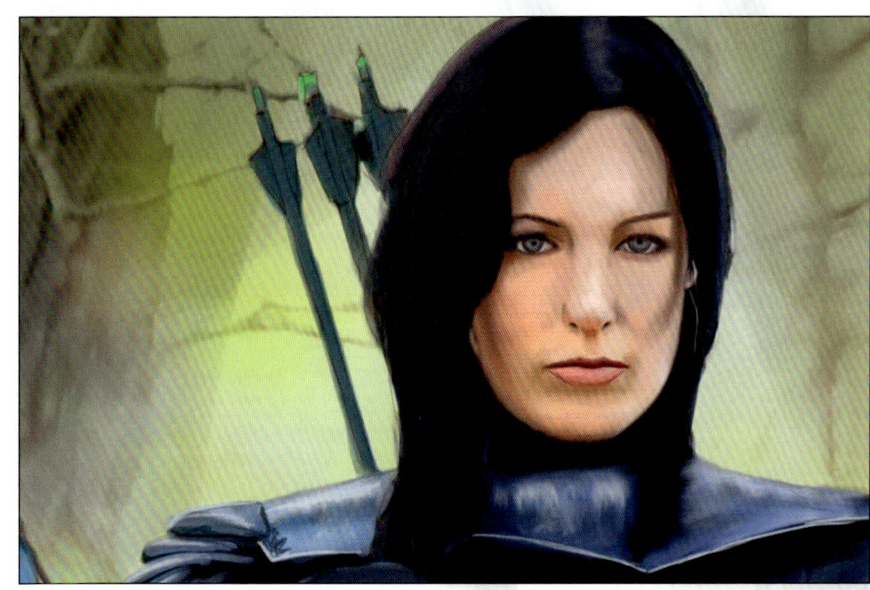

11 Feuer

Die Kämpferin soll aus einer Feuerwand heraustreten. Dafür wird als Erstes ein Feuerstrukturfoto von einer Bildagentur geladen und als Ebene platziert. Reduziert man die Deckkraft der Ebene, kann man gut erkennen, wo in diesem Schritt die Farbe wegradiert werden muss, damit nur im Background und an den Kanten des Körpers die Flammen sichtbar bleiben. Zum Wegradieren nutzt man einen Rund-Weich-Pinsel, da damit fließende Übergänge geschaffen werden. Die Farbe wird heller und die Flammen wirken eingebettet, wenn man den Ebenenmodus auf „Negativ multiplizieren" stellt.

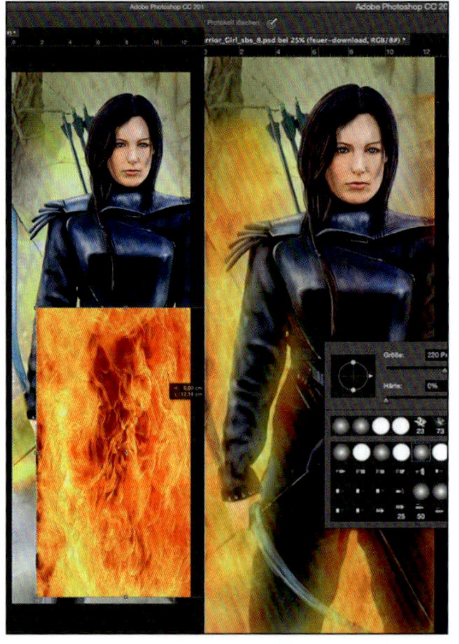

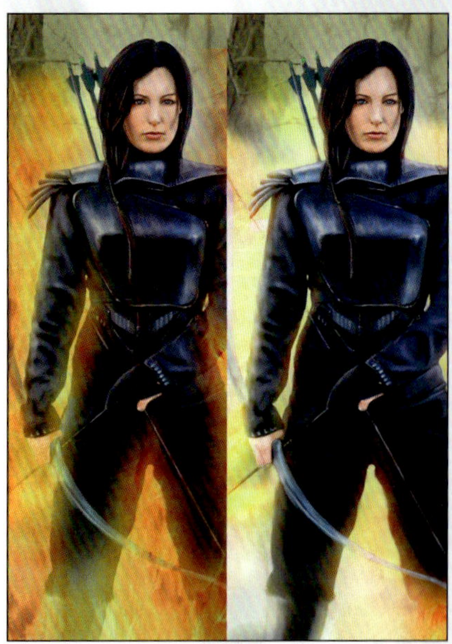

12 Bokeh-Pinsel

Der Hintergrund soll noch etwas heller wirken und ein passender, interessanter Effekt eingebunden werden. Mit einem Bokeh-Pinsel, die kostenlos von vielen Photoshop-Pinsel-Seiten heruntergeladen werden können, und eingestelltem Weiß tupft man die Struktur im Bild auf. Mit einem Radierer wird dann die Farbe von der Kämpferin wieder herrunter genommen, so dass nur im Background die Struktur sichtbar wird und mit den Flammen einhergeht.

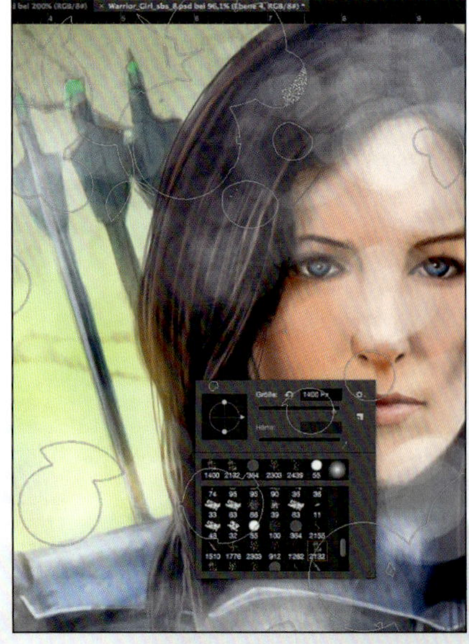

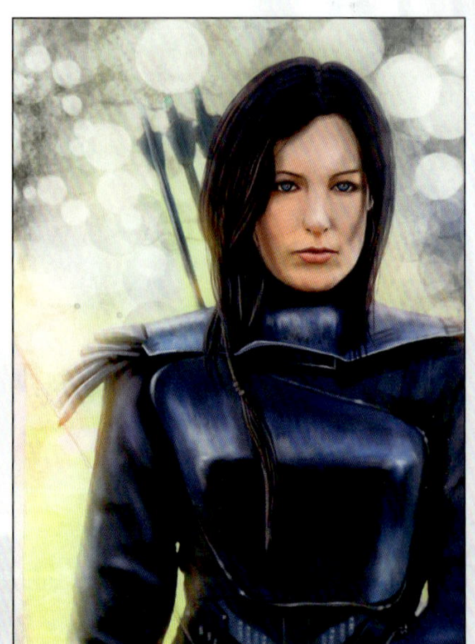

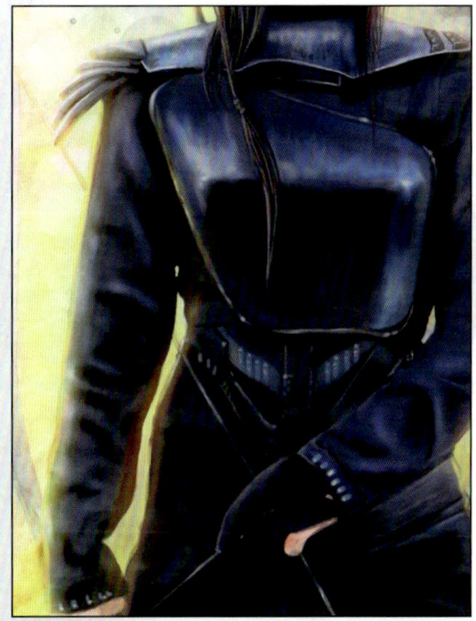

13 Lichtkanten

Damit die Feuereffekte noch ein wenig realistischer werden, versehen Sie einige Bereiche am Körper mit Lichtkanten. Das geht am besten mit einem harten Pinsel. Die Farbe kann direkt aus dem Motiv mit der Pipette entnommen werden. Auf der linken Seite ist das am Arm und am Bein sichtbar. Aber auch die Kante des Brustpanzers wird ein wenig mit gelblichen Farben an den Kanten aufgehellt, um die Leuchtkraft des Feuers zu spiegeln.

14 Letzte Details

Im letzten Schritt werden zusätzliche Details hinzugefügt. Dies sind z. B. weitere Lichtkanten innerhalb der Beine und es erfolgt die Ausarbeitung von Pfeil und Bogen. Die Protagonistin erhält auf einer extra Ebene etwas Schmutz im Gesicht, und auch eine Kriegsbemalung darf nicht fehlen. Hierfür verwenden Sie z.B. einen Kreidepinsel bei geringer Deckkraft. Anschließend kann man mit einem Wischfinger das Ganze noch weiter verfeinern.

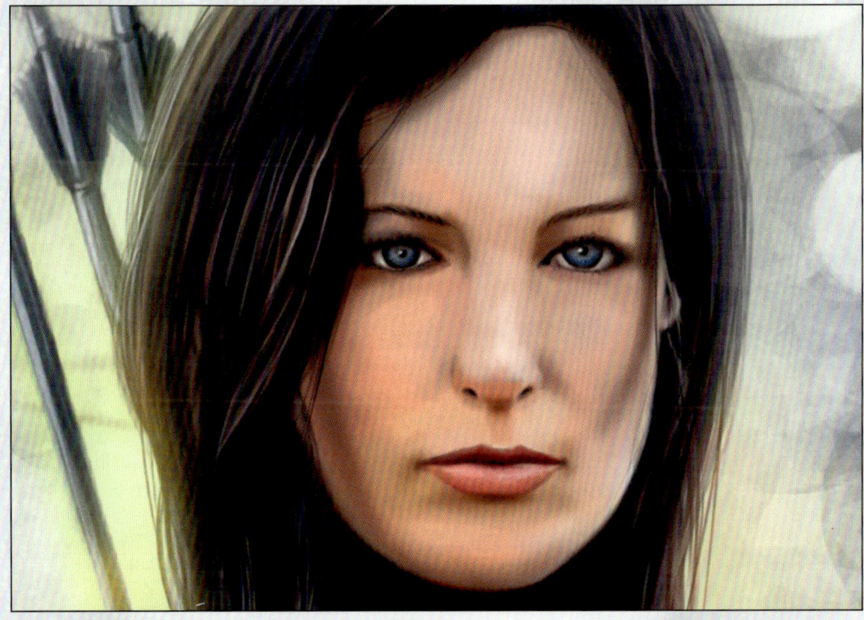

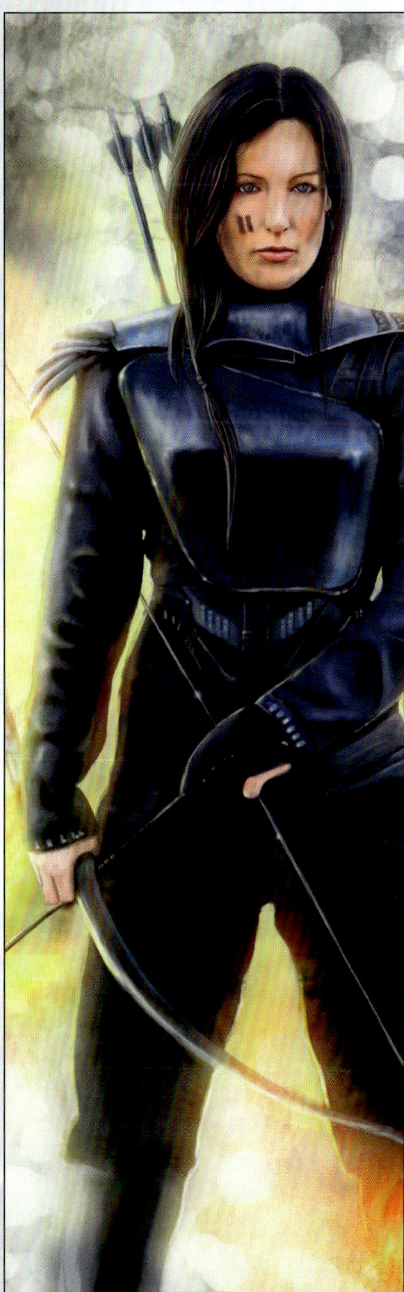

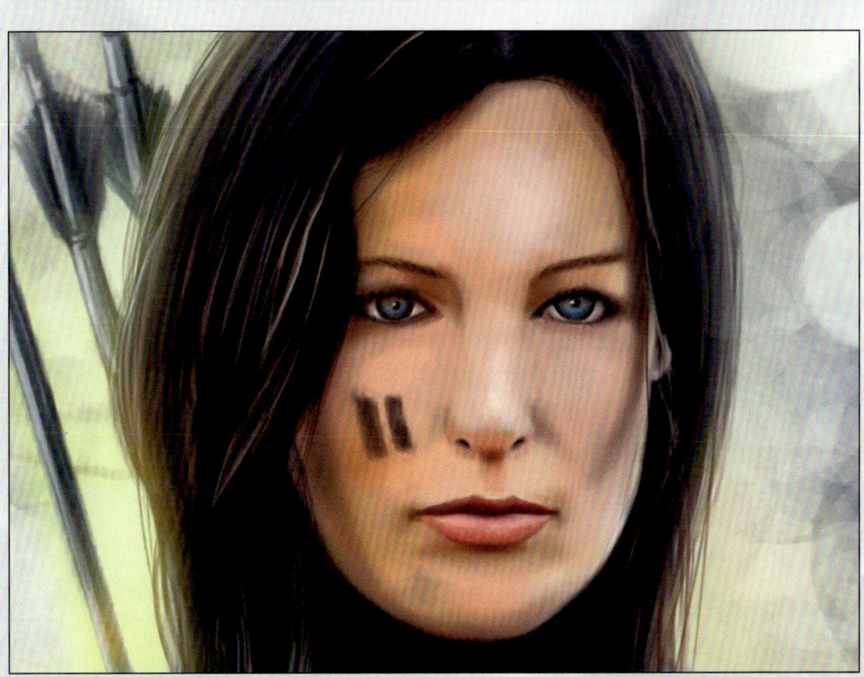

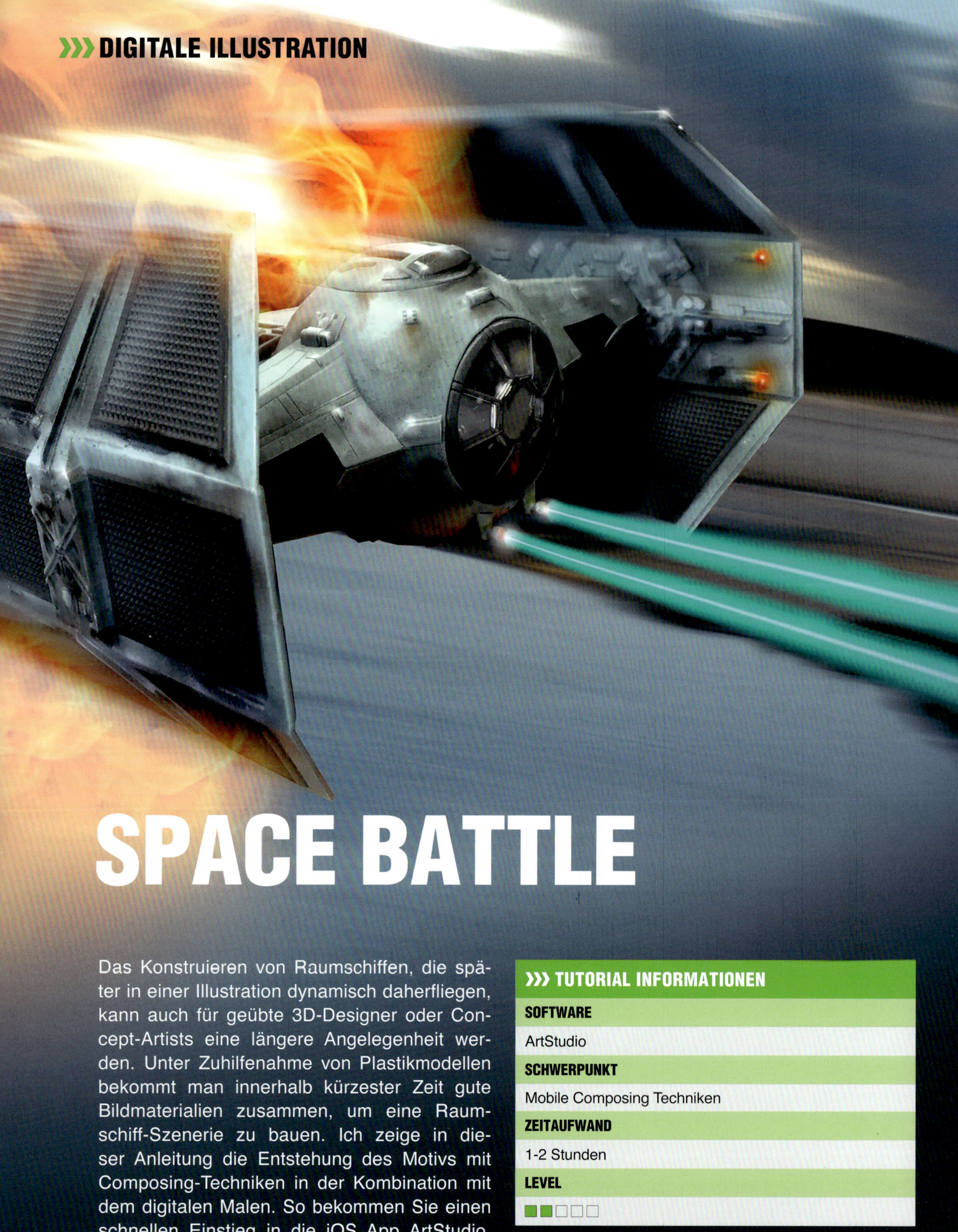

SPACE BATTLE

Das Konstruieren von Raumschiffen, die später in einer Illustration dynamisch daherfliegen, kann auch für geübte 3D-Designer oder Concept-Artists eine längere Angelegenheit werden. Unter Zuhilfenahme von Plastikmodellen bekommt man innerhalb kürzester Zeit gute Bildmaterialien zusammen, um eine Raumschiff-Szenerie zu bauen. Ich zeige in dieser Anleitung die Entstehung des Motivs mit Composing-Techniken in der Kombination mit dem digitalen Malen. So bekommen Sie einen schnellen Einstieg in die iOS App ArtStudio, welche in vielerlei Hinsicht an ein einfaches Photoshop erinnert.

TUTORIAL INFORMATIONEN
SOFTWARE
ArtStudio
SCHWERPUNKT
Mobile Composing Techniken
ZEITAUFWAND
1-2 Stunden
LEVEL
■■□□□

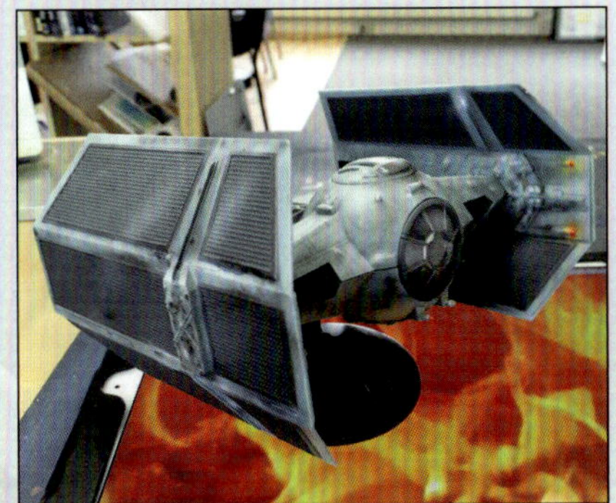

01 Vorbereitende Maßnahmen

Fotografieren Sie Ihr Raumschiffmodell am besten von der Seite, so dass Sie eine gute Flugsituation realisieren können. Oder verwenden Sie die Bildvorlage aus diesem Buch. Dieses verwendete Plastikmodell wurde zuvor mit Airbrush koloriert, um Abnutzungsspuren zu simulieren und Details mit Licht und Schatten hervorzuheben. Stellen Sie dann das Modell auf Ihr iPad und öffnen Sie ein farbenfrohes und lichthelles Fotomotiv. Diese Farbgebung scheint nun von unten auf das Plastikmodell und trägt später zum Realismus bei. Das Foto wurde mit einem iPhone aufgenommen – dieses ermöglicht Aufnahmen von nächster Nähe, und durch die Verwendung der iCloud gelangt es quasi automatisch aufs iPad.

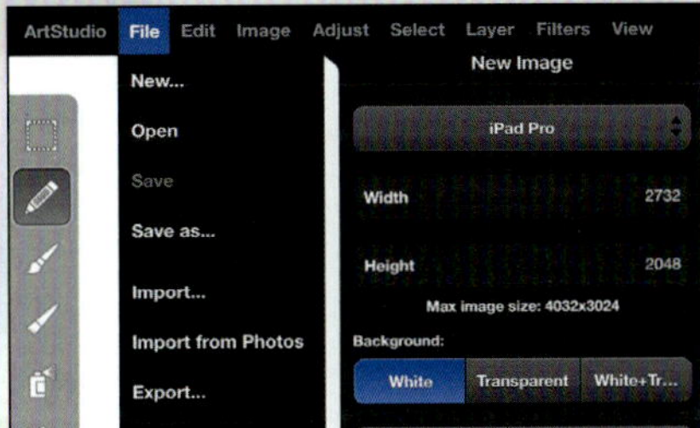

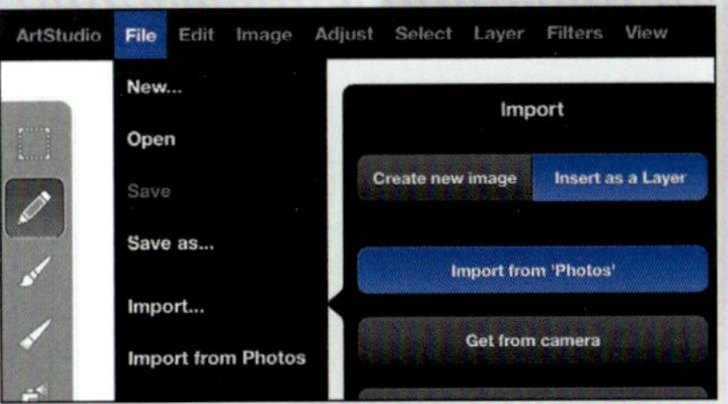

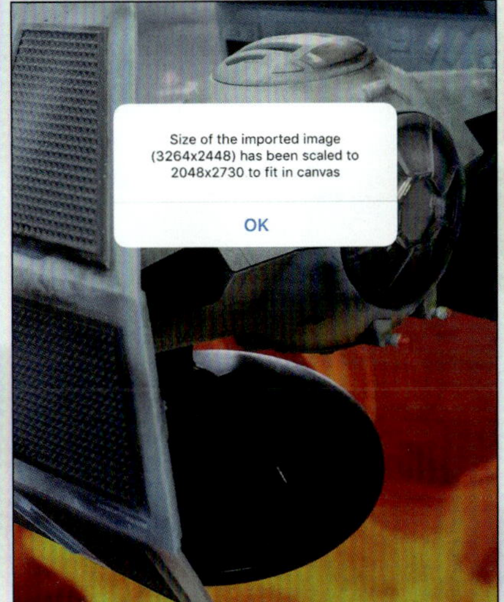

02 Bild starten

Starten Sie ArtStudio und legen eine neue Leinwand bzw. Malfläche an. Dies schaffen Sie mit [File/New] im oberen App-Menü. Wählen Sie z.B. die iPad Pro Auflösung 2732 x 2048 mit einem weißen Hintergrund. Laden Sie nun ihr Raumschifffoto mit [Import/Import as a layer/Insert from photo] hinzu. Durch diesen Prozess legt ArtStudio automatisch eine weitere Ebene an. Die Auflösung des iPhone-Fotos ist größer als die der Malfläche. Somit wird das importierte Motiv automatisch runterskaliert. Sie sehen einen entsprechenden Hinweis.

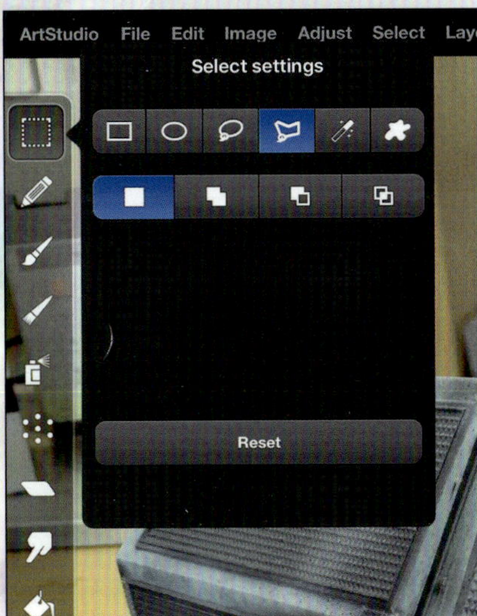

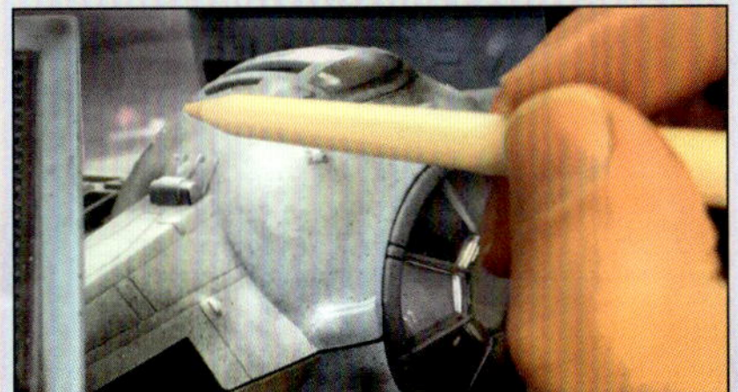

03 Freistellen

Um einen anderen Background im Motiv zu realisieren, muss das Raumschiff freigestellt werden. Es gibt die unterschiedlichsten Optionen, eine sogenannte „Selection“ vorzunehmen. In diesem Fall hat das Raumschiff etliche gerade Flächen. Da kommt das Polygonlasso in Frage. Das Polygonlasso finden Sie in der Werkzeugpalette am Bildschirmrand. Halten Sie den Finger oder Stift längere Zeit auf dem Auswahl-Rechteck-Symbol gedrückt, dann klappt es sich aus und das Polygonlasso kommt zum Vorschein. Starten Sie dann mit einem Klick am Rande des Objekts. Bewegen Sie Ihren Stift zur nächsten Kante und klicken Sie erneut. Sie sehen, wie eine Linie vom ersten zum zweiten Punkt entsteht. Umkreisen Sie nun das ganze Raumschiff, bis Sie beim zuerst gesetzten Punkt wieder angelangt sind und somit die Auswahl schließen können. Bei den Rundungen müssen Sie öfter Punkte setzen, damit die Auswahl einigermaßen rundlich wird.

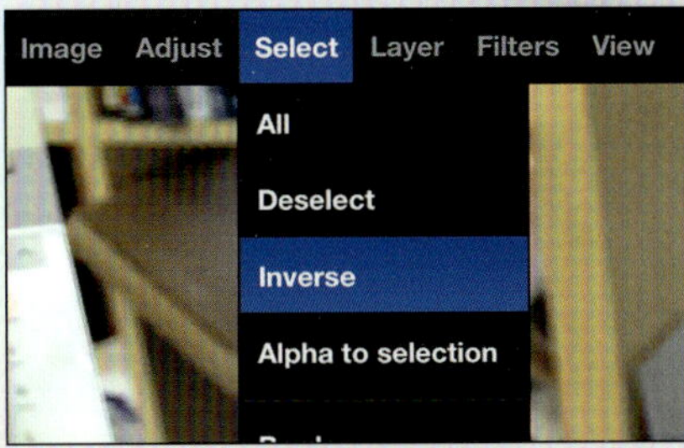

04 Auswahl umkehren

Wenn Sie eine gestrichelte Linie sehen, hat alles geklappt und das Raumschiff wurde selektiert. Da aber der Hintergrund gelöscht werden soll und nicht das Raumschiff, ist es nun notwendig, mit [Selection/inverse Selection] den Hintergrund zu selektieren. Man erkennt darauf hin am Bildrand ebenfalls eine gestrichelte animierte Linie.

05 Löschen

Damit der Hintergrund nun schnell verschwindet und nur noch das Raumschiff sichtbar ist, verwenden Sie den Menübefehl [Edit/Cut] zum Löschen. Zum Entfernen der Auswahl klicken Sie auf [Select/Deselect]. Sie sehen jetzt das freigestellte Raumschiff und den weißen Hintergrund. Jetzt kommt ein erstes Stück Landschaft hinzu. Dies klappt wieder mit [Import/Import as a layer/Insert from photo].

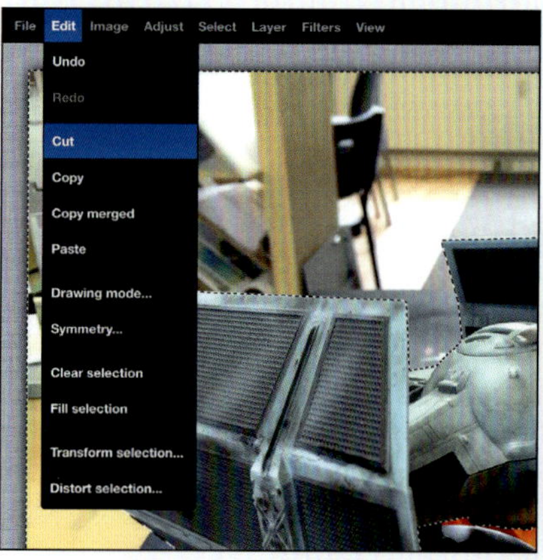

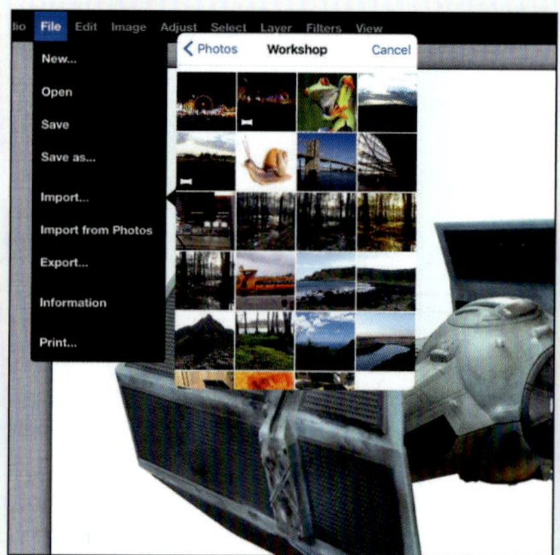

06 Ebenen sortieren

Liegt die Landschaft nun über dem Raumschiff, muss diese neue Ebene unter die Raumschiffebene kopiert werden. Sie finden das Ebenensymbol zum Aufruf der Ebenenpalette unten links in der Statusleiste. Drücken Sie dann mit dem Finger auf die Ebene mit der Landschaft und lassen die Ebene gedrückt. Somit können Sie diese einfach unter die Raumschiffeben ziehen.

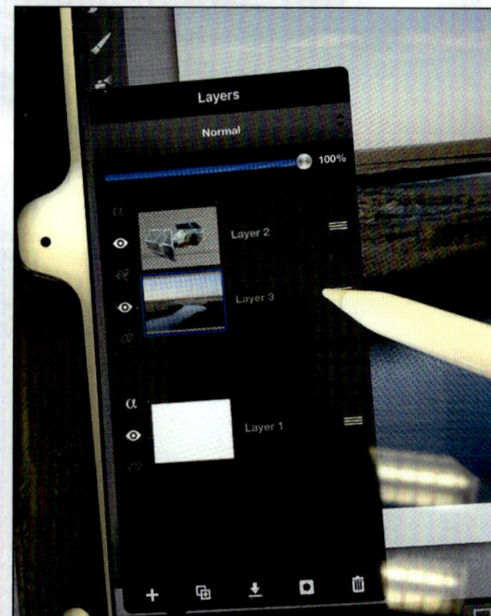

07 Raumschiff positionieren

Sie sehen jetzt das Raumschiff in Relation zum Backgroundmotiv. Positionieren und drehen Sie das Modell nun nach Belieben. Wählen Sie dazu als Erstes die Raumschiff-Ebene in der Ebenenpalette aus und selektieren Sie dann im Menü [Edit/Transform layer/Move,Scale,Rotate]. Jetzt können Sie mit Gesten das Objekt bewegen, skalieren und drehen. Haben Sie die richtige Position und Größe gefunden, bestätigen Sie mit „Apply".

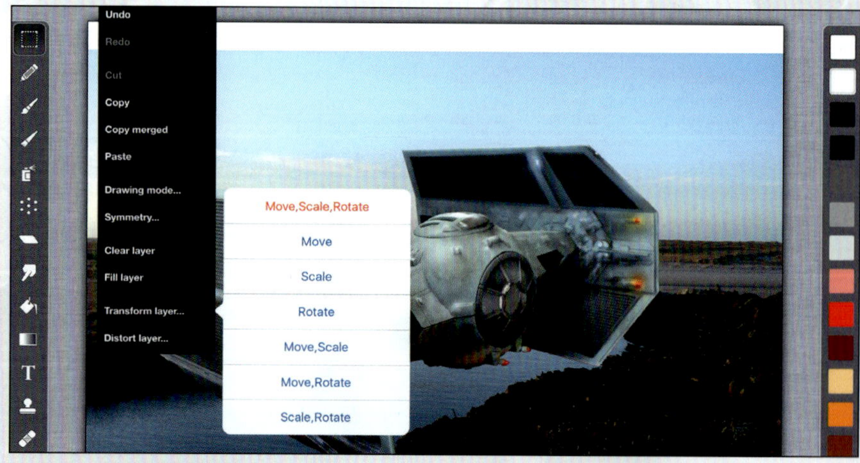

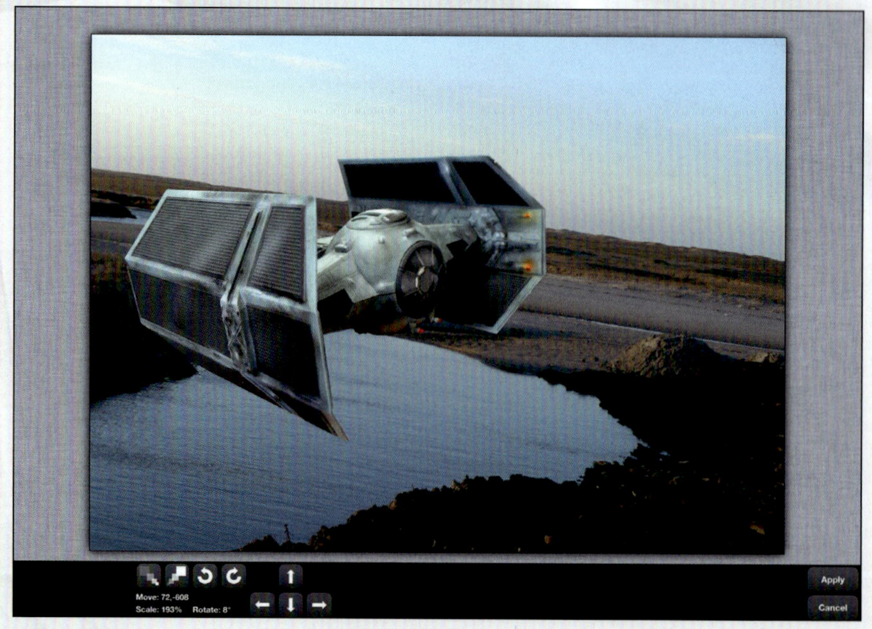

08 Landschaft transformieren

Damit das Ganze mehr Dynamik bekommt, kann die Landschaft ebenfalls transformiert werden, so dass diese einen diagonalen Horizont bekommt. Gehen Sie dabei genauso vor wie beim Raumschiff.

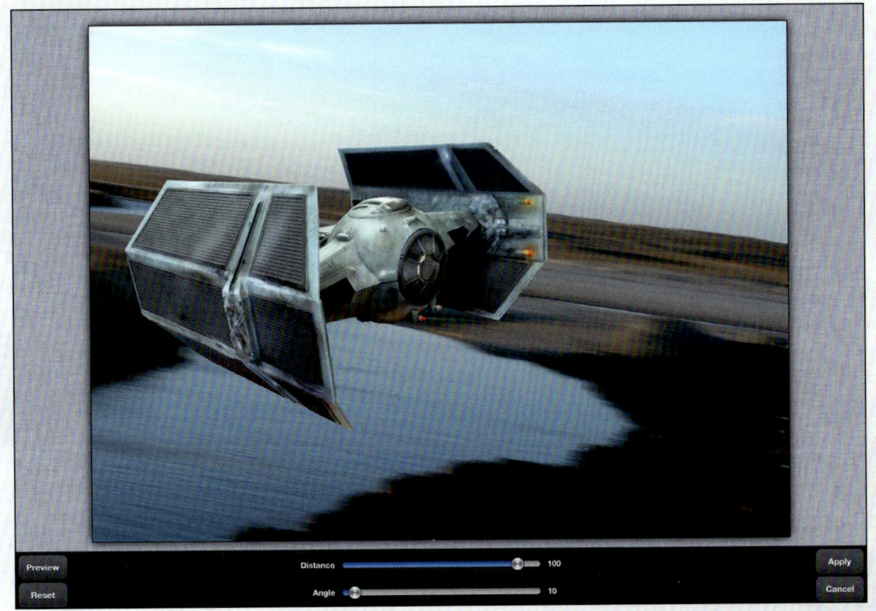

10 Bewegungsunschärfe

Da das Motiv eine Momentaufnahme wird, soll die Hintergrundlandschaft eine Bewegungsunschärfe bekommen. ArtStudio liefert dafür ein Filtermenü. Mit [Filter/Blur/Motion blur] wählen Sie den Filter für Bewegungsunschärfe. Unten tauchen nun zwei Einstellungsregler auf. „Distance" gibt die Länge der Pixel an und mit „Angle" ändern Sie den Winkel. Damit man überhaupt sieht, was man eingestellt hat, klicken Sie jeweils auf den „Preview"-Knopf. Sind Sie mit der Distanz und dem Winkel einverstanden, bestätigen Sie mit „Apply". Bei diesem Hintergrund habe ich mich für über 100 Pixel entschieden und einen Winkel von ca. 10-15 gewählt.

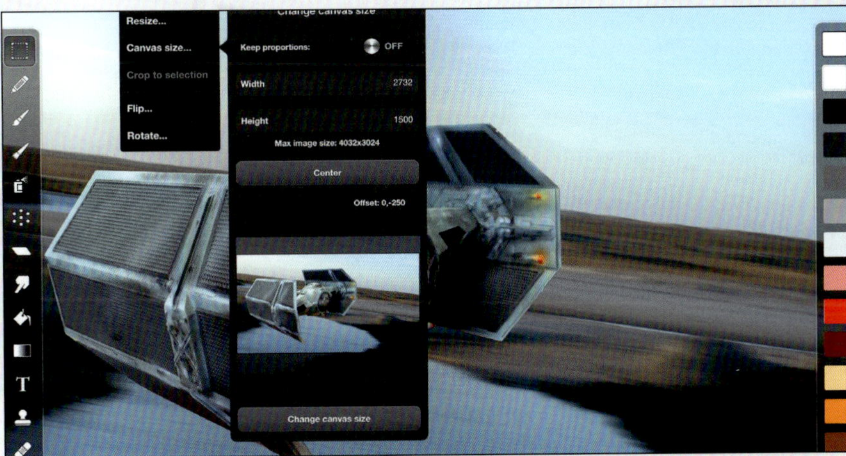

11 Format anpassen

Im nächsten Schritt wird das Bildformat angepasst. Ein Panoramaformat unterstreicht die Bildsituation. Wählen Sie dazu [Image/Canvas size] und passen die Höhe auf 1500 Pixel an. Wichtig dabei ist, dass Sie vorher „Keep proportions" auf „off" setzen, damit die Breite gleich bleibt und nur das Bild in der Höhe beschnitten wird. Wählen Sie im Vorschaufenster den passenden Ausschnitt und bestätigen Sie mit „Change canvas size".

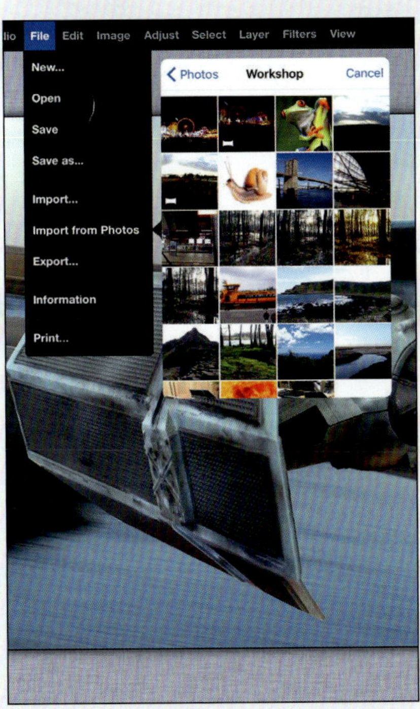

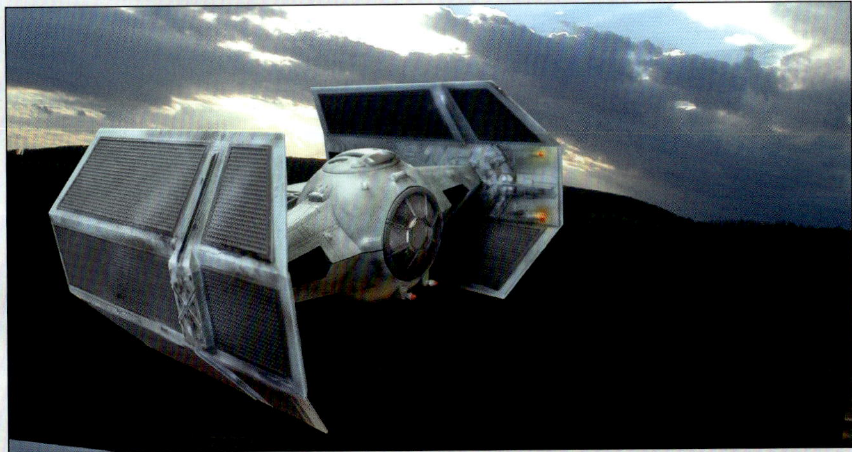

12 „Action" am Himmel

Am Himmel darf gerne ein wenig mehr Action sein. Daher wird nun ein weiteres Foto zur Unterstützung hinzugeladen. Das geht wie bisher mit [Import/Insert as a Layer/Import from Photos]. Damit es genau zu der Landschaft passt, muss auch hier Größe und Winkel angepasst werden. Wie gehabt, geht das mit [Edit/Transform layer/Move, Scale, Rotate].

13 Unschärfe und Radieren

Auch bei dem oberen Teil der Landschaft wird die Bewegungsunschärfe mit [Filters/Blur/Motion blur] hinzugefügt. Damit die untere Landschaft wieder sichtbar wird, radieren Sie mit einem großen „Rund-Weich"-Pinsel aus dem Radier-Pinselmenü „Basic" die Bereiche weg, die Sie von dem Wolkenmotiv nicht mehr benötigen.

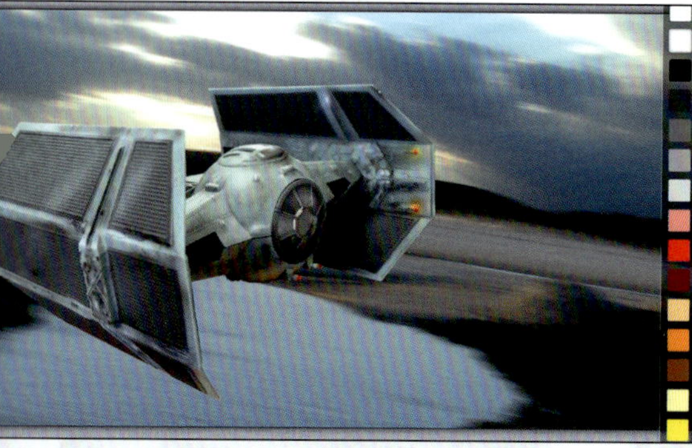

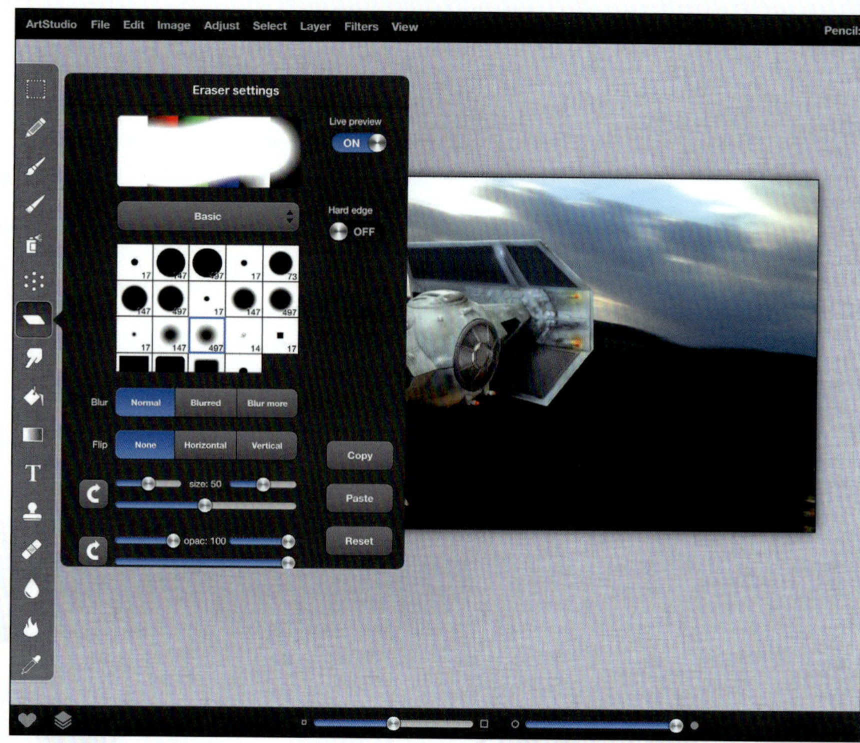

14 Farbanpassung

Je nach Fotoaufnahme und Gestaltungswunsch kann das Raumschiff nun mit [Adjust/Brightness/Contrast/Exposure] farblich angepasst werden.

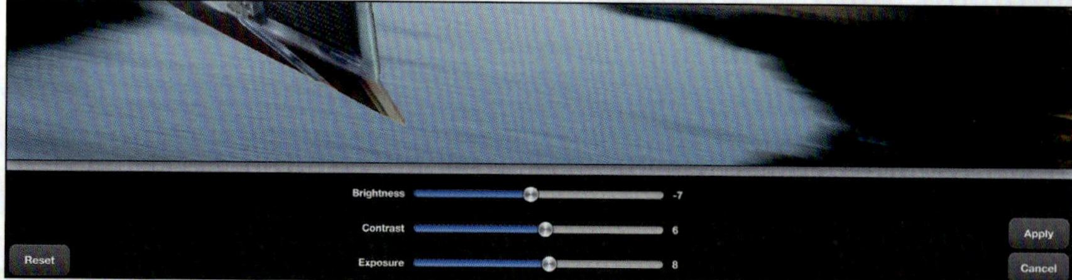

15 Feuerschweif

Das Raumschiff soll einen Feuerschweif hinter sich herziehen und somit noch mehr Aktion und Dynamik ins Motiv bringen. Laden Sie dazu wie bislang ein Feuermotiv auf eine extra Ebene. Bei Bedarf können Sie dann noch die Größe und den Ausschnitt mit [Edit/Transform Layer] anpassen. Stellen Sie dann den Ebenenmodus – in ArtStudio heißt er „Blending mode" – auf „Screen", damit die Farben der Feuerebene mit den darunterliegenden Farben verrechnet werden. Sie sehen, wie dadurch das Raumschiff wieder durchschimmert. Mit dem Radierer-Werkzeug und einem runden-weichen Basic-Pinsel (Größe 497) radiere ich dann das überflüssige Feuer weg. Dabei ist die Deckkraft des Pinsels reduziert, damit die Flammen weich wegradiert werden können.

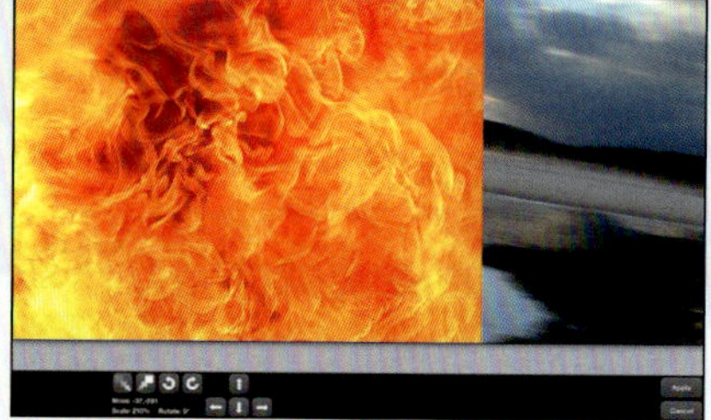

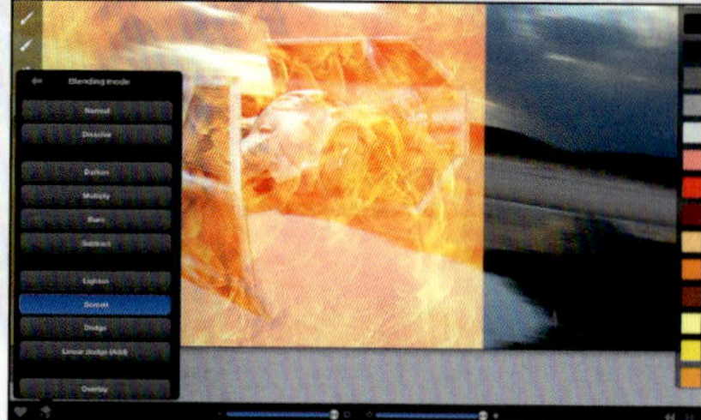

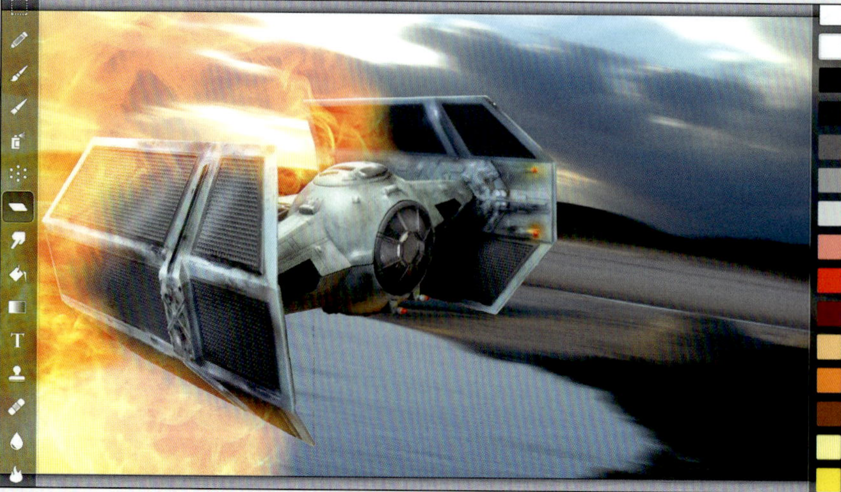

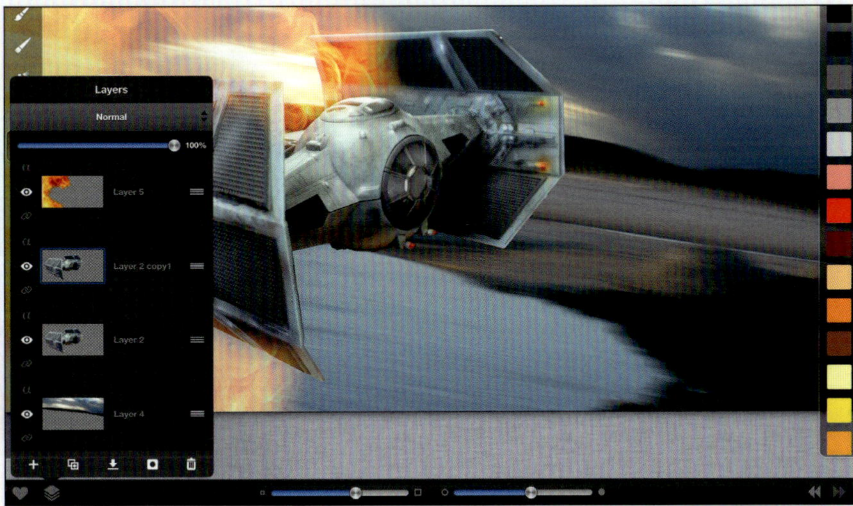

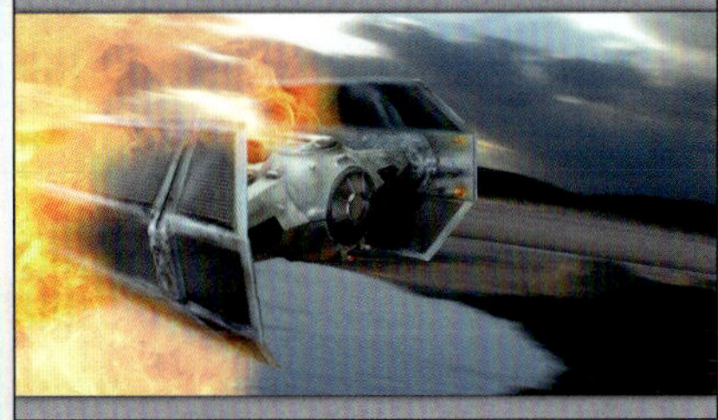

16 Raumschiff auf Geschwindigkeit bringen

Was noch fehlt, damit die Illusion komplett wird, ist, die Bewegung des Raumschiffmodells zu simulieren. Dazu wird zunächst einmal im Layers-Menü die Raumschiffebene dupliziert. Das geht mit Klick auf das Symbol mit den zwei Quadraten und dem Plus darin. Die oben liegende Raumschiffebene bekommt – wie schon bei den Bergen im Hintergrund – eine Bewegungsunschärfe. Das Meiste der Bewegungsunschärfe wird aber wieder wegradiert, so dass nur an den Tragflächen und etwas am Rumpf sichtbar bleibt.

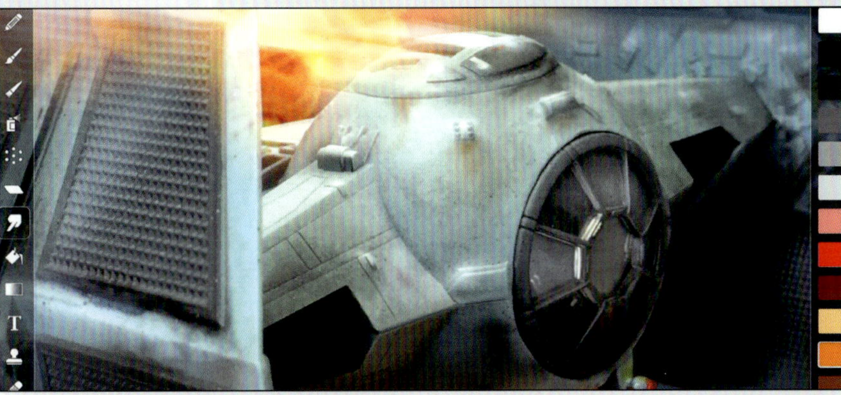

17 Verwitterungseffekte

Bei Bedarf kann jetzt das Raumschiff mit dem Wischfinger- und Pinsel-Werkzeugen überarbeitet werden. Probieren Sie dabei die unterschiedlichsten Pinselspitzen aus, um Ihren gewünschten Verwitterungseffekt zu erhalten.

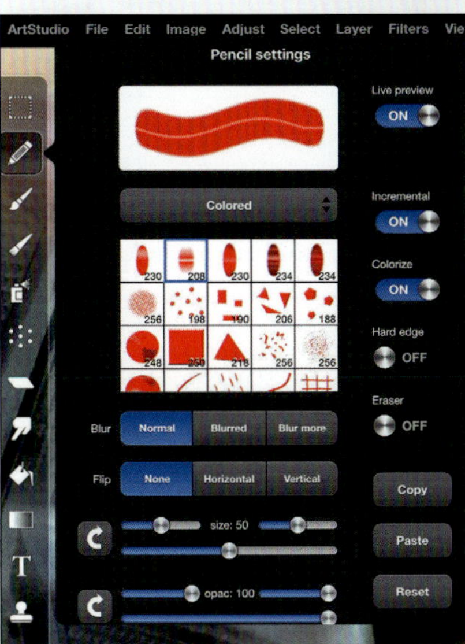

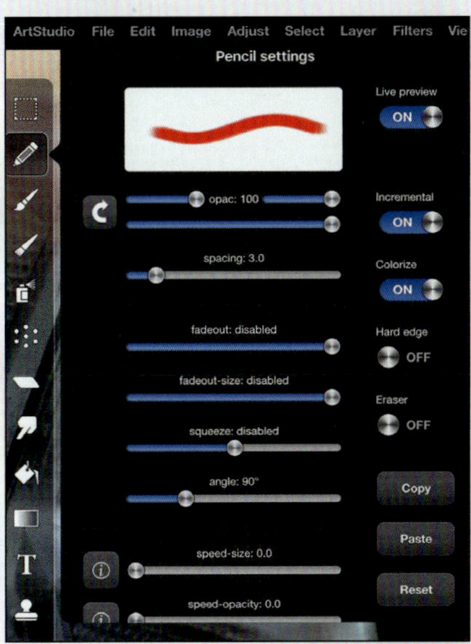

18 Laserstrahl

Mit dem Plus-Symbol in der Ebenen-Palette erzeugen Sie eine neue Ebene. Diese wird benötigt, um einen Laserstrahl zu realisieren. Nutzen Sie dann das Pencil Werkzeug und wählen Sie damit einen Farbpinsel (Colored Brushes) aus. Idealerweise liefert ArtStudio schon einen passenden Pinsel mit, der in der Mitte einen hellen Strich hat und nach außen hin weich ausläuft. Damit man einen horizontalen Strich in der Optik eines Laserstrahls bekommt, muss noch in der Pinseleinstellung unter „Angle" der Winkel auf 90 Grad gestellt werden.

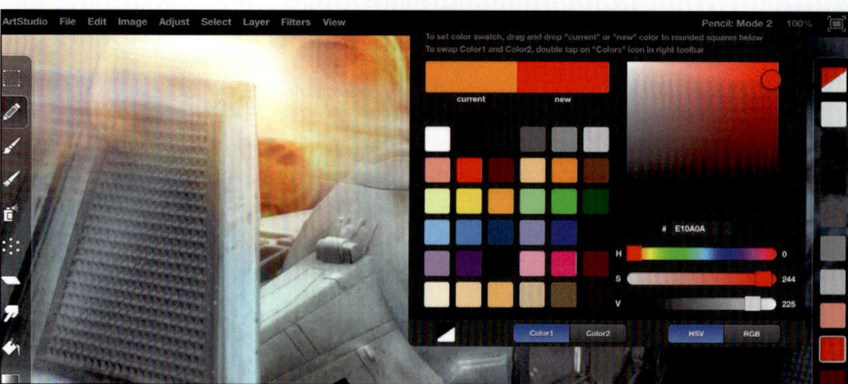

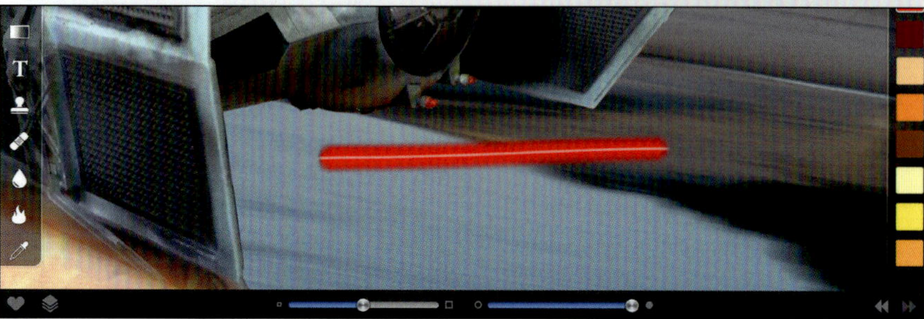

19 Farben auswählen

Eine weitere Voraussetzung zum Malen des zweifarbigen Striches ist es, Vorder- und Hintergrundfarbe mit Weiß und Rot oder beliebig anderen Farben einzustellen. Das geht mit dem zweigeteilten Palettensymbol ganz oben rechts in der Farbpalette. Ist dann alles eingestellt, einfach mal versuchen, eine gerade Linie auf der neuen Ebene zu ziehen. Zur Hilfe sonst einfach ein analoges Plastiklineal verwenden.

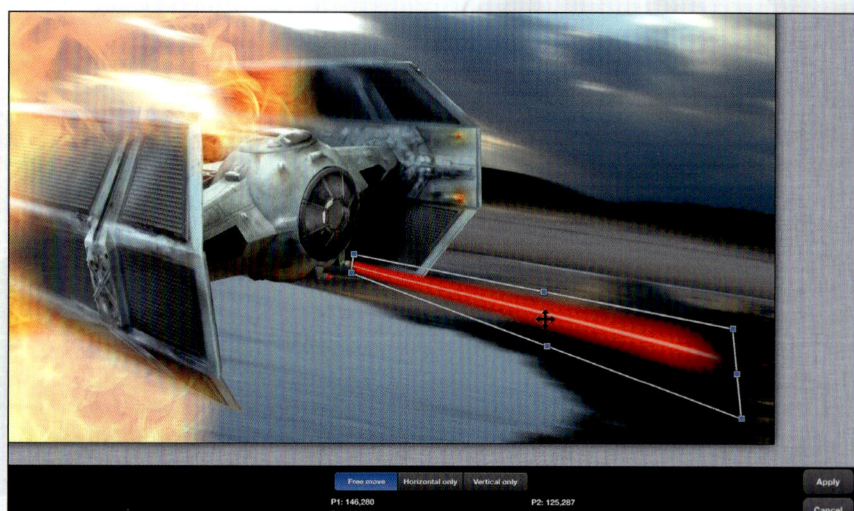

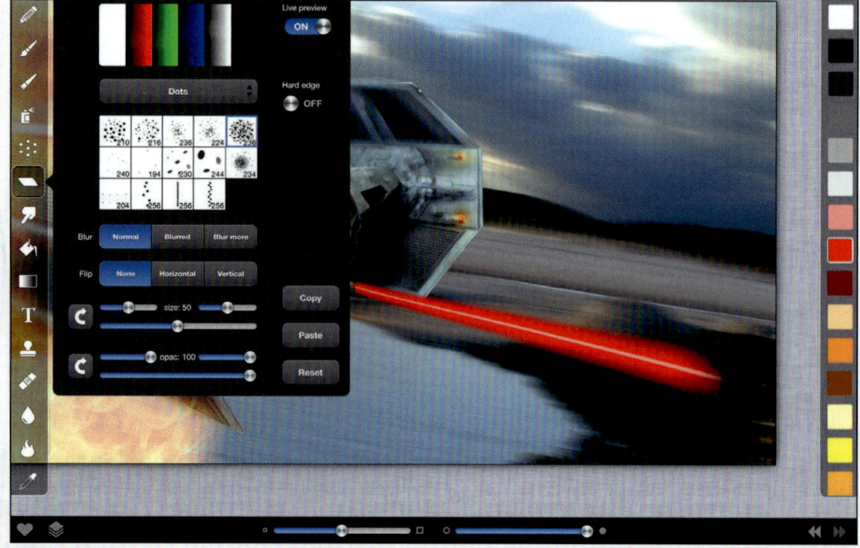

20 Dynamik

Damit der Laserstrahl sich nach vorne hin vergrößert, nutzen Sie die Funktion [Edit/Distort Layer]. Über die kleinen blauen Quadrate kann dann der Strahl aufgefächert werden. Mit dem schwarzen Viererpfeil lässt sich das Gebilde so positionieren, dass es direkt aus der Waffe des Raumschiffes austritt. Damit der Laserstrahl noch mehr Dynamik bekommt, wird dieser mit dem Radierer und einem Struktur-Pinsel in Form gebracht. Auch das Schmierfinger-Werkzeug kann dabei sehr gut helfen.

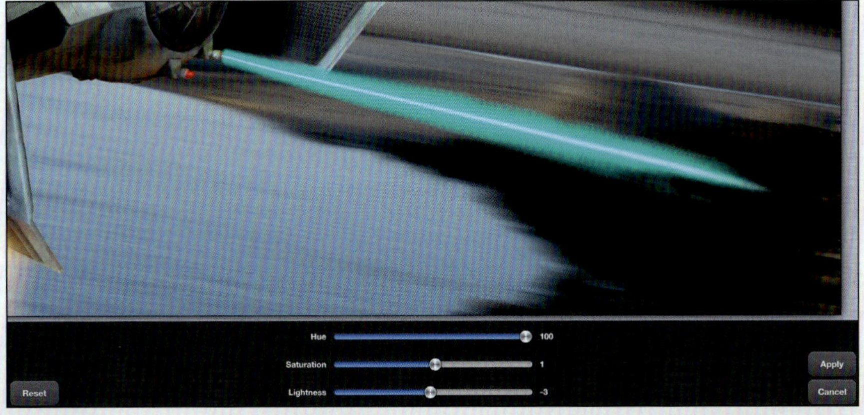

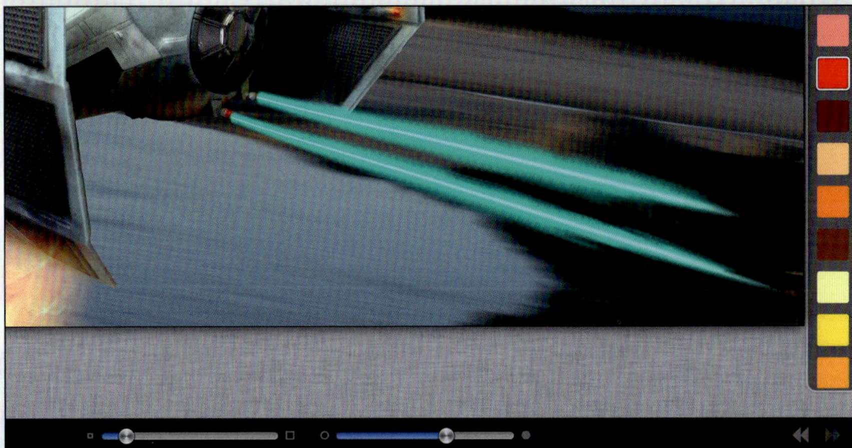

21 Farbe ändern und verdoppeln Soll der Laserstrahl eine andere Farben haben, ist das kein Problem. Dafür nutzen Sie die Funktion [Adjust/Hue] und können die Farbe nach Wunsch anpassen. Der zweite Laserstrahl ist schnell gemacht: Laserbefeuerungs-Ebene duplizieren und mit „Transform Layer" justieren.

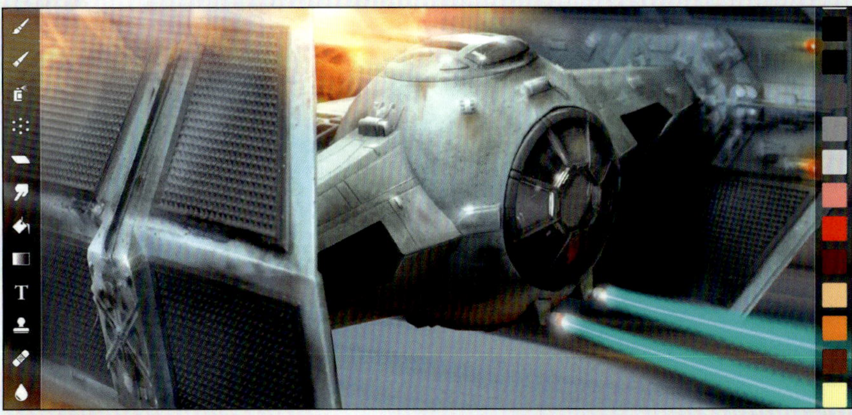

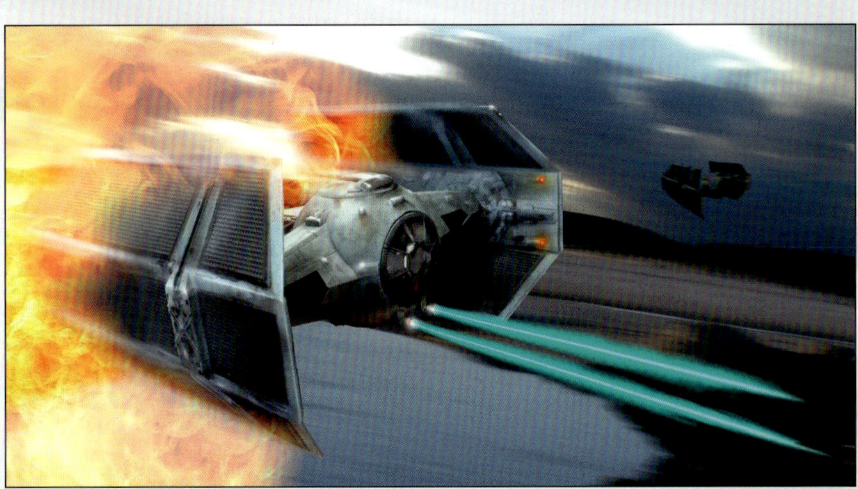

22 Feinschliff Im letzten Schritt kommt noch der Feinschliff. Auf einer extra Ebene kann man noch zusätzliche Lichteffekte mit Stern- oder Rund-Weich-Pinseln auftupfen. Und ein weiteres Raumschiff ist mit zuvor gelernter Technik ebenfalls schnell realisiert. Einfach die Raumschiffebene duplizieren, dann im Bild oben rechts positionieren und farblich zurücknehmen. Schon fliegen zwei von der Sorte durchs Bild.

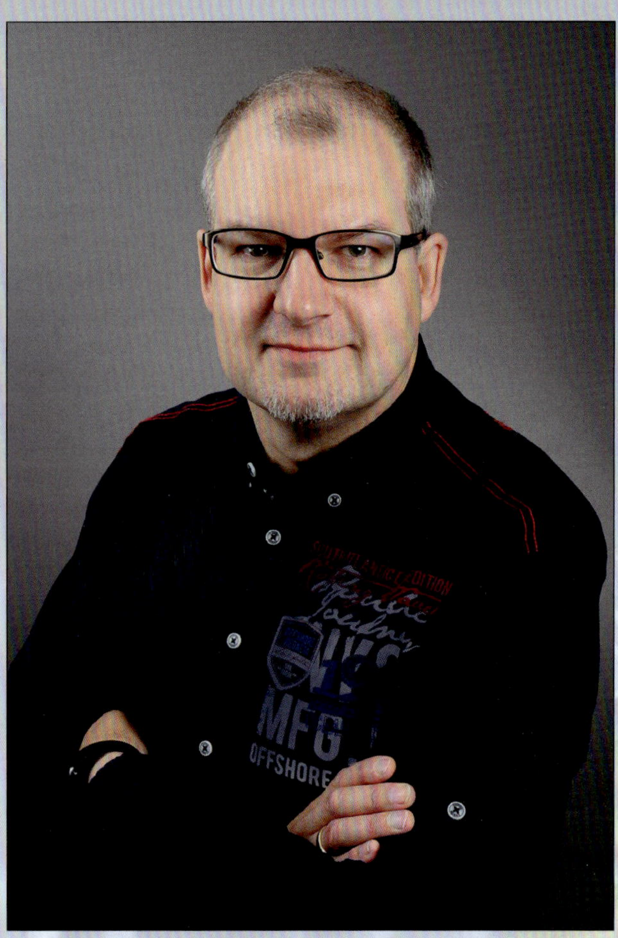

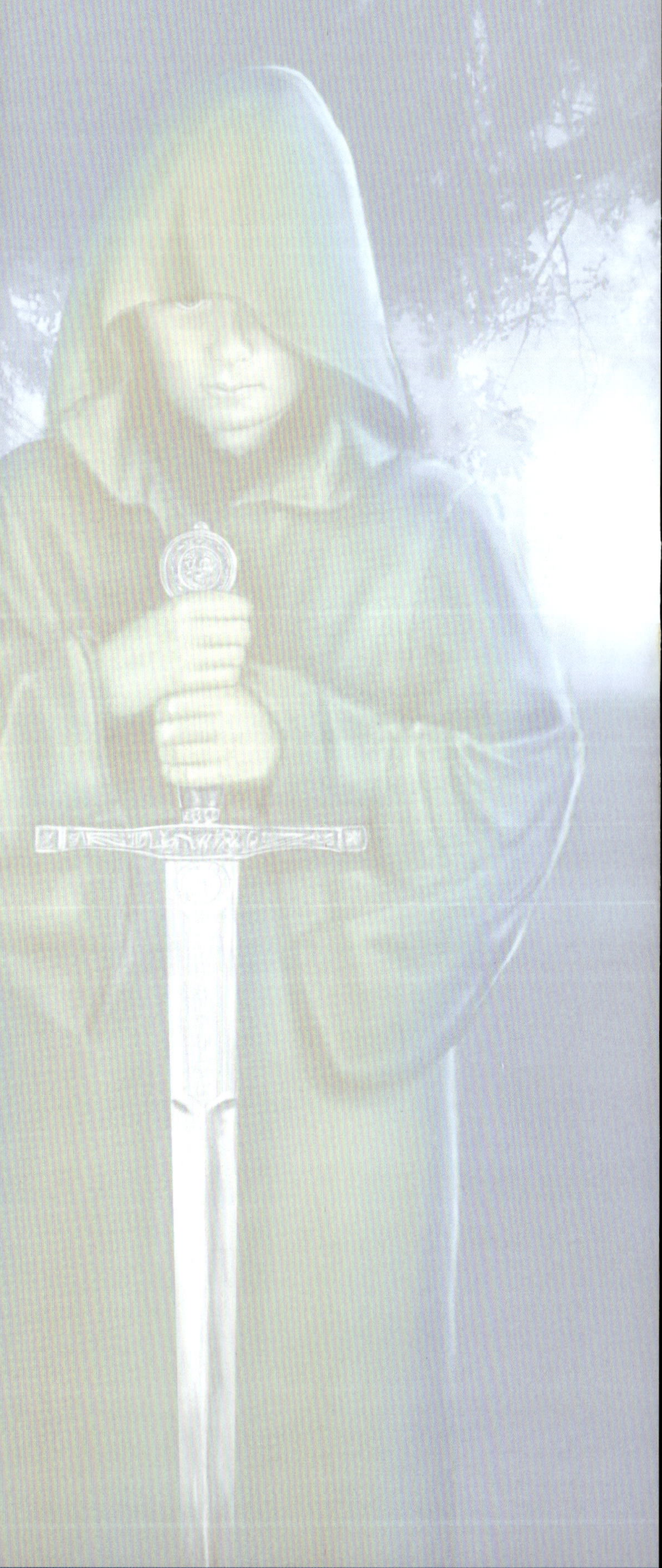

Roger Hassler arbeitet als Dipl.-Designer in den Bereichen Print- und Webdesign in seiner eigenen Werbeagentur und seinem Verlag in Hamburg. In den letzten Jahren hat er als Autor, Dozent und Herausgeber zahlreiche Bücher und DVDs zum Thema Airbrush sowie als Chefredakteur das Magazin „Airbrush Step by Step" und „2DArtist" veröffentlicht. Mit dem Thema Digital Painting und Computergrafik beschäftigt sich Roger Hassler schon seit den Anfängen von Commodore C116, Atari ST, Amiga & Co. Neben Ausbildung und Studium in den 80er und 90er Jahren war er als Computergrafiker tätig und entwickelte u.a. Grafiken für Computerspiele. Er veröffentlichte erste künstlerische Arbeiten im Rahmen seiner eigenen Public Domain Serie „Amiga-Vice" sowie Fachartikel u.a. im „Amiga Joker". Heute ist Roger Hassler vor allem ein begeisterter Hobby Digital Painter und Autor des beliebten Digital Painting Workbooks, von „Malen mit dem Ipad" sowie Herausgeber der Digital Paintbook-Buchreihe. Darüber hinaus macht er Kurse, Einzelcoachings und Vorträge rund um das Digital Painting, u.a. bei Apple, den Swiss Publishing Days sowie als Videotraining bei Video2brain und psd-tutorials.

http://www.rogerhassler.de

https://www.youtube.com/user/newarthh

http://www.newart.de